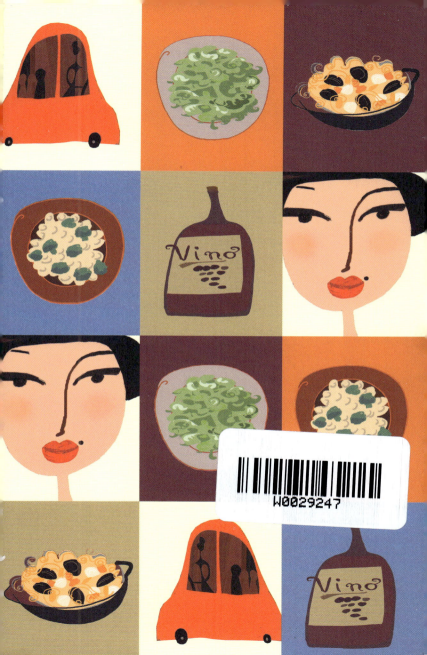

Das Buch

Messina, Anfang der 70er Jahre: Der zehnjährige Gigi erlebt das Ende seiner Kindheit im Schoße einer echt sizilianischen Großfamilie, als seine Eltern beschließen, ins weit entfernte, kalte Deutschland auszuwandern. Noch einmal erinnert er sich an die vielen Sommer, die er in Sizilien verlebt hat, an seine liebenswert-seltsame Verwandtschaft, seine Streiche und die auf dem Fuß folgenden Strafen, an alte, immer wieder erzählte Geschichten zum Gruseln und Lachen, an lange Tafeln mit wunderbarem Essen und an die Atmosphäre von Wärme und Lebendigkeit, die ihn begleitet hat. Und natürlich an die sonderbare Erklärung, dass in Sizilien die Babys unterm Salatblatt wachsen und nicht etwa der Storch sie bringt ...

Der Autor

Luigi Brogna wurde 1961 in Messina geboren und verbrachte die ersten zehn Jahre seines Lebens in Sizilien, bevor seine Eltern als Gastarbeiter nach Schwaben zogen. Heute lebt er mit seiner Familie in Eislingen.

Luigi Brogna

Das Kind unterm Salatblatt

Geschichten von meiner sizilianischen Familie

Ullstein

Besuchen Sie uns im Internet:
www.ullstein-taschenbuch.de

Umwelthinweis:
Dieses Buch wurde auf chlor- und säurefreiem Papier gedruckt.

Originalausgabe im Ullstein Taschenbuch
1. Auflage März 2006
© Ullstein Buchverlage GmbH, Berlin 2006
Lektorat: Angela Troni
Umschlaggestaltung: Sabine Wimmer, Berlin
Titelabbildungen: © Alessandra Scandella, Mailand
Satz: Franzis print & media GmbH, München
Gesetzt aus der Excelsior und Helvetica
Druck und Bindearbeiten: Ebner & Spiegel
Printed in Germany
ISBN-13: 978-3-548-26348-9
ISBN-10: 3-548-26348-8

Prolog

Fast zehn Jahre hat es gedauert, bis ich nach Messina zurückgekehrt bin, und das auch nur, weil ich Angst hatte, meine Mama nicht mehr lebend wiederzusehen. Wie schon so viele andere, die ich in meiner Heimat zurückgelassen habe: *nonna* Mina, *nonno* Luigi, *nonna* Maria, *zio* Nuccio, *zio* Paolo. Alles Menschen, die früher, als ich noch Gigi hieß, eine große Rolle in meinem Leben gespielt haben. Sie sind in der Zwischenzeit gestorben, während ich weit weg in meinem jetzigen Leben war, und das findet schon sehr lange nicht mehr in Süditalien statt.

Heute heiße ich Luis, bin verheiratet, habe zwei Kinder und wohne in einer schwäbischen Kleinstadt.

Mamas Schlaganfall und die Woche, die ich in Messina verbrachte, haben so viele Erinnerungen geweckt ...

Es war nicht immer alles lustig, auch wenn wir im Nachhinein darüber gelacht haben. Allerdings war es auch nicht so traurig, dass ich noch Jahre später deswegen weinen müsste, und die Schläge, die meine Geschwister und ich hin und wieder eingesteckt haben, schmerzten nicht lange genug, um nicht über unsere eigene Dummheit lachen zu können.

Bis zu dieser Reise in meine Heimat hatte ich nicht

die leiseste Ahnung, dass noch so viele Erlebnisse aus meiner Kindheit in meiner Erinnerung lebendig sind. Schließlich weiß ich manchmal am Abend nicht mehr, was ich zu Mittag gegessen habe. Oder ich suche minutenlang meine Brille, bis mir ein Spiegel sagt, dass ich sie längst gefunden habe. Und dennoch: Wenn ich grabe, dann entdecke ich immer mehr Bilder, immer mehr Träume, immer mehr Geschichten, die sich langsam zu dem formen, was damals war.

1. **Eine lange Reise**

Als ich am Abend dieses ereignisreichen Tages ins Bett ging, konnte ich nicht einschlafen. Mir schwirrte der Kopf, und meine Gedanken drehten sich einzig und allein darum, wie unser, wie mein Leben im fernen Deutschland aussehen würde.

Musste ich dort ebenfalls zur Schule gehen? Wo würden wir wohnen? Gab es dort jemanden wie meinen Lieblingscousin Gianni, der mein bester Freund sein würde? Und wie sollte ich mich mit ihm unterhalten? Schließlich konnte ich kein Wort Deutsch und die Deutschen sprachen sicherlich kein Italienisch.

Es war Anfang Oktober 1971 und ich war zehn Jahre alt. Ich lebte mit meiner Familie in Messina, und mein Vater hatte nach langem Überlegen endgültig entschieden, nach Deutschland zu gehen. Meine beiden Geschwister, Mama und ich sollten dann nachkommen, wenn er eine ordentliche Arbeit und eine passende Wohnung für uns gefunden hatte.

Ich dachte an heute Morgen, als ich mit meiner Mama alleine in der Küche gesessen hatte, ein seltsames Gefühl, so ohne Papa. Sie war schon früh auf den Beinen und hatte gerade die kleine Espressomaschine auf den Herd gestellt – ihr übliches Morgenritual: den ersten Kaffee des Tages genießen und dazu eine Zigarette rauchen. Wenn Papa zu Hause war, übernahm er das Kaffeekochen. Dann saßen beide schweigend am Küchentisch, nippten an ihrem Espresso und bliesen Rauchschwaden in die Luft.

»Hallo, Gigi! Schon wach?«, begrüßte sie mich. »Setz dich hin, kannst gleich was frühstücken.«

Ich schmierte mir ein Marmeladenbrot, während sie mir eine Tasse Milch einschenkte.

»Was Papa jetzt wohl macht?«, fragte sie nachdenklich.

»Hm ... keine Ahnung. Wie lange dauert eigentlich die Fahrt nach Deutschland?«

»Genau weiß ich es nicht, aber ich glaube, er kommt erst heute Abend an. Es ist ganz schön weit bis nach ... Keppinnenn.«

»Bis nach wo?«

»Der Ort muss in der Nähe von Stuttgart liegen, Keppinnenn hat Papa es genannt.«

»Keppinnenn? Was ist denn das für ein komischer Name?«

»So heißen die Städte in Deutschland nun mal. Die sprechen ja auch ganz anders als wir.«

»Ich sehe später mal in meinem Atlas nach!«

»Tu das! Aber jetzt mach dich für die Schule fertig, ich wecke inzwischen deine Geschwister.«

Am Nachmittag hatte ich versucht, den Ort mit dem seltsamen Namen in meinem Atlas zu finden, doch meine Suche war erfolglos geblieben. Wo mochte mein Papa jetzt sein? Ob es ihm gut ging? Ich machte mir Sorgen um ihn und mit einem unguten Gefühl im Magen schlief ich schließlich ein.

Plötzlich sah ich einen etwa Zwanzigjährigen vor mir. Er stand mit zwei anderen jungen Männern zusammen, in einer Straße, die ich nicht kannte, in einer Stadt, die mir fremd war, umgeben von mir unbekannten Leuten. Er sagte etwas in einer Sprache, die ich nicht verstand, woraufhin seine beiden Freunde lachten und ihm auf die Schulter klopften. Er redete weiter, und obwohl ich kein Wort kapierte, wusste ich eigenartigerweise ganz genau, was er sagte. Seltsam! Wer war dieser Kerl, und wieso konnte ich ihn verstehen, obwohl mir seine Worte völlig fremd waren? Ich schien unsichtbar zu sein, denn die drei nahmen mich nicht wahr. Der Mann stand mit dem Rücken zu mir, und seine Stimme hallte laut und deutlich in meinem Kopf wider, als ob ich selbst sprechen würde. Er trug schwarze, hohe, etwas klobige Stiefel und seine Hände steckten tief in den Taschen seiner dicken schwarzen Jacke. Er hatte lange, hellbraune Haare und eine seltsame, mir wohlvertraute Schirmmütze auf dem Kopf. Der Schirm war schwarz, die Mütze selbst war rot, blau und gelb, wie bei Tick, Trick und Track, Donald Ducks Neffen. So eine Mütze hatte ich haben wollen, seit ich angefangen hatte, Comics zu lesen. Ich wollte unbedingt das Gesicht des Mannes sehen und versuchte, um ihn herumzugehen. Doch egal wie schnell ich lief, er drehte mir stets den Rücken zu.

Nach einer Weile verlor ich die Geduld und schrie ihn an: »Wer bist du?«

Er verabschiedete sich von den anderen beiden und kam auf mich zu. »Wer ich bin? Das weißt du doch längst!«

»Nein, das weiß ich nicht! Bleib jetzt sofort stehen!«

»Warum denn? Du willst es doch gar nicht!« Er antwortete in der fremden Sprache, dennoch verstand ich ihn problemlos.

»Natürlich will ich!«, schrie ich weiter.

Da blieb er abrupt stehen und wandte mir das Gesicht zu: Er sah aus wie ich! Wie vom Donner gerührt stand ich da und starrte in mein eigenes Grinsen. Zwar sah der Junge älter aus als ich, aber er hatte zweifellos mein Gesicht. Als er meine entsetzte Miene bemerkte, fing er an zu lachen. Ein lautes, mir bestens bekanntes, endloses Lachen. Irritiert suchte ich den Grund für seinen Heiterkeitsausbruch zu ergründen, da sagte er auch schon: »Du solltest dich mal sehen! Als ob dir Papa in den Hintern getreten hätte! Haha ...«

Ich verfolgte ungläubig, wie er sich vor Vergnügen auf die Schenkel klopfte, und das war so ansteckend, dass ich in sein Gelächter einstimmte. Da standen wir zwei plötzlich in einer fremden Straße einer fremden Stadt und bogen uns vor Lachen.

Erschrocken fuhr ich aus dem Schlaf hoch. Was für ein seltsamer Traum. Ich warf einen Blick auf meinen Wecker und stellte fest, dass ich gerade mal eine Stunde geschlafen hatte.

Sofort schob sich der Gedanke an Deutschland wieder in meinen Kopf. Ich wollte nicht weg aus Sizilien. Reglos lag ich da und starrte an die Decke.

Und mit einem Mal fielen mir all die schönen, spannenden, aber auch traurigen, schrecklichen und bisweilen gar schmerzlichen Ereignisse ein, die ich in den letzten Jahren erlebt hatte. Bei »schmerzlich« musste ich sofort an die wunderschöne Gallusblüte denken, die ich als Fünfjähriger gegessen hatte. Das Ganze geschah, kurz bevor mein Gesicht unappetitlich blaurot anlief und ich wie eine Feuerwehrsirene losheulte.

Als meine Mama, die sofort herbeistürzte, mich sah, erbleichte sie und stimmte spontan in mein Gejammer ein. Da standen wir nun: ich hilflos brüllend in den Armen meiner Mutter, während sie mir laut schreiend mehrere Finger in den Mund steckte, um die Überreste der giftigen Pflanze herauszufischen. In kürzester Zeit lief die gesamte Verwandtschaft herbei, und ich kann mich an mindestens drei verschiedene Geschmacksrichtungen der Finger erinnern, die damals in meinem Hals gesteckt haben. Irgendwann, als ich mich endlich erbrochen und alle ihre Finger aus meinem Rachen genommen hatten, bekam ich eine Maulsperre und den Mund für den Rest des Tages nicht mehr zu.

Das letzte Bild, das ich mit diesem Erlebnis verbinde, ist das Wartezimmer eines sizilianischen Arztes, der mich wieder und wieder aufforderte, endlich still zu sein. Und dann war da noch das weitaus grausamere Nachbrennen, nachdem die wunderschöne Blüte endlich meinen Darm passiert hatte.

2. Eine typische sizilianische Familie

Das Ganze geschah im Frühjahr 1966 in Messina, der Stadt, in der ich geboren wurde.

Wir wohnten damals in einem Haus, das mein Vater eigenhändig erbaut hatte – na ja, Haus ist vielleicht etwas übertrieben. Unser Heim bestand nämlich gerade mal aus zwei Zimmern, einem kleinen Bad, einem langen Flur und einer Küche.

Es war direkt an die Außenwand des »Hauses« von *nonno* Luigi gebaut und sein Badfenster war somit mitten in unserer Küche. Der Vorteil war, dass *nonno* Luigi und *zia* Lina nur das Fenster zu öffnen brauchten und mit Papa oder Mama ein Schwätzchen halten konnten, ohne das Haus verlassen zu müssen.

Der Nachteil war, dass sie ihre Toilette regelmäßig benutzten. Bei den anschließenden Lüftungsaktionen mussten wir oft fluchtartig an die frische Luft.

Dieses kleine architektonische Missgeschick war wohl der Grund dafür, dass wir im Sommer ausschließlich draußen in unserem kleinen Vorhof aßen, was aber sehr gemütlich war.

Wir waren eine typische sizilianische, sprich eine große Familie: Meine Mama hatte drei Schwestern, mein Papa sogar vier und einen Bruder. Da alle verheiratet waren, war die Anzahl an Onkeln, Tanten und natürlich Cousins und Cousinen entsprechend groß. Und ich rede hier nur von der engeren Verwandtschaft. Zähle ich auch den zweiten Kreis dazu, also Cousins, Onkel und Tanten meiner Eltern, dann wird es richtig unübersichtlich, zumal sich auch so viele Namen wiederholen. In Sizilien ist es nämlich Brauch, dass man das erste Kind nach dem Großvater oder der Großmutter nennt. Unter Umständen gilt das auch für die Zweit- bis Viertgeborenen, bis allen Elternteilen des jungen Paares genügend Ehre und Respekt erwiesen worden sind. Die Namen der weiteren Kinder kann man dann zum Glück frei auswählen. Allerdings führt dieser Brauch unweigerlich dazu, dass es in jeder anständigen sizilianischen Familie mehrere Giovannis, Francos, Luigis, Marias und Co. gibt. Die logische Konsequenz daraus: Zweit- und Spitznamen müssen her, also Abkürzungen wie Gigi und Gianni statt Luigi und Giovanni oder körperliche Besonderheiten wie der Kleine, der Bucklige, der Einäugige oder auch der Beruf.

Bei diesen ebenso großen wie chaotischen Familientreffen standen jedenfalls selbstverständlich wir Kinder im Mittelpunkt. Und nicht nur dann. Schließlich schaute mindestens einmal pro Woche irgendwer – egal ob *zio*, *zia*, *nonno*, *nonna* oder Cousin – kurz vorbei, um mal schnell Hallo zu sagen. Das allein wäre gar nicht so schlimm gewesen. Schlimm war die Begrüßungsorgie, die wir ertragen mussten. Die jüngeren Verwandten waren recht harmlos; sie nahmen uns höchstens mal in den Arm und küssten je einmal die linke und die rechte Wange. Die Älteren dagegen waren teilweise richtig grausam, jede Art von Folter war erlaubt, solange man sie als Begrüßung tarnen konnte. Wangen kneifen, Ohren ziehen, ein- und zweihändige Kinnladenpressungen oder Nacken drücken sind nur einige Varianten dieser besonderen Zuneigungsbezeugungen.

Am schlimmsten war es für mich, wenn mich einer dieser Don Brutalos hochnahm. Hilflos wie ein Karnickel im Würgegriff der Schlange, hing ich dann in der Umarmung. Der begeisterte Besucher presste mir die Luft aus den Lungen, bis ich mit dem vorletzten Atemzug ein »Ci... Ciao, zzzssia!« stammelte, während ich jederzeit auf das Knacken meiner brechenden Knochen wartete. Zu meinem Leidwesen begnügten sich diese Peiniger nie mit *einem* Kuss. Nein, meist ratterte gleich eine ganze Salve auf meine Wangen nieder, und wenn ich Pech hatte, erwischte es sogar mein Ohr – anhaltendes Ohrenpfeifen inklusive.

Der furchtbarste Begrüßer von allen war *zio* Paolo, der zweite Sohn von *nonna* Mina. Er war relativ groß und hatte ein scharf geschnittenes, kantiges Gesicht. Die stahlblauen Augen hatte er von seiner Mutter geerbt und er sah immer furchtbar ernst aus. Selbst wenn er fröhlich war, schien das Lächeln seine Augen nicht zu erreichen, es verlieh ihm eher etwas ... Verschlagenes, Wölfisches.

Er hatte eine sehr grobe Art, mit Menschen umzugehen, und war wegen seines Jähzorns bei allen gefürchtet. Jedes Mal wenn er mich in den Arm nahm, drückte er so fest zu, dass ich mich hinterher wie eine frisch ausgepresste Zitrone fühlte. Und kniff mir *zio* Paolo in die Wange, dann zog er sie so weit auseinander, dass ich mir wie ein lebender Expander vorkam. Ich schaute danach jedes Mal in den Spiegel, um zu überprüfen, ob mein Gesicht noch seine normale

Form hatte oder ob ich für den Rest meines Lebens wie eine Bulldogge aussehen musste.

Als er mir zu meinem fünften Geburtstag gratulierte, zog er mich an beiden Ohren hoch und sang dabei »*Happy Birthday to you*«. Da es mir nicht sonderlich gefiel, in der Luft schwebend seine eher bescheidenen Gesangskünste zu ertragen, und es obendrein ziemlich schmerzhaft war, beschloss ich, dem Treiben durch einen gezielten Tritt unterhalb der Kniescheibe ein Ende zu setzen. Während er drauflosfluchte, fing ich an zu weinen, rannte zu meiner Mama und zeigte ihr meine eingerissenen Ohrläppchen. Daraufhin machte sie sich umgehend daran, ihm die gelockerte Kniescheibe zu entfernen, was ihm natürlich auch nicht gefiel. Immerhin hat er sich danach bei mir entschuldigt.

Ohne Widerspruch harrte ich Mal für Mal bis zum Ende der Begrüßungszeremonie aus, doch sobald der erste freie Atemzug pfeifend meine Lungen füllte und der Eilcheck bestätigt hatte, dass nichts gebrochen war, suchte ich das Weite. Ich konnte ja nie wissen, ob ein Nachschlag drohte! Was hätte ich auch sonst tun sollen? Respekt vor den Älteren wurde nun mal in jeder Familie groß geschrieben.

Aus diesem Grund waren auch die wöchentlichen Besuche bei meinen Urgroßeltern Pflicht. Immer sonntags traf sich ein Großteil der Familie im Haus von *nonno* Ciccio und *nonna* Teresa, Mamas Großeltern. Die meines Vaters waren Opfer eines alliierten Bombardements im Zweiten Weltkrieg geworden. *Nonno* Ciccio war ein kleiner, hagerer Mann und damals sicher schon achtzig Jahre alt. Seine Frau Teresa war ebenfalls nicht groß, dafür aber umso dicker und ziemlich unbeweglich. Die beiden waren vor dem

Krieg recht wohlhabend gewesen. *Nonno* Ciccio hatte mit einem Partner eine Bäckerei und Konditorei gegründet, die gut lief und ordentlich Gewinn abwarf. So hatten sich meine Urgroßeltern im Laufe einiger Jahre ein für damalige Verhältnisse beachtliches Vermögen aufgebaut.

Den Erzählungen zufolge, die in unserer Familie kursierten, hatten sie ihren gesamten Besitz in einer Bombennacht im Zweiten Weltkrieg verloren. Sie hatten bei ihrer kopflosen Flucht aus der Stadt nur ihre Haut gerettet, alles andere hatten sie zurücklassen müssen: Schmuck, Geld, Papiere, Besitzurkunden ... praktisch ihr ganzes Leben. Als das Haus den Flammen zum Opfer fiel, standen sie mit einem Mal vor dem Nichts. Der ehemalige Partner von *nonno* Ciccio hatte damals die Gelegenheit genutzt, sich alles unter den Nagel zu reißen.

Trotz allem war *nonno* Ciccio ein ruhiger, zufriedener Mensch geblieben. So habe ich ihn jedenfalls in Erinnerung. Er war nie böse oder laut – ganz im Gegensatz zu seiner Frau – und uns Kindern steckte er immer wieder heimlich Süßigkeiten zu. »Psst ... nichts der *nonna* sagen«, flüsterte er dann verschwörerisch. Natürlich hat sie es dennoch hin und wieder gemerkt und dann meckerte sie wie eine magenkranke Ziege stundenlang herum. Offenbar passte es ihr nicht, wenn außer ihr noch jemand im Raum kaute. Sie malmte jedenfalls unablässig ... entweder Süßigkeiten oder widerlich stinkenden Kautabak, der im Laufe der Jahre ihre Zähne so verfärbt hatte, dass sie wie kleine dunkelbraune Kieselsteine aussahen.

Die Besuche bei meinen Urgroßeltern liefen immer nach demselben Muster ab: Sonntagsstaat anziehen und auf dem Hinweg die ewig gleichen Verhaltensregeln anhören. Ich kann mich heute noch an jedes Wort erinnern: »Ihr geht rein, küsst erst *nonna*, dann *nonno*, vergesst nicht, zu fragen, wie es ihnen geht, dann hinsetzen und still sein, bis wir wieder nach Hause fahren. Ist das klar?«

Klar war uns das schon, was nicht heißt, dass es auch unsere Zustimmung fand. Vor allem der Punkt »*nonna* küssen«. Igitt! Nie im Leben!, dachte ich jedes Mal entsetzt. Nach handfesten Argumenten von Seiten meiner Eltern fügte ich mich zwar, werde mich aber immer mit Ekel an diese Situationen erinnern. *Nonnas* Wange fühlte sich nämlich an wie dünnes, feuchtwarmes Leder und sie roch extrem unangenehm nach Moder, Tabak und Schweiß. Mein kleiner Bruder Filippo und meine Schwester Santina brachen jedes Mal bei *nonnas* Anblick in Tränen aus, weswegen ihnen diese Prozedur meistens erspart blieb.

Sonntag für Sonntag brachen wir also zu einem der bei uns Kindern verabscheuten Besuche auf und quälten uns durch den Tag. An jenem Wochenende im Juni 1966 war jedoch irgendetwas anders. Ich weiß noch genau, dass ich mich schon auf der Hinfahrt wunderte, weil meine Eltern kein Wort sprachen, nicht einmal die Verhaltensregeln zählten sie auf.

Als Papa an die Haustür meiner Urgroßeltern klopfte, ließ eine schwarz gekleidete Gestalt uns eintreten. Zu meiner Verwunderung war das ganze Haus voller schwarzer Gestalten, die alle herumstanden und vor sich hin murmelten. Wir gingen sofort in das Schlafzimmer und blieben vor dem großen Ehebett stehen. Das Zimmer war abgedunkelt und am Kopf- und Fußende des Bettes brannten dicke Kerzen.

Irgendwann entdeckte ich eine graue, mir unbekannte Gestalt darin, die allerdings eine entfernte Ähnlichkeit mit *nonno* Ciccio hatte. Die Augen waren geschlossen, der Mund stand halb offen, die Lippen waren schlaff in das dunkle Loch gefallen und kaum noch als solche zu erkennen. Die Hände waren über der Brust gefaltet, lagen da wie steife Holzklötze und hatten fast die gleiche Farbe wie die alte, dunkelgrau gestreifte Anzugjacke ... das war zweifellos *nonno* Ciccios Jacke. Ich fragte meine Mama, ob diese merkwürdige Gestalt mein *nonno* sei, doch sie kniff mich nur in die Schulter und zischte: »Psst!«

Aha, ich soll also still sein, dachte ich. Ich will aber nicht still sein!, begehrte ich innerlich auf, und in diesem dunklem Raum will ich auch nicht bleiben. Das Gemurmel der alten Leute macht mir Angst und warum sollen wir *nonno* Ciccio beim Schlafen zusehen? Irgendwann beging ich dann die Todsünde, »*uffa*« zu sagen, frei übersetzt: wie langweilig. Doch das hätte ich mal lieber lassen sollen! *Nonna* Teresa zeterte sofort los und ich wurde des Raumes verwiesen – worüber ich gar nicht so traurig war –, während alle den Kopf schüttelten und mich mit strafenden Blicken bombardierten.

Warum, das war mir ein Rätsel. Woher hätte ich damals mit meinen gerade mal fünf Jahren denn wissen sollen, dass mein Urgroßvater tot war, wenn es mir keiner sagte? Tot! Was war das überhaupt? Und warum sollte ich *nonno* Ciccio nie wieder sehen können? Wie lange war überhaupt »nie wieder«?

Als die Klageweiber mit ihren weinerlichen Gesängen begannen, war es auch mit meiner Beherrschung vorbei: Ich fing an zu brüllen und hörte erst wieder auf, als wir zu Hause waren.

Mit meinem Auftritt hatte ich es mir mit *nonna* Teresa allerdings endgültig verscherzt, und von da an ließ sie keine Gelegenheit ungenutzt, mir zu zeigen, wie gern sie mich hatte.

Unser Verhältnis wurde im Laufe der Jahre nicht besser, denn an unschönen Erlebnissen mit *nonna* Teresa herrschte kein Mangel. Mit Schrecken erinnere ich mich an einen Sonntagnachmittag, etwa einen Monat nach *nonno* Ciccios Beerdigung, als bei einem der üblichen Pflichtbesuche die ganze Familie bei *nonna* Teresa im Wohnzimmer saß. Während sich die anderen angeregt unterhielten, langweilte ich mich mal wieder zu Tode. Also lief ich im Flur auf und ab, sang vor mich hin und überlegte krampfhaft, was ich spielen könnte.

Dabei kam ich auch an der Toilette vorbei und bemerkte *nonna* Teresa, die mir den Rücken zuwandte. Der Raum war so schmal, dass sie gerade so hineinpasste, in etwa wie der Korken in eine Weinflasche. Ich blieb stehen und beobachtete, wie sie ächzend ihren langen schwarzen Rock hochhob. Auweia, war das ein riesiger Hintern! Aber er war nicht glatt, wie ich es von mir oder meinen Geschwistern kannte. Er hatte eine total zerklüftete Oberfläche voller Krater und Erhebungen und sah aus wie eine dreidimensionale Landkarte. Wie gelähmt stand ich mit offenem Mund da und verfolgte, wie meine Uroma ihren mächtigen Hintern auf die – im Verhältnis dazu winzig kleine – Schüssel manövrierte. Der Anblick schockierte mich so sehr, dass ich erst durch ihr Geschrei wieder zu mir kam. Sie hatte mich gesehen. Auch das noch! Natürlich kam sofort die ganze Familie angerannt. Während *nonna* Teresa sich die Kutteln aus dem Hals schrie und mich alles Mögliche hieß, stammelte ich ein paar halbe Sätze als Entschuldigung. Was ein Perverser ist, wusste ich damals noch nicht, *nonna* Teresa jedenfalls war felsenfest davon überzeugt, dass ich einer war.

Jahre später, als ich die Bilder von der ersten Mondlandung sah, fragte ich mich, warum die Astronauten einen derart weiten Flug unternommen hatten. Bilder der Mondlandschaft hätten sie auch auf der Erde schießen können.

Meine andere Uroma, *nonna* Mina, war da ganz anders. Bei ihr musste ich immer an Märchen denken, an Elfen und Feen. Sie war kaum größer als wir Kinder und hatte eine dunkelbraune, von tiefen Falten und Furchen durchzogene Haut. Das Eindrucksvollste an ihr waren jedoch zweifellos die Augen: stahlblau und durchdringend. Dieser Blick verschaffte Respekt, und ich hatte jedes Mal das Gefühl, darin versinken zu müssen. Dass *nonna* Mina etwas Besonderes war, merkte ich vor allem deshalb, weil sich die Erwachsenen vor ihr verbeugten und ihr die Hand küssten. Ich kann mich nicht erinnern, jemals ein lautes Wort aus ihrem Mund gehört zu haben. Im Gegenteil, sie sprach immer ganz leise und wir waren gezwungen, ihr aufmerksam zuzuhören, wenn wir verstehen wollten, was sie zu sagen hatte. Auch war sie wohl sehr klug, denn wenn es in der Familie Probleme gab, kamen alle zu ihr und fragten sie um Rat. Im Sommer fanden diese Gespräche immer draußen im Hof statt. An manchen Tagen saßen wir bis spät in die Nacht auf kleinen, geflochtenen Holzstühlen rings um ein großes Holzrad, das in der Mitte ein rundes Loch hatte. Darin befand sich eine große, mit glühenden Holzkohlen gefüllte Blechschüssel. Jeder im Kreis stellte seine Füße auf das Holzrad, und so ließ es sich auch dann noch gut draußen aushalten, wenn es am Abend kühler wurde.

In derart geselliger Runde gab *nonna* Mina oft Märchen, Erlebnisse aus ihrem Leben, Geschichten von Verwandten, Bekannten und vor allem Geister- und Gruselgeschichten zum Besten.

Die alte Frau erzählte so gut, dass selbst den Erwachsenen manchmal der kalte Schweiß auf die Stirn trat. Niemand, am allerwenigsten wir Kinder, wusste, ob die Geschichten ihrer Fantasie entsprangen oder ob sie das alles selbst erlebt hatte. Doch nicht nur deswegen wirkte meine Uroma auf uns so geheimnisvoll, sie kannte sich außerdem mit Kräutern, Medizin und Aberglaube ganz gut aus.

Hatte jemand aus der Familie Kopfschmerzen, so griff er nicht zu Aspirin oder dergleichen, sondern ging schnurstracks zu *nonna* Mina. Die hatte garantiert das passende Mittelchen für jedes Wehwehchen. Heute weiß ich, dass ihre Medizin nicht immer von Erfolg gekrönt war, aber damals hielt ich sie für eine mächtige Zauberin.

3. **Der böse Blick**

Auch meine Mama suchte häufig bei meiner weisen Uroma Rat, vor allem weil sie früher häufig rasende Kopfschmerzen hatte. Als sie wieder einmal nicht mehr ein noch aus wusste, sprach sie *nonna* Mina an, die sich sofort bereit erklärte, sich die Sache einmal anzusehen.

Ich wollte Mama unbedingt begleiten, durfte aber nicht. Nach einer längeren ohrenbetäubenden Argumentation, die mit einem Klaps auf meinen Po endete, nahm meine Mama mich dann aber doch mit.

Als *nonna* Mina mich sah, strafte sie mich sofort mit einem eisigen Blick. Auweia, das wirkte immer. Sie sagte, ich solle mich in die Küche setzen und keinen Ton von mir geben, und fügte streng hinzu: »Sonst holt dich der Teufel.« Die Art und Weise, wie sie mich dabei anschaute, ließ mich auf der Stelle einen halben Meter schrumpfen und verstummen. Sie nahm meiner Mutter gegenüber am Küchentisch Platz, umfasste mit beiden Händen ihr Gesicht und sah ihr in die Augen – tief, lang. Dann fing sie an zu flüstern, und obwohl ich mich anstrengte, hörte ich so gut wie nichts.

»*Uffa*! Ich verstehe kein Wort, kannst du nicht lauter sprechen, *nonna*?«

Ihre Augen wanderten nur für den Bruchteil einer Sekunde zu mir herüber, dennoch hätte ich schwören können, dass es darin geblitzt hatte wie bei einem Unwetter. Sofort verhielt ich mich wieder ruhig und unauffällig. Nach einer Weile stand *nonna* Mina auf, um die Klappläden zu schließen, dann holte sie einen Teller, ein Glas Wasser und eine kleine braune Flasche und setzte sich wieder. Meine Mama sollte nun den Teller mit beiden Händen festhalten, während meine Uroma Wasser hineingoss und langsam die kleine braune Flasche öffnete. Vorsichtig träufelte sie etwas von der zähen gelben Flüssigkeit auf ihren Zeigefinger und berührte damit meine Mutter. Zuerst tupfte sie ihr auf die Stirn, danach auf das Kinn sowie auf die linke und rechte Wange.

Das Ganze machte sie drei Mal, während sie irgendetwas Unverständliches vor sich hin murmelte. Schließlich kreiste sie mit der Flasche über dem Teller und goss in der gleichen Reihenfolge vier Tropfen der gelben Flüssigkeit in das Wasser: oben, unten, links und rechts.

»Halte den Teller ganz ruhig«, sagte sie, verschloss die Flasche und legte ihre Hände auf Mamas.

Von den beiden unbemerkt, stellte ich mich auf meinen Stuhl, weil ich sehen wollte, was in dem Teller vor sich ging. *Nonna* Mina fing wieder an, ganz leise zu murmeln, und ich starrte gebannt auf die Flüssigkeit: Die gelben Tropfen bewegten sich aufeinander zu. Sehr langsam zwar, aber sie bewegten sich. Ich verstand beim besten Willen nicht, was hier vor sich ging, und die Sache wurde immer unheimlicher.

Je mehr *nonna* Mina die Stimme erhob, desto schneller bewegten sich die Tropfen. Sie stießen in der Mitte des Tellers zusammen, prallten voneinander ab und wanderten zurück zum Tellerrand, nur um sofort wieder Richtung Mitte zu driften. Beim zweiten Zusammenprall blieben die Tropfen zusammen und bildeten ein vierblättriges Kleeblatt. Allerdings nur für einen winzigen Augenblick, dann verschmolzen sie zu einem einzigen gelben Kreis, der genau in der Mitte des Tellers stehen blieb.

Nonna Mina besah sich den Kreis und sprach dann mit ernster, dunkler Stimme: »Da ist jemand furchtbar neidisch auf dich. Sein böser Blick ist der Grund für deine Kopfschmerzen.«

Sie tunkte ihren Zeigefinger in das gelbe Auge im Teller, berührte damit die Schläfen meiner Mama und wischte die Stellen mit dem Wasser aus dem Teller wieder ab, während sie weitersprach.

»Der böse Blick ist jetzt im Teller gebannt. Geh damit nach draußen, grabe ein Loch und gieße alles hinein. Dann schneidest du dir eine Haarsträhne ab, wirfst sie ebenfalls in das Loch und schließt es wieder. Achte darauf, dass du eine Stelle aussuchst, über die niemand drüberlaufen muss. Sonst geht der böse Blick auf einen anderen Menschen über und der wird ihn nie wieder los!«

Ich schluckte. *Mamma mia*, wo war ich da bloß hineingeraten?! Ich bekam es heftig mit der Angst zu tun. Meine Mutter war längst im Hof und ich stand immer noch reglos auf dem Stuhl und schaute ziemlich bleich aus der Wäsche. *Nonna* Mina merkte mir meine Verwirrung an und nutzte die Gunst der Stunde, um mir ein wenig Benimm beizubringen.

»Habe ich dir nicht gesagt, dass dich der Teufel holt, wenn du nicht still bist?«

Sie holte die kleine braune Flasche wieder heraus und tat so, als wollte sie mich damit übergießen.

»Uuuaaaaahhhhhh!« Laut schreiend stürzte ich nach draußen. *Nonna* Mina war mir gerade ohnehin unheimlich, und ich hegte nicht den geringsten Zweifel daran, dass in der Flasche der Teufel steckte. Schließlich hatte ich mit eigenen Augen gesehen, dass sich das Zeug von alleine bewegte. Grund genug, mir in die kurzen Hosen zu machen. Mit Überschallgeschwindigkeit überholte ich meine Mama, die gerade dabei war, eine passende Stelle für die Bestattung ihres bösen Blicks zu suchen, und rannte direkt nach Hause. Ich hatte endgültig genug von den Erlebnissen des Nachmittags, verkroch mich sofort in mein Bett und hoffte, dass Mama bald zurückkehrte. Allein beim Gedanken an den bösen Blick wurden meine Knie sofort wieder weich wie Pudding.

Leider ging es meiner Mutter trotz der erfolgreichen Beerdigung ihres bösen Blicks bis zum Abend nicht besser und so lud *nonna* Mina uns alle fünf zum Abendessen ein.

Nonna Mina machte den besten Tomatensalat aller Zeiten, und als wir alle um den Küchentisch versammelt waren, stellte sie eine große, mit Tomaten, roten Zwiebeln, Oregano und fein geschnittenen Gurken randvoll gefüllte Schüssel darauf. Rasch streute sie noch Salz darüber, dazu einen Schuss Weinessig und … den Inhalt einer kleinen braunen Flasche.

Ich schrie sofort panisch auf: »Aaaahhh, *nonna* Mina will uns vergiften!«

Es dauerte eine ganze Weile, bis mich mein Vater davon überzeugt hatte, dass in der Flasche nichts anderes als Olivenöl war. Konzentriertes, wohlschmeckendes, pures … Olivenöl.

Nach dem Essen saßen wir wie immer draußen um das Holzrad, und *nonna* Mina erzählte eine Geschichte, die mir aufgrund des aufregenden Tages in guter Erinnerung blieb.

Sie handelte von einem Schäfer namens Ciccio, der jede Nacht in den Bergen von Patti seine Schafe hütete. Eines Abends bemerkte er einen seltsamen alten Mann, der auf einem Zaunpfahl saß wie in einem großen Sessel. Er hatte sich nach hinten gelehnt, als wäre an dem Pfahl eine unsichtbare Lehne befestigt.

»Pietro, sieh mal!«, wandte er sich an seinen Freund, der ihm Gesellschaft leistete. »Dort oben.« Dann stand er auf, legte die Hände wie einen Trichter vor den Mund und rief: »He, Sie, kommen Sie da runter!«

Der Fremde reagierte jedoch nicht und verharrte reglos auf dem Pfahl. Als Ciccio ihn erneut anrief, fing der Mann an zu lachen, doch es klang nicht fröhlich. Ganz im Gegenteil.

Ciccio und Pietro bekamen es mit der Angst zu tun, und nachdem Ciccio den Fremden mehrfach erfolglos aufgefordert hatte, seinen Platz zu verlassen, hetzte er seine Hunde auf ihn. Die Tiere rannten auf den Fremden zu, doch anstatt sich auf ihn zu stürzen, blieben sie erst knurrend, dann winselnd vor ihm stehen und duckten sich.

Ciccio und Pietro verstanden die Welt nicht mehr, die Hunde hatten noch nie vor jemandem oder etwas Angst gehabt, und jetzt so etwas.

Da sprang der seltsame alte Mann von dem Pfahl herunter, nur wenige Meter von den Tieren entfernt, die nun laut aufjaulten und in Panik flüchteten.

Mit Entsetzen beobachteten der Schäfer und sein Freund, wie der Fremde in die Hocke ging, mit den

Händen seine Fersen umfasste und sich wie ein Rad in Bewegung setzte. Innerhalb einer Sekunde rollte der Mann mit einer unglaublichen Geschwindigkeit auf Ciccio und Pietro zu, die beide starr vor Schreck waren.

Der Alte hatte fast durchsichtige Haare, seine Kleider waren verschmutzt und er roch nach vermoderter Erde. Das Schlimmste aber war, dass in der Körpermitte, dort, wo gewöhnliche Menschen einen Bauch haben, ein riesiges Loch klaffte.

Der Mann konnte unmöglich noch am Leben sein, stellte Pietro steif vor Angst fest, und dass er so schnell den Berg heruntergerollt war, ließ nur einen Schluss zu: Er war kein Mensch, sondern ein Geist.

Plötzlich sprach der Mann: »Du hetzt deine Hunde auf mich? Wer bist du, dass du dir so etwas erlauben kannst? Hol mich raus … Ich will dir verzeihen, wenn du mich rausholst. Wenn nicht … nehme ich dich mit. Drei Tage hast du Zeit und keinen Tag länger.«

Noch während er das letzte Wort sprach, rollte er sich wieder zusammen, jagte den Berg hinunter und war verschwunden.

Ciccio und Pietro brauchten eine Weile, bis sie den ersten Schock verdaut hatten, und wollten nicht glauben, was sie da gerade erlebt hatten. »Hol mich raus«, hatte der Mann gesagt … nur: wo raus? Wo sollten sie anfangen zu suchen? Und wonach?

Der erste und der zweite Tag vergingen, ohne dass die beiden auch nur einen Schritt bei der Lösung des Rätsels vorankamen. Sie fragten alle möglichen Leute, aber niemand hatte je etwas von diesem merkwürdigen Geist gehört. Als der dritte Tag anbrach, war Ciccio derart panisch, dass er nicht mehr klar denken konnte. Am Morgen des vierten Tages fanden sie den Achtundzwanzigjährigen tot in seinem Bett. Herzinfarkt, hieß es.

Pietro war am Boden zerstört und zugleich fest davon überzeugt, dass der Geist etwas mit dem Tod seines Freundes zu tun hatte.

Kurz nach der Beerdigung kaufte ein Nachbar Ciccios Schafe und das Stück Land, das ihm gehört hatte. Als der Mann sich Wochen später daranmachte, den Zaun niederzureißen, fand er direkt an der Stelle, wo der Geist gesessen hatte, die Leiche eines Mannes.

Bei der Errichtung des Zaunes hatte jemand den Pfahl in den Boden getrieben und dabei offenbar die vergrabene Leiche durchbohrt. Woran der Mann gestorben war und wer ihn dort begraben hatte, weiß bis heute niemand. Fest steht nur, dass der arme Ciccio für dessen Tod hatte zahlen müssen, und das bloß, weil er aus Angst seine Hunde auf den Fremden gehetzt hatte.

Nonna Maria schloss ihre Geschichte mit den Worten: »Eins müsst ihr euch immer merken: Angst darf nicht lenken, Angst muss gelenkt werden.«

Die Bedeutung dieses Satzes habe ich lange nicht begriffen. Immerhin war ich damals ein furchtbarer Hosenscheißer und hatte jegliche Art von Ängsten, die man nur haben kann. So hielt ich mir ganz selbstverständlich meine eigenen Monster unter dem Bett, die mich regelmäßig daran hinderten, dasselbige zu verlassen.

Jeder Schatten, der sich bewegte, jedes Geräusch, jeder Windzug … eigentlich alles, was im Dunkeln passierte, löste furchtbare Angst in mir aus. Papas Schnarchen stammte in Wirklichkeit von einem beinlosen Monster mit riesigem Maul und langen Zähnen, das auf mich lauerte und nur darauf wartete, bis ich die Augen öffnete, um sich auf mich zu stürzen. Manchmal spuckte es große Mengen einer klebrigen Flüssigkeit auf den Boden. Die durfte ich auf dem Weg ins Bad auf keinen Fall berühren, denn dann würden meine Füße auf dem Boden festkleben.

Zum Glück blieben jedes Mal ein paar Bodenfliesen frei, so dass ich durch gezieltes Hüpfen auf diese »freie Fliesen« einer Gefangennahme entgehen konnte.

Manche Nächte waren aber so finster, dass die rettenden Fliesen nicht genau zu erkennen waren, und dann lag ich wie gelähmt im Bett, mein Herz schlug so laut, dass ich das Gefühl hatte, es sei in der ganzen Stadt zu hören. Rasch zog ich mir die Bettdecke über den Kopf, weil es das Einzige war, was mich in der Dunkelheit vor all den gruseligen Gestalten schützte.

Denn lag ich unter der Decke verborgen, so konnten sie mich nicht sehen. Während ich so darüber nachdachte, entwickelte ich eine Strategie. Wenn ich nun die Augen geschlossen halte, dachte ich mir, muss es doch dieselbe Wirkung haben. Endlich hatte ich sie überlistet! Und die Sache war so einfach: Solange ich die Augen geschlossen hielt, passierte mir nichts, denn solange ich sie nicht sah, konnten sie mir nichts antun.

Dass meine neue Strategie auch Nebenwirkungen hatte, merkte ich, wenn ich nachts aufwachte und zur Toilette musste. Die Beule, als ich einmal gegen die geschlossene Klotür krachte, und auch die Schrammen, als ich gegen die Wand lief, weil ich zu früh oder zu spät abgebogen war, schmerzten nämlich noch lange nach. Beim Blindpinkeln die Kloschüssel zu treffen war ein echtes Problem. Für mich zwar weniger, für Mama dagegen wurde es mit der Zeit sogar ein großes.

Deshalb heckte sie gemeinsam mit *nonna* Mina einen Plan aus, um meine Angst zu bekämpfen. Und das war der Beginn meiner neuen Karriere als Botenjunge mit Spezialauftrag: Nachteinsätze.

Sobald es dunkel wurde, beauftragte mich meine Mutter, irgendwelche Kleinigkeiten zu *nonna* Mina zu bringen: Zucker, Salz, Pfeffer und derlei Dinge. Ich fragte mich jedes Mal, warum das nicht tagsüber erledigt werden konnte, schließlich wussten alle um meine Angst vor der Dunkelheit. Aber da jede Gegenwehr zwecklos war und die Argumente meiner Mama (Teppichklopfer, Kochlöffel und sonstige Handgreiflichkeiten) überzeugend ausfielen, nahm ich all meinen Mut zusammen und wagte mich allein und mit geschlossenen Augen in die finstere Welt hinaus.

An einem Samstagabend, Mama hatte Pizza gebacken, bekam ich den Auftrag, *nonna* Mina ein Stück davon zu bringen. Ich legte den üblichen Protest ein, der mit der üblichen Argumentation hinweggefegt wurde, also machte ich mich auf den Weg. Bis zur Tür von *nonna* Mina musste ich genau dreiundsechzig Schritte zurücklegen: zwanzig Schritte an *nonno* Luigis Haus entlang, dann fünf Schritte nach links, fünfzehn Schritte geradeaus am großen Orangenbaum vorbei, drei Schritte nach rechts, damit ich um einen großen eisernen Tisch herumkam, und zum Schluss zwanzig Schritte am Haus von *zio* Paolo entlang, bei dem *nonna* Mina wohnte. Mit etwas Glück stand ich dann genau vor ihrer Tür ... oder klopfte mir an der rauen Hausfassade die Knöchel blutig.

Vorsichtig schlich ich also die genau abgezählte Strecke entlang, als ich plötzlich über irgendetwas stolperte. Während ich einen Sturz gerade noch verhindern konnte, schoss die Pizza im hohen Bogen vom Teller. Dank des Vollmonds konnte ich ihre Flugbahn genau beobachten, denn ich hatte vor Schreck die Augen geöffnet. Zu meinem grenzenlosen Erstaunen war kein Monster über mich hergefallen. Was für ein Glück! Also hob ich die Pizza, die natürlich mit dem Belag nach unten auf die Erde gefallen war, wieder auf, schob sie auf den Teller zurück und entschied nach einer kurzen Inspektion, das gestrandete Teil wie befohlen zu *nonna* Mina zu bringen.

Ihr schnell die Pizza in die Hand drücken und den Rückweg antreten war mein Plan, doch so leicht kam ich nicht davon.

»Du hast doch keine Angst, oder?«, begann *nonna* Mina und musterte mich streng.

»*Nonna*, nein, ich hab keine Angst!« … Ich mache mir vor Vergnügen in die Hosen, und bleich bin ich, weil der Teller so schwer ist.

»Das ist auch gut so«, sagte sie, »dazu gibt es nämlich überhaupt keinen Grund. *Buona notte*! Schlaf gut!«

Am nächsten Tag kam *zia* Gianna und fragte Mama, ob ihr der Pfefferstreuer in die Pizza gefallen sei. Die Pizza sei voller Körnchen gewesen und *nonna* Maria habe sie leider nicht essen können. Natürlich stellten mich die beiden daraufhin zur Rede, und ich musste zugeben, dass mir die Pizza heruntergefallen war, weil ich mit geschlossenen Augen das Dreirad nicht hatte sehen können, das mir ein Bein gestellt hatte.

»Mit geschlossenen Augen?«, staunte Mama. »*Ma che sei scemo?*«, erkundigte sie sich besorgt nach meinem Geisteszustand. »Wieso um Himmels willen tust du das?«

Zugegebenerweise hört sich das für einen Erwachsenen ziemlich bescheuert an.

Doch dann ging meiner Mama ein Licht auf und plötzlich hatte sie auch eine Erklärung für meine nächtlichen Kollisionen mit diversen Möbeln und Türen. »Deswegen stolperst du ständig über alles drüber, schlägst dir den Kopf an und pinkelst überall hin, nur nicht in die Schüssel!«, rief sie und stemmte die Hände in die Hüften.

Oh, oh ... da hatte ich wohl ein bisschen zu viel verraten. Und in der Tat sollte meine Geschwätzigkeit nicht ohne Folgen bleiben. Ich musste ein für alle Mal kuriert werden, das stand fest – zumindest für Mama, *zia, nonna,* Papa, *zio* und Co.

Noch am selben Abend musste ich mich mit einem Stück Brot auf den Weg zu *nonna* Mina machen. Aus Schaden wird man klug, dachte ich und öffnete alle fünf Schritte todesmutig ein Auge, um es möglichst sofort wieder zu schließen.

Da hörte ich plötzlich seltsame Geräusche und blieb stehen, um zu horchen ... alles still. Also ging ich weiter, bis ich ein leises Zischen vernahm. Was war das bloß? In meiner Fantasie schlängelte sich eine riesige hungrige Boa constrictor auf Nahrungssuche aus den Bäumen.

Nonno Luigi hatte mir schon öfter von Schlangen erzählt. Mein Großvater, ein kleiner, drahtiger Mann mit einer ausgeprägten Adlernase und grünblauen Augen, war freundlich, aber sehr wortkarg und meistens in sich gekehrt. Nur wenn er einmal anfing zu erzählen, taute er auf, und ich erinnere mich lebhaft an die Geschichte mit den Schlangen, die angeblich so groß waren, dass sie einen Menschen am Stück runterwürgen konnten.

Zweifellos war ein solches Untier gerade dabei, sich vor mir aufzurichten und sein Maul weit aufzureißen, um mich unzerkaut zu verschlingen. Noch einmal hörte ich das seltsame Zischen und mit einem Mal stieg Panik in mir hoch. Ich zwang mich, die Augen zu öffnen, und blickte direkt in ein anderes Augenpaar, ganz dicht vor meinem Gesicht.

»Aaahhhh!« Während ich vor Schreck aufschrie, schoss meine Hand vor. Als ich es klatschen hörte, befanden sich meine Beine längst wieder auf dem Weg zurück ins Haus.

Eine offenbar zu dem Augenpaar gehörende Stimme schrie mir nach, und irgendetwas im hintersten Winkel meines Kleinhirns sagte mir, dass ich die Stimme kannte. »Gigi, stopp, he, ich bin's!«

Ich war inzwischen vor unserer Tür angekommen und trommelte wie verrückt dagegen.

Mein Papa kam aus dem Haus und musterte mich entgeistert. »Was ist los? Was ist passiert?«, fragte er. Da ich statt zu antworten nur weinte und schrie wie ein Irrer, nahm er mich hoch, und ich sah die Gestalt, die mir im Hof aufgelauert hatte, ins Licht treten: mein Cousin Lorenzo!

Abrupt riss mein Geschrei ab. »Lorenzo? ... Aber wieso ...?«, rief ich entgeistert und erleichtert zugleich. Keine Boa constrictor weit und breit.

»Ja, wenn du Depp die Augen nicht aufmachst, ist doch klar, dass du Angst bekommst. Außerdem hast du mir eine geschossen und die kriegst du zurück«, drohte er, bevor er davonrannte.

33

Meine Eltern erklärten mir, nachdem ich mich beruhigt hatte, *nonna* Mina habe Lorenzo beauftragt, sich im Orangenbaum zu verstecken und zu beobachten, wie ich mich verhalte, wenn ich zu ihr hinüberlief. Als er jedoch sah, dass ich die Augen geschlossen hatte, kam er auf die Idee, sich an mich ranzuschleichen und mich zu erschrecken.

Die Ohrfeige hatte er sich wahrlich verdient!

4. Heldentaten

Solange es nicht dunkel war, konnten mir die Spiele nicht abenteuerlich genug sein, und zusammen mit meinen Cousins begingen wir so manche Heldentat.

Da schon am frühen Morgen die ersten Spielfilme liefen – *Herkules*, *Samson*, *Zorro*, *Tarzan* und Co. –, begann ich die Tage gerne gemütlich vor dem Fernseher, bevor ich nach draußen zum Spielen ging. Tarzan war damals mein absoluter Held.

Zwar konnten wir uns seinerzeit einen Fernseher leisten, doch unser Alltag war durchaus von Armut geprägt. Natürlich empfindet man das als Kind nicht unbedingt so. In Armut aufzuwachsen ist völlig normal, wenn man nichts anderes kennt. Meine Geschwister und ich merkten es lediglich daran, dass wir nicht alles bekamen, was wir uns wünschten, und dass an manchen Tagen der Tisch nicht so reichlich gedeckt war wie an anderen. Der Satz »Dafür haben wir kein Geld« war für uns ebenso alltäglich wie bedeutungslos. Wir Kinder empfanden uns nicht als arm, auch wenn Spielzeug bei uns eher Mangelware war.

Die meiste Zeit waren wir ohnehin draußen und spielten oder stritten uns mit den anderen Kindern aus unserem Viertel – und das waren nicht gerade wenige. Insgesamt wohnten im Umkreis von dreihundert Metern neunzehn Kinder, von denen zwölf zwischen fünf und acht Jahre alt waren. Da war vielleicht was los! Irgendeiner hatte immer eine Idee und fast immer herrschte Chaos – zu viele Häuptlinge, zu wenig Indianer. Tag für Tag endeten die schönsten Spiele in ausufernden Raufereien. Meistens bildeten sich zwei bis drei Gruppen, wobei der Verwandtschaftsgrad eine große Rolle spielte. Natürlich wurde bei diesen Raufereien niemand ernsthaft verletzt, schließlich herrschten strenge Regeln: Ohrfeigen, Fußtritte und Würgegriffe waren erlaubt, Faustschläge und das Benutzen von Gegenständen (Stöcken und Ähnlichem) dagegen strengstens verboten. Wer sich nicht daran hielt, wurde sofort aus der Gruppe ausgeschlossen und durfte tagelang nicht mehr mitspielen. Das war die schlimmste Strafe, die wir uns vorzustellen vermochten, schließlich konnten wir nicht den ganzen Tag vor dem Fernseher hocken, und so ein Tag war verdammt lang, wenn man niemanden zum Spielen hatte.

Nach dem Mittagessen trafen wir Jungs uns draußen auf der Straße, um Fangen zu spielen. Bald schon brach Orazio, ein kleiner dunkelhäutiger Junge mit vorstehenden Zähnen, einen Streit vom Zaun. Mein Cousin Umberto hatte ihn Hasenzahn genannt, was dieser sich nicht gefallen lassen wollte, und in Sekundenschnelle war eine Rauferei im Gange. Orazios Bruder stürzte sich auf Umberto, dessen Bruder Gianni schnappte sich Orazio, und ich sah, wie Pinos Augen sich auf die Suche nach mir machten.

Pinuccio, wie wir ihn nannten, war fast zwei Köpfe größer als ich und dementsprechend auch viel stärker. Er hatte es regelrecht auf mich abgesehen und nahm mich ständig in den Schwitzkasten, um mich dann minutenlang toben, schreien und betteln zu lassen. Ich Zwerg hatte gegen ihn einfach keine Chance. Um dem Ganzen zu entgehen, hatte ich mir angewöhnt abzuhauen, sobald sich der erste Ärger anbahnte.

Pinuccios Blick war mein Startzeichen: Wie von der Tarantel gestochen rannte ich los. Doch er war schneller als ich. Als ich mich umsah, bemerkte ich sein Gesicht direkt hinter mir. Panik schoss in mir hoch, denn ich spürte schon seine Hand an meinem Rücken. Unvermittelt ließ ich mich fallen, und Pinuccio, von meiner Aktion überrascht, stürzte über mich drüber.

Sofort rappelte ich mich auf und raste in die entgegengesetzte Richtung davon. Pinuccio hatte sich bei dem Sturz die Knie aufgeschürft und war jetzt richtig wütend auf mich. Zeit zum Nachdenken blieb mir nicht, also steuerte ich auf ein hohes eisernes Gartentor zu, das in den Hof von Orazios Eltern führte. Laut schreiend stürmte mein Verfolger hinter mir her ... und er holte verdammt schnell auf. Zum Glück erreichte ich in diesem Augenblick das Tor, drückte es einen Spaltbreit auf und schlüpfte hindurch. Da prallte Pinuccio auch schon mit einem lauten Knall gegen das Tor und blieb im wahrsten Sinne des Wortes daran kleben. Sein verwundertes und schmerzverzerrtes Gesicht werde ich nie vergessen. Offenbar hatte er nicht damit gerechnet, dass ich das Tor hinter mir zuzog. Er torkelte zwei Schritte zurück und sackte in sich zusammen.

Ich wollte gerade vor Erleichterung loslachen und ihn verhöhnen, als ich bemerkte, dass es ihn ziemlich hart erwischt hatte. Er blutete aus der Nase und einer kleinen Platzwunde direkt auf der Stirn. Ein Auge war geschwollen, die Knie aufgeschürft und er weinte jämmerlich. Ich öffnete das Gartentor, ging auf ihn zu und fragte ihn, ob er sich wehgetan habe. Eine blöde Frage – wie sein Geschrei und die Beleidigungen zeigten, mit denen er mich bedachte. Hätte er nicht so starke Schmerzen gehabt, er hätte sich gewiss gleich wieder auf mich gestürzt.

Inzwischen waren die anderen Kinder herbeigelaufen und gleich dahinter erblickte ich Pinuccios und Orazios Mutter. Oh, oh, dachte ich, nichts wie weg! Ich stammelte hastig: »Entschuldigung, Pinuccio, war keine Absicht!«, und rannte davon.

Doch leider war dieser Zwischenfall damit nicht beendet, denn kurze Zeit später klopfte es an unserer Haustür. Als meine ahnungslose Mutter öffnete, überschütteten sie die beiden aufgebrachten Mütter mit Gezeter und Vorwürfen. Aus einem sicheren Versteck hörte ich mir die Vorwürfe an: dieser Verbrecher … ihn fast umgebracht … ein Wunder, dass mein Pino kein Auge verloren hat … wie kann ein Kind nur so gewalttätig sein … Panik kroch in mir hoch. Was würde meine Mama mit mir tun? Und erst mein Papa? Ooohhh mein Gooott!

Da rief meine Mutter auch schon meinen Namen. Das Herz rutschte mir in die Hose, mein Hals war wie zugeschnürt und ich bekam keine Luft. Ich bin tot, dachte ich. Ja, gleich bin ich tot! Morgen früh werden sie alle um mein Bett herumstehen, wie bei *nonno* Ciccio. Ich sah den Schein der brennenden Kerzen im abgedunkelten Zimmer, dazu gebeugte alte Menschen, die unaufhörlich Gebete murmelten, vor sich hin jammerten und mein allzu frühes, wenn auch selbst verschuldetes Ableben beklagten.

»Giiiiiigiiii! Komm sofort her!«, rief meine Mama erneut und holte mich in die Wirklichkeit zurück.

Schwerfällig setzte ich mich in Bewegung, denn ich wusste: Widerstand war zwecklos. Mit gesenktem Kopf schlurfte ich in Richtung Eingangstür und beim Anblick der drei Frauen war es um meine Fassung geschehen.

»Ich will nicht sterben«, schluchzte ich. »Huuu- aaaa! Fangspiel … Tür auf, Tür zu … dagegengeknallt … Blut … uaaahhh … nicht gewollt … schnief.«

Pinuccios Mutter war jedoch unerbittlich. Sie riss mir mit einem kalten Blick, der auch einem Profikil- ler der Mafia gut zu Gesicht gestanden hätte, den Kopf ab. Meine beste Waffe, die des kleinen, jämmer- lich weinenden blonden Lieblings, war wirkungslos. Haarklein musste ich berichten, was passiert war. Ich beschönigte nur die Stelle, als ich das Tor zugezogen hatte, und erzählte es so, als sei Pinuccio selbst schuld. War ja auch nicht ganz gelogen. Jedenfalls be- ruhigten sich daraufhin die Gemüter und Pinuccios Mutter ging zurück nach Hause.

Puh, dachte ich, da bin ich aber noch einmal da- vongekommen! Doch leider hatte ich mich zu früh gefreut. Ehe ich mich's versah, schnappte mich meine Mama am linken Handgelenk, drehte mich in eine günstige Position und zog, wie Alessandro Mazzola, mein damaliger Lieblingsfußballer von Inter Mai- land, einen sauberen Hattrick durch. Jeden Treffer ergänzte sie durch eine Benimmregel.

Das saß vielleicht! Na ja, ganz unschuldig war ich bei der Sache nicht gewesen, und so ein paar Tritte in den Allerwertesten waren immer noch besser, als tot zu sein.

Nur wenige Tage später, die Sache mit Pinuccio war so gut wie vergessen, kam vormittags mein geliebter Tarzan im Fernsehen. Nach dem Film stürzte ich voller Tatendrang hinaus und rannte an *nonno* Luigis Hof vorbei in *zio* Paolos Haus, wo meine fünf Cousins wohnten: Peppi, Umberto, Gianni, Franci und Lorenzo. Peppi mit seinen sechzehn und Lorenzo mit seinen dreizehn Jahren waren schon richtig alt und Franci war noch ein Baby. Umberto und Giovanni dagegen waren acht und fünf Jahre alt, ich inzwischen sechs, und wir drei ergänzten uns perfekt. Gianni war mein Lieblingscousin, mit ihm ging ich durch dick und dünn.

Die beiden hatten den Film auch gesehen und so machten wir uns gemeinsam auf die Suche nach Abenteuern. Der Sandberg, den *nonno* Luigi zum Betonieren des Hofes verwenden wollte, stach uns natürlich sofort ins Auge, und unsere erste Heldentat begann.

Wie in Sizilien üblich, hatte auch unser Haus ein mehr oder weniger begehbares Flachdach. Flott stiegen wir die Stufen zum Dach hinauf, um von dort aus auf den etwa drei Meter entfernten Sandberg zu springen. Umberto, der als Erster dran war, nahm ordentlich Anlauf, sprang und landete sicher im weichen Sand. Sofort jagte ich hinterher. Ein tolles Gefühl, fast wie Tarzan … jaaaa, saubere Landung!

Jetzt fehlte nur noch Gianni, doch er traute sich nicht. Erst als Umberto und ich ihn »Jane« riefen, nahm er endlich Anlauf. Er setzte zum Sprung an, blieb mit dem Absatz seines linken Schuhs am Dach hängen, stürzte mit dem Kopf voran in die Tiefe und bohrte sich bis zu den Schultern in den Sand. Nachdem sein Geschrei, das dem echten Tarzanschrei gar nicht so unähnlich war, *nonno* Luigi aus der Wohnung gejagt hatte, zogen wir ihn aus dem Sandberg. Er sah aus wie ein frisch paniertes Schnitzel und machte sich sogleich auf die Suche nach einem Wasserloch. *Nonno* Luigi erteilte uns unterdessen mit sofortiger Wirkung Sprungverbot und so mussten Umberto und ich uns auf die Suche nach einem neuen Abenteuer machen.

Als wir Minuten später ein Stück Seil fanden, konnte die nächste großartige Idee in die Tat umgesetzt werden. *Zio* Paolo hatte in seinem Hof ein etwa drei Meter hohes Metallgestell montiert, an dem Wein rankte. Obwohl wir wussten, dass mein Onkel furchtbar streng war und er uns ungespitzt in den Boden rammen würde, falls wir etwas anstellten, schoben wir den großen Eisentisch direkt davor und stellten einen Stuhl darauf. Auf den kletterte Umberto dann und befestigte das Seil an einer Strebe in der Mitte des Gestells. Danach schoben wir den Tisch beiseite und platzierten den Stuhl neben dem Seil, um es weiter oben fassen zu können. Die Aufgabe bestand darin, mit den Füßen die Decke des Metallgestells zu berühren.

Umbertos erster Versuch war durchaus gelungen. Wie Tarzan an der Liane schwang er sich in die Höhe, von einer Seite zur anderen, nur an die Decke kam er nicht. Als seine Kräfte nachließen, war ich endlich an der Reihe. Ich umfasste das Seil und schwang mich vom Stuhl. Der erste Schwung war ganz gut, ich wusste, dass ich es schaffen konnte. Rückschwung, Anlauf nehmen, zweiter Versuch ... kraftvoll warf ich die Beine nach vorne; diesmal würde es klappen. Plötzlich hörte ich einen Knall und spürte im gleichen Augenblick, wie ich wegsackte. Die Verstrebung, die das Seil hielt, war gebrochen. Mein kraftvolles Schwingen ging nahtlos in einen unkontrollierten Sturz über.

Unglücklicherweise stand mitten in meiner Landebahn der Metalltisch, dessen Vorderkante sich mir ungefragt in den Mund schob und die im Wege stehenden Vorderzähne nach hinten wegdrückte. Mein Tarzanschrei war übrigens auch nicht von schlechten Eltern.

Der eilig herbeigerufene Notarzt versuchte mir auf dem Weg ins Krankenhaus tatsächlich weiszumachen, dass man die Zähne nicht wieder gerade biegen könne. Ich glaubte ihm kein Wort! Als ich später ohne Zähne und ziemlich verschwollen nach Hause kam, erfuhr ich von *zia* Gianna, dass der einzige noch einsatzfähige Tarzan ein paar kräftige Ohrfeigen von »Jane« erhalten hatte. Wahrlich ein unvergesslicher Tarzanfilm.

Meine misshandelte Knabberleiste verursachte so starke Schmerzen, dass ich die ganze Nacht kein Auge zutat. Drei Tage lang konnte ich nur Flüssignahrung zu mir nehmen, für mich die härteste aller Strafen: Suppe ... igitt!

Noch schlimmer waren eigentlich nur die zahllosen Besuche der Verwandten, denn eine derartige Sensation wollte sich niemand entgehen lassen.

»Mach mal den Mund auf!«, hieß es im Minutentakt.

»*No*! Ich denke ja nicht dran!«

»Mach sofort den Mund auf!«, übernahm meine Mama das Kommando.

»*Uffa*! Aaaaa.«

War mein Mund dabei nicht weit genug geöffnet, um einen befriedigenden Einblick zu gewähren, zog meine Mutter mir, wie bei einer Eselschau, mit der einen Hand die Oberlippe nach oben und mit der anderen die Kinnlade nach unten. »Da, sieh nur, was sich der Blödmann angetan hat!«, machte sie ihrer Empörung Luft.

Die Reaktion war immer dieselbe: »*Ooo Dio mio …*«

5. **Bandenkriege**

Eine knappe Woche später, die Schmerzen hatten inzwischen nachgelassen, durfte ich wieder raus zum Spielen. Es war ein schöner Tag, die Sonne schien, alle meine Freunde waren draußen und ich machte mich auf den Weg zu ihnen.

Das Viertel, in dem wir wohnten, liegt auf einem kleinen Hügel, und damals gab es nur einen Zugang zu unseren Häusern: eine lange, steile, etwa einen Meter fünfzig breite Treppe mit über hundert Stufen. Aufgeschichtete Steine bildeten links und rechts der Treppe eine Begrenzung. Wenn man aus der Stadt hinauflief, konnte man auf der linken Seite die Häuser sehen, die rechte Seite war unbebaut – und damit das für uns Kinder deutlich interessantere Gebiet.

Ein total verwildertes Stück Land, das wir »a muntagna« nannten. Na ja, Berg ist schon ein wenig übertrieben. Man stelle sich vielmehr einen richtigen Berg vor, beiße ihm anschließend die Spitze und ein großes Stück von der Seite ab – und fertig ist unsere *muntagna*. Die Seite war absolut unzugänglich, denn da wurde der Stein abgebaggert, der als Baumaterial dienen sollte. Den dadurch entstehenden Krater füllten sie dann immer wieder mit Hausmüll aus dem gesamten Viertel. Es war strengstens verboten, diesen

Teil des Berges zu betreten. Zum einen konnte man wirklich tief fallen, zum anderen vermochte der Geruch dieser wilden Müllkippe einen in die Bewusstlosigkeit zu stinken. Außerdem trieben sich dort allerlei Insekten, Kriech- und Nagetiere herum, die angeblich ein Kind innerhalb von wenigen Sekunden bis auf die Knochen auffressen konnten. Ab und zu entdeckten wir sogar Schlangen, lange schwarze Tiere, die sich stundenlang sonnten und sofort flüchteten, sobald sich ihnen jemand näherte. Auch gab es unzählige Ratten, so groß wie ausgewachsene Katzen.

Und überall Eidechsen. Bunt schimmernd sonnten sie sich auf beinahe jedem größeren Stein: gelbe, rote, grüne, und hin und wieder war auch mal eine der von uns Kindern gefürchteten blauen *tiraciato*-Echsen zu sehen. Das waren unseres Wissens die gefährlichsten ihrer Art. Sie konnten, laut Erzählungen einiger Kinder, giftigen Schleim spucken, und wenn sie einen trafen, war man auf der Stelle tot. Die größte Angst hatten wir alle jedoch vor den Skorpionen. Diese Kriechtiere sahen aber auch wirklich gruselig aus: so groß wie eine Menschenhand, mit unzähligen rötlich schwarzen Füßen und einem penetranten Geruch. Wenn man auf eines der Tiere trat, so die Legende, strömte aus seiner Giftblase ein Nervengas, das sich durch die Schuhe fraß und den sofortigen grausamen Tod des Unglücklichen zur Folge hatte. Natürlich war das Unfug, aber damals waren wir felsenfest davon überzeugt.

Oberhalb von unseren Häusern, direkt auf der Bergkuppe, befand sich das nächste Viertel, in dem die Menschen in Wellblechhütten hausten. Das waren die Ärmsten der Armen. In den Baracken gab es we-

45

der Strom noch fließendes Wasser und die Bewohner waren immer dreckig und zerlumpt. Darum nannten wir sie auch *zingari*, die Zigeuner.

Einige Einwohner von Messina hielten es für absolut überflüssig, Miete zu zahlen, denn bevor sie ihr Geld, das ohnehin immer zu knapp war, einem Vermieter gaben, zogen sie es vor, auf irgendeinem freien Gelände eine Baracke zu errichten. Als Baumaterial dienten ihnen Bretter, Steine, Wellblech und andere Materialien. Auf diese Weise entstanden an Messinas Stadträndern immer wieder Barackensiedlungen, in denen die Leute dann unter erbärmlichen hygienischen Bedingungen hausten. Da oft schon die kleinsten Unwetter, die in dieser Region mitunter sehr heftig werden können, verheerende Schäden anrichteten, befestigten die Menschen ihre Baracken im Laufe der Zeit mit Mauern. Da in Messina, auf Sizilien, eigentlich in ganz Italien, der Staat und die jeweilige Regierung an den Unwettern schuld sind, machten die Geschädigten nach jeder Katastrophe die Stadt Messina für die unzumutbaren Wohnverhältnisse verantwortlich und prangerten die mangelhafte Wohnungsbaupolitik an.

Dies wusste so mancher schlaue Kopf unter den Barackenbewohnern als einträgliche Einkommensquelle zu nutzen. Um die Baracken loszuwerden, baute die Stadtverwaltung Sozialwohnungen, die sie an die Ärmsten der Armen zu einem sehr günstigen Preis und mit extrem niedrigen Raten verkaufte. Signor Schlaukopf verließ also mitsamt seiner Sippschaft die Baracke und bezog für ein bis zwei Jahre die neue Wohnung. Danach verkaufte er die Wohnung für viel Geld an Dritte und baute in einem anderen Viertel eine neue Baracke. Erneut bekam er eine Sozialwohnung, die er erst bezog und dann … Wenn sie nicht gestorben sind, veräppeln sie sich noch heute. Nicht alle sind solche Schmarotzer, die meisten Barackenbewohner sind tatsächlich arme Teufel, die alles dafür tun, um dem Elend zu entfliehen.

Mit den Barackenkindern zu spielen war undenkbar. Für diese Kinder waren wir, die in normalen Häusern wohnten, »die Reichen« und damit der Feind. Sie hatten in unserem Revier nichts zu suchen und wir in ihrem ebenfalls nichts verloren. Trieb sich dennoch einer mal auf unserem Teil des Berges herum, so verjagten wir ihn sofort mit lautem Gebrüll.

Auf der Suche nach meinen Freunden beobachtete ich, wie knapp unterhalb der Bergkuppe ein Kind in unser Gebiet herunterkletterte. Sofort galoppierte ich näher heran. Immer wenn wir spielten, waren wir keine gewöhnlichen Kinder, sondern furchtlose Abenteurer, die den ganzen Tag auf ihren Pferden saßen. Also schlugen wir uns beim Rennen mit der flachen Hand im Laufrhythmus auf den Oberschenkel und das hörte sich dann an wie galoppierende Pferde … zumindest fast.

Als ich in Rufweite zu dem Jungen war, befahl ich ihm, sofort zu verschwinden, und drohte ihm gleichzeitig an, meine »Männer« zu holen. Offenbar hatte ich den einen oder anderen Western zu viel gesehen. Als er keine Anstalten machte umzudrehen, warnte ich ihn ein letztes Mal: »He, Bürschchen! Ich sag's dir nicht noch einmal; wenn du nicht hörst, wird es dir dreckig ergehen. Wir machen dich fertig. Verstanden?«

Als der Junge mich auslachte und so was wie »Verpiss dich!« sagte, sah ich mich gezwungen, davonzureiten und nach meinen Kumpels Ausschau zu

47

halten. Zwar hätte ich ihn auch alleine verjagen können, nur war er noch etwas größer als Pinuccio, und ich sollte besser nicht darauf hoffen, dass er freiwillig gegen ein Tor lief, damit ich den Kampf für mich entscheiden konnte.

Nach ein paar Minuten entdeckte ich meine »Männer«, die beim Kartenspielen unter einem Baum saßen. Ich preschte auf sie zu und schrie ihnen schon von weitem entgegen, dass ein Barackenjunge, ein großer, unverschämter Angeber, in unser Gebiet eingedrungen sei, den wir sofort verjagen müssten. Schließlich müssten wir ihm zeigen, mit wem er es hier zu tun hatte.

Ich sah den vier Jungs deutlich an, dass sie keine große Lust verspürten, ihr Kartenspiel wegen so einer Lappalie zu unterbrechen. Mein Cousin Umberto musterte mich kurz und sagte: »Okay! Wir kommen gleich. Geh du schon mal vor und pass auf, dass er nicht noch weiter runterkommt.«

»Alles klar, aber beeilt euch«, antwortete ich und machte mich auf den Rückweg.

Am Berg angekommen, stand der Junge noch genau da, wo ich ihn verlassen hatte. Als er mich sah, fragte er sogleich, wo ich meine Männer gelassen hätte. Ich drohte ihm, dass sie jeden Augenblick hier sein müssten und dass es besser für ihn sei, jetzt zu verschwinden.

Daraufhin fing er wieder an zu lachen und verhöhnte mich: »Wieso soll ich denn verschwinden? Wenn die anderen so klein sind wie du, dann ist das Schlimmste, was mir passieren kann, dass ich mir vor Lachen in die Hosen mache!«

Das war zu viel! Außer mir vor Wut, nahm ich ein paar Steine in die Hand und warf sie nach dem respektlosen Idioten. Der würde sich noch wundern! Ich war nämlich ein ganz guter Steinewerfer. Problematisch war nur, dass ich nach oben werfen musste, denn er stand ein wenig über mir und gut zwanzig Meter entfernt. Ich warf drei Steine sehr schnell nacheinander und schaute zu, wie sie unterwegs verhungerten. Die Richtung stimmte, nur mit der Weite und der Höhe haperte es. Als ich den vierten Stein mit aller Kraft schleuderte, sah ich in Zeitlupe, wie der Junge sich bückte, einen Stein aufhob, ausholte und nach mir warf. Er hatte es bedeutend leichter als ich, denn er musste die Schwerkraft nicht überwinden. Ich verfolgte noch, wie mein Stein ein paar Meter neben ihm den Staub aufwirbelte, als sein Wurfgeschoss auch schon auf meiner Stirn explodierte. Boooommmm, machte es! Ich griff mir an die Schläfe, schaute auf meine Hand, sah das Blut und kippte stocksteif nach hinten.

Das tat vielleicht weh! Wie durch einen dicken Wattefilter hörte ich, wie der Junge laut um Hilfe schrie. Dann erklang plötzlich *zia* Giannas Stimme: »*O Gesú e Maria*, was ist passiert?«

Im selben Moment kam auch schon meine Mama angerannt. Sie hoben mich hoch, und meine *zia* drückte mir ein Handtuch auf die Stirn, das sich sofort mit Blut voll saugte. Sie trugen mich ins Haus und legten mich auf mein Bett.

Ich war noch immer so schockiert, dass ich keinen Laut von mir gab. Das war für meine Verwandten wahrscheinlich das Schlimmste, denn wenn jemand noch schreit, geht es ihm meist verhältnismäßig gut. In meinem Kopf rumorte es und ich hörte immer noch den klatschenden Aufprall des Steines.

Ein seltsamer, angsteinflößender Ton.

»Du schon wieder?« So begrüßte mich kurz darauf der Arzt, der mich erst wenige Tage zuvor über die Biegsamkeit von Zähnen aufgeklärt hatte.

Beim Anblick der großen Platzwunde auf meiner Stirn meinte er nur: »Du kriegst wohl nicht genug, was?« Während er mich versorgte, musste ich ihm die Geschichte erzählen. Sein einziger Kommentar dazu: »Das nächste Mal nimmst du Steine mit Flügeln!«

»Die gibt's doch gar nicht«, stutzte ich.

»Dann wirf eben keine«, antwortete er.

»Der Junge hat mich dazu gezwungen«, behauptete ich.

»Nein, du hast ihn gezwungen, du hast zuerst geworfen, und wenn *du* oben gestanden hättest, würde *er* jetzt hier liegen.«

Ich war also mal wieder selbst schuld ... *uffa!*

Ein Blick in den Spiegel am nächsten Morgen brachte es an den Tag: Der Nachfolger von Boris Karloff für die Fortsetzung von *Frankensteins Monster* brauchte nicht länger gesucht zu werden. Ich ging sogar ohne Maske durch, garantiert! So verschwollen, wie ich war, bekam ich ja vor mir selbst Angst ... und die gesamte Verwandtschaft lief wieder mal staunend bei uns zusammen! Wie immer bemühten sie alle möglichen Heiligen und jeder wunderte sich über so viel Dummheit, Gedanken- und Verantwortungslosigkeit.

»*O Dio mio, o San Christofero, o benedetta Maria!* Wie kann man nur so dumm sein?«

Um die versammelte Familie nicht vor den Kopf zu stoßen, setzte ich eine schuldbewusste Miene auf und seufzte ein leicht genervt klingendes »*uffa*«. Trotzdem musste ich mir von allen anhören, was alles hätte passieren können: der Verlust eines Auges, ein Hirntrauma, eine schmerzende Schädelfraktur, ein übler Hämorrhoidenbruch, totale Demenz.

»Was heißt das, Mama?«, schaffte ich es in dem Redeschwall zu fragen.

»Na, dass du komplett schwachsinnig wirst, blöd halt ... Obwohl, was heißt hier wirst? Du bist es ja schon!«

»Okay, okay, war ja nur 'ne Frage, *uffa*!«

»Sag noch einmal dieses Wort, und ich verpasse dir eine Ohrfeige, das schwöre ich dir!«

»*Uf*... oh ... ist mir nur rausgerutscht, ich hab gar nichts gesagt!«

6. Der Abgrund

Kaum ging es mir wieder besser, ereilte uns eine richtige Hiobsbotschaft: Mama war schwer erkrankt. Wochenlang hatte sie so viele »böse Blicke« und Haarsträhnen begraben, dass sie kaum noch Haare auf dem Kopf hatte, doch *nonna* Minas Wundermittel zeigten nicht die geringste Wirkung. Als sie schließlich auch noch kleine Mengen Blut hustete, beschloss sie, doch mal zu einem richtigen Arzt zu gehen, auch wenn das furchtbar teuer war.

Damit sollte für uns eine lange traurige Zeit beginnen. Der Doktor stellte eine Lungenkrankheit fest, die sofort operativ behandelt werden musste. Meine Schwester Santina, meinen Bruder Filippo und mich brachte Papa daher in den nächsten Wochen abwechselnd zu verschiedenen Verwandten und wir bekamen unsere Mutter fürs Erste nicht mehr zu Gesicht. Eure Mama ist schwer krank, hieß es immer nur, doch was genau sie hatte, sprach niemand aus. Als ob die bloße Erwähnung dieser Krankheit zur Ansteckung ausreichte!

Ein einziges Mal in diesen zwei endlosen Monaten durften wir vom Wohnzimmer aus ins Schlafzimmer linsen und ihr zuwinken. Sie saß auf dem Bett, unheimlich bleich, und als sie uns bemerkte, liefen ihr

Tränen die Wangen hinunter. An dem Tag beschloss die Familie, dass wir für die nächste Zeit bei *zia* Maria bleiben sollten.

Zia Maria und *zio* Baldo wohnten hoch oben auf einem Berg am Stadtrand von Messina in Puntale Arena, einem uralten Viertel. Da es in den Häusern nicht einmal fließendes Wasser gab, liefen die Frauen frühmorgens mit ihren Kanistern auf die große *piazza* zum Brunnen und schleppten den Tagesbedarf an Wasser zurück. Der Brunnen war der Treffpunkt für alle Bewohner des Viertels. Irgendwer war immer da und erzählte den neuesten Tratsch oder diskutierte über die Unfähigkeit der Stadt, sich endlich um eine anständige Wasserversorgung zu kümmern.

Das Haus von Maria und Baldo war ebenfalls uralt. Alle Wände waren schief, und das Dach bestand aus krummen Holzbrettern, die mit einer dicken Teerschicht bestrichen waren.

Da *zio* Baldo Antiquitätenhändler ist, sammelte er im Laufe der Zeit allerlei Schätze an, die den großen Hof verzierten. Vasen und Gefäße aus der Römerzeit (oder zumindest authentische Nachbildungen), Krüge, Töpfe, Holzräder, Waffen und zahllose andere Gebrauchsgegenstände aus verschiedenen Jahrhunderten. Auf der rechten Seite war der Hof durch eine verwitterte, meterhohe Steinmauer eingegrenzt, links standen noch zwei windschiefe, bis unters Dach voll gepackte Holzschuppen – wahre Fundgruben! Ich glaube, *zio* Baldo wusste selbst nicht mehr, was sich darin befand.

Unser erster Weg führte ins Haus, wo schon unsere Cousine und ihr Bruder auf uns warteten. Alba war ein Jahr älter, Tonio ein Jahr jünger als ich. *Zia* Maria zeigte uns dreien unsere Schlafplätze und dann durften wir zum Spielen in den Hof.

Natürlich mussten wir erst mal das Gelände erkunden, auf dem es eine ganze Menge zu entdecken gab. Wir waren fasziniert von den vielen Dingen, doch *zio* Baldo war von unserer Neugierde alles andere als begeistert. »Gucken ja, anfassen NEIN!«, lautete seine eindeutige Devise, und im Großen und Ganzen hielten wir uns auch daran. Doch irgendwann schaute ich über die verwitterte Mauer, die den Hof eingrenzte – und bekam erst mal einen Riesenschrecken.

Ich sah direkt in einen Abgrund. Es ging mindestens hundert Meter steil nach unten und die Pinien in der Tiefe erschienen mir winzig klein. Mir wurde ganz schummerig und ich traute mich nur noch langsam an die Mauer heran. So einen stabilen Eindruck machte die nämlich nicht. Nach einer Weile siegte aber doch die Neugier und es war nur noch faszinierend: Man hatte einen herrlichen Ausblick und konnte verschiedene Tiere beobachten, die man sonst nicht zu sehen bekam.

Tiere? ... Aussicht? Wen zum Teufel interessierte das? Für mich war die Frage, wie lange ein Kieselstein – oder gleich eine Hand voll davon – wohl brauchte, bis er unten aufschlug, viel wichtiger. Oder in wie viele Scherben wohl die Flasche Wein zersprang, die ich gerade entdeckt hatte ... Schwups!, da flog die Flasche auch schon über die Mauer. Ich konnte gerade noch sehen, wie ein kleiner Mann fluchend zur Seite sprang, weil die Flasche ihn nur knapp verfehlt hatte. Mist, der kleine Weg war mir gar nicht aufgefallen, und dass da Leute liefen, erst recht nicht. Nichts wie weg hier, dachte ich, bevor mich noch jemand sieht!

Kurze Zeit später stand der kleine Mann, der in Wirklichkeit gar nicht so klein war, vor *zio* Baldos Tür. Der Spaziergänger war ganz schön sauer und sofort ging ein riesiges Gezeter los. Zuerst stritt *zio* Baldo alles ab, aber als der Mann den Übeltäter als einen kleinen blonden Jungen beschrieb, entschuldigte er sich vielmals und gab ihm das Versprechen, besser aufzupassen. Ich war der einzige blonde Junge im ganzen Viertel – damit war jeder Irrtum ausgeschlossen.

Keine Ausreden, keine Schlupflöcher, kein Mittag- und auch kein Abendessen. Paff! Das hatte gesessen.

Während sich die anderen also beim Mittagessen genüsslich den Bauch voll schlugen, durfte ich ihnen dabei zusehen. Um die Qual noch zu steigern, musste ich am Tisch sitzen bleiben, bis alle aufgegessen hatten.

Gegen Abend hörte sich mein Magenknurren an, als ob ein Rudel hungriger Wölfe unter dem Tisch säße. *Zio* Baldo jedoch war gegen jede Argumentation immun und meinte lediglich: »Jemand, der nur Blödsinn im Kopf hat, braucht nichts zu essen.«

In der Nacht bekam ich so großen Hunger, dass mir schlecht wurde, und mein Magen knurrte mich böse an. Ich konnte mich mit ihm richtig unterhalten und er antwortete tatsächlich in ganzen Sätzen. Da an Schlaf nicht zu denken war, beschloss ich, aufzustehen und auf das Frühstück zu warten. Ich zog mich an und setzte mich an den Esstisch.

Ich hatte keine Ahnung, wie spät es war und wie lange ich noch warten musste. Irgendwann, mitten in der Nacht, schlief ich im Sitzen ein und erst *zio* Baldos schallendes Gelächter weckte mich. Er fand es irgendwie lustig, mich da sitzen zu sehen. Natürlich musste ich vor dem Frühstück beteuern, so etwas nie wieder zu tun, aber in diesem Augenblick hätte ich alles versprochen!

Nach dem Frühstück ging ich mit Tonio im Hof spielen. Er hatte aus einem Blatt Papier ein Flugzeug gefaltet und wir warfen es uns zu. Irgendwann flog das Ding über die Mauer und wir schauten gebannt dem Papierflieger nach. Die Thermik hob den Flieger an und trug ihn ein Stück weit weg, bevor er weiter nach unten segelte, wo er wieder angehoben wurde … er war minutenlang in der Luft. Das faszinierende Spektakel war für uns der Startschuss! Mit einem Mal bastelten alle Kinder mit. Papier falten, an die Mauer rennen, werfen, zugucken und neue Flieger basteln; wir arbeiteten wie am Fließband. Irgendwann waren vier Tageszeitungen, drei Hefte, zwei Zeitschriften, zwei Schulbücher aus Albas Schulranzen, zwei Schreibblöcke und ein paar Seiten eines alten Buches, das wir im Schuppen gefunden hatten, über die Mauer gesegelt. Bis *zia* Maria aus dem Haus rannte und unser Treiben mit dem Satz: »Was um Gottes willen macht ihr da?« beendete.

In meiner Begeisterung riss ich gleich noch eine Seite aus dem alten Buch heraus, um es ihr vorzuführen, doch wider Erwarten bekam sie einen hysterischen Anfall.

»*O Dio mio*! Das Buch ist eine Antiquität aus dem neunzehnten Jahrhundert … *zio* Baldo wird euch umbringen!« Nach einem Blick über die Mauer folgte gleich der zweite Tobsuchtsanfall. »*O Gesú e Maria … scemuniti* – ihr Wahnsinnigen! Was habt ihr da noch alles runtergeworfen?«

Als ihr die ganze Tragweite unseres Tuns bewusst wurde, beschloss sie, nicht auf *zio* Baldos Heimkehr zu warten, und staubte uns mit einem Teppichklopfer kurzerhand die Hosenböden ab. Als sie sich nach der Aktion über ihre schmerzende Hand beklagte, verspürten wir Kinder kein bisschen Mitleid mit ihr.

Der richtige Ärger begann aber tatsächlich, als *zio* Baldo nach Hause kam. *Zia* Maria hatte das alte Buch auf den Tisch gelegt, und als er es sah, entgleisten ihm die Gesichtszüge. Er schnappte nach Luft und fasste sich an die Brust. Kein schöner Anblick! Seltsamerweise blieb er dabei völlig ruhig. Mit leiser Stimme verpasste er uns die grausamste aller Strafen: »Kein Mittag- und kein Abendessen!«

Nein! Eine Ohrfeige, einen Tritt in den Allerwertesten oder was auch immer, dachte ich, aber nicht schon wieder hungern. Doch *zio* Baldo ließ sich nicht erweichen.

Den Rest des Tages mussten wir im Haus verbringen und die schlechte Laune aller anwesenden Erwachsenen über uns ergehen lassen.

Wir spielten so leise wie möglich, und ich stellte bald fest, dass mein Magen nicht nur noch lauter knurren konnte als vergangene Nacht, sondern auch als der Wachhund unserer Nachbarn. Offenbar war mein Bauch so leer, dass das Knurren schon Echos erzeugte.

Später im Bett unterhielten wir uns noch ein bisschen mit unseren immer geschwätziger werdenden Mägen und bemitleideten uns gegenseitig.

»Ich könnte jetzt glatt einen ganzen Elefanten essen, ohne Brot.«

»Ich hab so Hunger … schnief … dass ich den Elefanten mit Brot essen könnte.«

»Und ich würde ihm sagen, er soll noch seinen Bruder mitbringen.«

Irgendwann schliefen wir ein und ich hatte in dieser Nacht den verrücktesten Albtraum meines Lebens.

Er handelte von frisch gebratenen Hähnchenschlegeln in dem Tal hinter der Mauer und von riesigen Walzen, die mich zu zerquetschen drohten. Als die eisernen Rollen mich halb zermalmt hatten, wachte ich von meinem eigenen ohrenbetäubenden Schreien auf.

Zia Maria stürzte herein, und als sie mich schweißgebadet und fiebrig in meine Bettlaken eingewickelt fand, begann sie sofort mit ihrer Spezialbehandlung. Sie zog mich um, machte mir Wadenwickel und verabreichte mir trotz erbittertem Widerstand ein torpedoförmiges Zäpfchen. Dafür kochte sie mir mitten in der Nacht eine herrlich duftende Hühnerbrühe … Hmmm!

Dachte ich. Aber dann saß ich in der Küche vor meinem Teller und bekam keinen Bissen herunter. Die Suppe begann zu mir zu sprechen. »Iss mich, mach mich alle, schlürf mich … schnell, bevor sie es sich anders überlegen. Wenn morgen noch was schief geht, darfst du wieder hungern … los jetzt!«

Mein Magen war wie zugeschnürt, ich starrte in den Teller und sah darin ein Augenpaar, das böse zurückstarrte.

»Wer bist du?«, fragte ich. »Was hast du in der Hühnerbrühe zu suchen und wer soll die jetzt noch essen, hä?«

»Du kannst mich doch gar nicht essen, du kleiner Jammerlappen«, wurde nun auch die Brühe böse und beschimpfte mich. »Du Versager, du Nichtsnutz!«

»Lass mich in Ruhe, von einer Hühnerbrühe muss ich mir so was nicht sagen lassen. Halt deine blöde Klappe!«

»Ich sage, was mir passt, Bürschchen. Und ich zeig
dir, wer hier eine blöde Klappe hat.«

Wie ein Blitzschlag schoss eine große schwarze
Faust aus dem Teller und traf mich mit voller Wucht
mitten auf die Nase.

Mein Gesicht wurde glühend heiß und mir blieb
die Luft weg. Ich spürte, wie sich eine Hand in meine
Haare krallte und daran zog.

»Gigiii! *O Gesú e Maria!* Was ist los mit dir?«

Da war ich im Fieberwahn doch glatt eingeschla-
fen und mit dem Gesicht in die Brühe gefallen.

Zwei Tage lang musste ich das Bett hüten, dann
erst durfte ich wieder aufstehen. Als ich beim Spielen
im Hof über die Mauer linste, verschlug es mir die
Sprache. Das ganze Tal war mit Papierfliegern überzogen, kein Baum, auf dem nicht mindestens ein weißer Fleck zu sehen war. Da hatten wir wirklich ganze
Arbeit geleistet.

Trotz aller Strafen war dieser innere Drang, etwas
von der Mauer zu werfen, noch immer vorhanden,
und wo ich ging und stand, suchte ich nach etwas
Flugfähigem. *Zia* Maria ertappte mich natürlich
prompt, als könnte sie meine Gedanken lesen.

»Ich schwöre es bei Gott«, schimpfte sie sofort
drauflos. »Wenn du noch einmal was über die Mauer
wirfst, schmeiß ich dich hinterher!«

»*Uffa!*« Konnte man hier denn überhaupt nichts
machen?

Natürlich sollte das nicht unser letzter Streich
bleiben und so wurden die Nulldiäten so langsam zu
einer Art Dauereinrichtung. Um in Zukunft nicht
ganz so hungrig schlafen gehen zu müssen, beschlossen wir irgendwann, Gegenmaßnahmen zu ergreifen.
Wir besorgten uns eine Holzkiste und versteckten sie

hinter einem der Schuppen. Darin lagerten wir dann Bonbons, Schokolade, Brotscheiben – eigentlich alles, was nur irgendwie essbar war. Dumm war nur, dass Tonio und ich zu achtundneunzig Prozent aus Magen bestanden, und wenn einer von uns morgens eine Brotscheibe in die Kiste legte, so wurde sie spätestens zwei Stunden später entweder von ihm oder von mir verputzt.

Dass wir in jenem Sommer relativ häufig hungrig schlafen gingen, hatte allerdings noch einen zweiten Grund. *Zia* Maria kochte nämlich regelmäßig was besonders »Leckeres«: Pferdefleisch! Wir Kinder liebten das ach so gesunde Pferdefleisch über alles. Wir liebten es sogar so sehr, dass wir jeden einzelnen Bissen wie Kaugummi kauten. Ich rede hier von kauen, nicht schlucken. Das Zeug schmeckte einfach wi–der–lich. Irgendwie süß und gleichzeitig fleischig und zäh … puaahh!

Allerdings entwickelten wir Kinder auch hier bald einen ausgeklügelten Plan. Wir saßen beim Essen alle in einer Reihe gegenüber von den Erwachsenen, hinter denen ein großer Holzschrank mit gedrechselten Füßen und verzierten Türen stand: eine echte Antiquität – und unsere Rettung. Wir kauten zunächst artig auf dem Fleisch herum, spuckten es jedoch in einem unbeobachteten Augenblick in unseren Schoß und gaben es dann jeweils an den Nächsten weiter, bis zum Letzten in der Reihe. Der hatte die Aufgabe, die zerkauten Brocken unter den Schrank zu werfen. Nach dem Essen mussten wir dann nur noch die Teile einsammeln und verschwinden lassen, bevor jemand sie entdeckte. Das Ganze funktionierte blendend und ging auch einige Male gut, besonders sättigend war diese Art der Nahrungsaufnahme aber nicht. Irgendwann kam uns *zio* Baldo dann doch auf die Schliche und die Strafe war perfide: Es gab tagelang nur noch Pferdefleisch!

Pferdefleisch zum Frühstück, zum Mittag- und zum Abendessen. Pferdefleisch gekocht, gegrillt, gebraten, geschnetzelt, geraspelt, eingelegt. Pferdefleisch als Gulasch in Tomatensoße ertränkt, zu Suppe verarbeitet und, für den kleinen Hunger zwischendurch, aufs Brot gestrichen. Wer seinen Teller nicht leer gegessen hatte, bekam die Reste aufgewärmt wieder vorgesetzt, bis der letzte Bissen vertilgt war.

Kurz bevor wir zu wiehern begannen, waren unsere empfindlichen Geschmacksnerven zum Glück so weit abgetötet, dass wir das Zeug ertragen konnten.

Zia Maria kannte kein Pardon und predigte uns dreimal täglich: »Es wird gegessen, was auf den Tisch kommt. Schließlich weiß man nie, ob es morgen noch was zu essen gibt. Andere Kinder wären froh, wenn sie etwas zu essen hätten.«

Ich für meinen Teil hätte nichts dagegen gehabt, meine leckere Scheibe Pferdefleisch in einen Briefumschlag zu stecken und mit Briefmarke versehen an eines dieser frohen Kinder zu schicken.

7. **Stille**

Es war einer dieser extrem heißen Tage im Juli, an denen man die Hitze förmlich knistern hört. Als ich am frühen Vormittag über die Mauer schaute, sah ich die heiße Luft flirrend aufsteigen.

Zwei derartige Tage reichen aus, um die gesamte Landschaft zu verändern. Waren die Berghänge und Wiesen am vergangenen Abend noch saftig grün, so waren sie am Tag darauf strohgelb und völlig ausgetrocknet. Eine am Boden liegende Glasscherbe genügt, um einen Flächenbrand auszulösen – was auch in regelmäßigen Abständen passierte. In den ländlichen Vierteln von Messina herrscht bei dieser Wetterlage stets höchste Alarmbereitschaft.

Auch für uns Kinder waren diese heißen Tage mit Abstand die schlimmsten. Tagsüber setzten wir meist keinen Fuß vor die Tür, weil wir sonst einen Hitzschlag riskierten, und nachts, wenn die überhitzten Häuser die gespeicherte Wärme wieder abgaben, konnten wir nicht einschlafen. So übten wir uns den ganzen Tag in gepflegter Langeweile und brachen, um etwas Leben in die Bude zu bringen, den einen oder anderen Streit vom Zaun. Über vierzig Grad im Schatten animierten selbst uns nicht zu schweißtreibenden Tätigkeiten im Freien und allein der Gedanke an Bewegung verursachte bei mir einen Schweißausbruch.

Wie üblich gingen wir sehr spät schlafen, ich lag in meinem Bett und fächerte mir mit einem Stück Karton Luft zu. Die Hitze stand im ganzen Haus wie warme Watte und der Luftzug sorgte zumindest für eingebildete Abkühlung auf meiner verschwitzten Haut. Während ich versuchte einzuschlafen, fiel mir die seltsame Stille auf, die sich auf einmal breit machte. Hier war es nachts nie still: Grillen zirpten, Fledermäuse gaben ihre hohen, schrillen Pfeiftöne von sich, Eulen riefen in die Dunkelheit und die zahllosen streunenden Hunde kläfften bis in die frühen Morgenstunden.

In dieser Nacht jedoch hörte ich gar nichts. Es herrschte eine absolute, völlig unnatürliche Ruhe. Mitten in diese seltsame Stille erklang plötzlich ein leises, tiefes Brummen wie von einer weit entfernten Gewitterfront. Es schwoll ungemein schnell an und mit einem Mal fing mein Bett an zu zittern. Voller Angst richtete ich mich auf und schwang die Beine aus dem Bett. Das Brummen steigerte sich immer weiter und es mischten sich andere Geräusche darunter. Dann klapperte das Geschirr in den Schränken, Bilder schlugen gegen die Wand, die Deckenlampe klirrte und schwang wild hin und her, die Schränke schleiften über den Boden, und mein Bett wurde, wie von einer riesigen Hand gepackt, geschüttelt und gerüttelt.

Da stürzte auch schon *zia* Maria im Morgenmantel ins Zimmer und schrie uns hysterisch an: »Schnell alle raus! Ein Erdbeben! Alle raus! Sofort!«

Wir sprangen schreiend aus unseren Betten und versuchten torkelnd, das Haus zu verlassen. Richtig laufen kann man nämlich nicht, wenn sich der Boden unter einem bewegt. Ich kämpfte darum, auf den Beinen zu bleiben, und hoffte, nicht zu stürzen. Auf dem Weg nach draußen sah ich verschwommen, dass kein Möbelteil mehr dort stand, wo es sich zuvor befunden hatte, und von der Decke bröckelte der Putz als feiner Staub herab.

Es war ein Erdbeben!

Klar, den Namen kannte ich von Erzählungen her, Sizilien war schon immer Erdbebengebiet und Messina war am Anfang des Jahrhunderts von einem Erdbeben komplett zerstört worden. Aber Geschichten sind das eine, die Wirklichkeit ist das andere.

Ich malte mir schon die furchtbarsten Szenen aus, doch genauso unvermittelt, wie das Beben begonnen hatte, hörte es auch wieder auf. Mit einem Mal war, bis auf das Weinen von uns Kindern, alles still. Zum Glück war keiner von uns ernsthaft verletzt worden, bis auf den einen oder anderen blauen Fleck waren wir alle wohlauf.

Erleichtert wollten wir zurück ins Haus gehen, als die Erde noch einmal bebte. Diesmal allerdings ohne Vorwarnung und noch stärker als zuvor. Auf einen Schlag riss es uns alle von den Beinen und wir lagen kreuz und quer im Hof. Einer der Schuppen war in sich zusammengebrochen und rings um uns herum schien die Welt polternd und klirrend unterzugehen. Wir verfielen in panisches Geschrei, unser Gebrüll wurde richtig hysterisch und … erneut war das Beben schlagartig vorbei.

Auch diesmal waren wir alle unversehrt geblieben; dennoch beschloss *zia* Maria, für diese Nacht nicht mehr ins Haus zurückzukehren. Also holten wir so schnell wie möglich unser Bettzeug und legten uns im Hof auf den Boden, um die Nacht im Freien zu verbringen.

Das ganze Viertel war auf den Beinen. Polizei, Feuerwehr und Krankenwagen fuhren mit lauten Sirenen durch die Straßen und halfen, wo Hilfe nötig war. Unzählige Menschen trafen sich am Brunnen, nahmen sich in die Arme, und alle waren glücklich darüber, dass nichts Schlimmeres passiert war. Natürlich musste jeder erzählen, wie er das Erdbeben erlebt hatte, und wenn das Beben tatsächlich so lange gedauert hätte, wie manche schilderten, wäre von Messina nichts übrig als Schutt und Asche. Nachdem ein jeder seine Version der Geschichte erzählt hatte, kam das Viertel langsam wieder zur Ruhe.

Wir legten uns auf unsere Notbetten und redeten noch eine Weile. Es war eine herrliche Nacht; der Mond stand hell am Himmel und es war angenehm frisch. Ich schlief trotz der Aufregung und des erhöhten Adrenalinspiegels sofort tief und fest ein.

Als es hell wurde, öffnete ich die Augen, blinzelte in den strahlend blauen Morgenhimmel, hörte Vögel zwitschern ... es war alles in Ordnung.

Sofort war ich beruhigt – bis mein Blick auf das weiße Bettlaken fiel, mit dem ich mich zugedeckt hatte. Es war nicht mehr weiß, außerdem bewegte es sich und summte leise. Ich rieb mir die Augen, und tatsächlich: Da waberte und schwirrte eine braunschwarze Masse. Als ich die Masse identifiziert hatte, schrie ich panisch auf und sprang so schnell von der Matratze, dass meine Schlafanzughose liegen blieb. Fliegen! Tausende, Millionen von Fliegen! Und alle saßen auf dem weißen Laken.

Durch mein Geschrei geweckt, sprangen die anderen ebenfalls aus ihren Betten. Gemeinsam führten wir einen wilden Tanz auf, wir schüttelten uns und klopften uns schreiend die Fliegen aus den Schlafanzügen. Innerhalb von Sekunden war aus der friedlichen Stille ein lautes Durcheinander geworden. »Aahh … iihhhh … oh, oh … weeeeg von miiirrr!« Ein Außenstehender hätte sich beim Betrachten dieser Szenen vermutlich halb totgelacht, uns war dagegen gar nicht nach Lachen zumute.

Offenbar fühlte sich der Schwarm von uns lauten, hektischen Geschöpfen belästigt und stieg auf, um sich einen ruhigeren Liegeplatz zu suchen. Der ganze Hof war vom lauten Summen der Insekten erfüllt und ein paar Sekunden später waren sie über die Mauer hinweg im Abgrund verschwunden. Damit hatte der neue Tag mindestens so gut begonnen, wie der alte geendet hatte.

Nachdem wir uns von dem Schrecken erholt hatten, betraten wir nacheinander das Haus und waren entsetzt über das Chaos, das dort herrschte. Einige Mauern hatten tiefe Spalten und breite Risse und es stand so gut wie nichts mehr an seinem Platz. Ein Geschirrschrank war zusammengebrochen und das ganze Geschirr lag über den Boden verstreut – überall Töpfe, Pfannen und Kochutensilien aller Art zwischen Glas und Keramiksplittern. Alles war von einer weißen Staubschicht bedeckt, da sich der Putz von den Wänden und der Decke gelöst hatte.

Als die Erwachsenen mit dem Aufräumen begannen, halfen auch wir Kinder mit, das heißt, wir taten so, als würden wir helfen. In Wirklichkeit war das ganze Haus für uns zu einem riesigen Abenteuerspielplatz geworden. Wir stiefelten überall herum, kickten mit Scherben, und es dauerte nicht lange, bis uns *zia* Maria aus dem Haus jagte. »Verschwindet auf der Stelle, sonst täusche ich einen Tollwutanfall vor und bringe euch alle um!«

Unter diesen Umständen war es vielleicht doch gesünder, das Haus zu verlassen, also verzogen wir uns nach draußen. Unser erster Weg führte uns zu dem eingestürzten Schuppen, und wir begannen, die lose herumliegenden Teile auf die Seite zu räumen. Bald schon kam eine Truhe zum Vorschein, in die wir natürlich sofort hineinschauen mussten – ein interessanter Fund!

Neugierig öffneten wir den Holzdeckel und stießen auf unzählige kleine Schachteln. Manche aus Holz, manche aus Pappe, andere kunstvoll bemalt, dazu schlichte, unauffällige weiße Blechdosen.

Vorsichtig öffnete Antonio die erste, und als über seine Lippen ein überraschtes Oh! drang, wollten wir sofort alle sehen, was er entdeckt hatte. Antonio holte den Inhalt der Dose heraus: ein Vogel, das konnte ich genau erkennen. Genauer gesagt: ein Küken mit gelben, flauschigen Federn, zwei Flügeln, einem Schnabel, zwei Knopfaugen und ... vier Beinen. Vier Beine? Wir zählten noch mal genau durch. Eins, zwei, drei, vier.

Das Küken hatte vier Beine, ohne Zweifel! Das machte uns sprachlos. So etwas hatten wir noch nie gesehen.

»Was ist das?«, fragte schließlich mein Bruder Filippo.

»Das siehst du doch, ein Küken«, antwortete ich, »*zio* Baldos Monsterküken, besser gesagt.«

»Lebt es noch?«, wollte er nun wissen.

»Klar, wenn Antonio es loslässt, rennt es wie der Blitz davon. Was glaubst du, warum es vier Beine hat? Es ist schneller als eine Rakete«, sagte ich.

»Echt? – Stimmt das, Alba?«, wandte sich Filippo verwundert an unsere Cousine.

»Quatsch!«, sagte Alba. »Das ist doch ausgestopft!«

»Heißt das, dass es tot ist?«

»Ja, schon lange«, antwortete sie.

Wir öffneten die zweite Dose und holten ein weiteres Tier heraus. Es war eine Maus, eindeutig: graues Fell, langer Schwanz, vier Beine, zwei Köpfe, vier Ohren …

»Pfui Teufel, schnell wieder rein damit!«, schrie Alba angewidert.

»Nein, lass sehen!«, schrie ich dagegen. Das Tier sah wirklich gruselig aus. »Okay, pack es wieder ein. Ich muss nicht alles ganz genau gesehen haben, machen wir die nächste auf.«

Aus der dritten Dose kam eine Eidechse mit zwei Schwänzen heraus, aus der vierten etwas, was wir nicht kannten, aber es hatte Ähnlichkeit mit einem Minischwein – mal abgesehen davon, dass es doppelt so viele Beine hatte und nur ein Auge in der Mitte des Kopfes.

Mein Magen versuchte mir klar zu machen, dass wir die letzten beiden Dosen besser zulassen sollten … aber wer hört schon auf seinen Magen? Außerdem hatten wir uns langsam in Mutprobenstimmung gesteigert.

Alba hatte als Erste genug und sagte: »Jetzt hören wir aber auf. Mir ist schon ganz schlecht von diesen widerlichen Viechern.«

»Ach komm, jetzt stell dich nicht so an«, antwortete ich, »es sind sowieso nur noch zwei Dosen da.«

Mein Bruder wollte auch nicht mehr und verabschiedete sich mit den Worten: »Ist mir egal, ich geh jetzt woanders spielen!«

»Du Memme«, rief ich ihm hinterher, »dann geh halt! Bei Alba kann man das verstehen, sie ist ja nur ein Mädchen, aber du?«

Mein Bruder lief einfach wortlos davon und Alba ging mit. Tonio und ich tauschten einen Blick aus, wie ihn nur Zorro oder Tarzan hinbekommen hätten. Der Wir-sind-die-einzigen-Helden-auf-diesem-Planeten-Blick. Und alle anderen sind Weicheier, Hosenscheißer und kleine Rockzipfelgreifer. Mit einem hinterlistig coolen Lächeln im Gesicht nahmen wir uns die letzten Dosen vor.

Tonio öffnete die fünfte Dose und holte zwei wunderschön gefärbte Falter heraus – oder war es nur einer mit vier Flügelpaaren? Bei näherer Betrachtung merkten wir, dass es zwei waren, die offenbar am Unterleib zusammengewachsen waren.

Ich öffnete die letzte Dose und beförderte das mit Abstand seltsamste Tier ans Tageslicht … Tier?

»Was ist das denn?«, fragte Tonio.

»Keine Ahnung«, antwortete ich.

Wir schauten uns das Etwas genauer an: Es war so groß wie eine Maus, hatte zwei Beine, zwei Arme, zwei Füße, zwei Hände, einen im Verhältnis zum Körper extrem großen Kopf … dazu ein Gesicht mit Augen, Nase, Mund und Ohren.

»Ein Mensch …«, stellte ich fest und wurde so bleich, wie Tonio schon war. »Das ist ja ein Kind! Ist dein Papa ein Mörder?«

Plötzlich bekamen *zio* Baldos in der Wut ausgestoßene Drohungen eine völlig andere Bedeutung. Vielleicht hatte dieses Kind auch mal ein paar Seiten aus einem alten Buch herausgerissen und war infolge der verhängten Hungerstrafe gestorben und in die Dose gelegt worden. Sozusagen als Warnung an die Nachkommenden. In meinem Kopf dröhnte die Stimme meines Onkels: »Kein Frühstück, kein Mittag- und kein Abendessen. Und das so lange, bis du nur noch fünf Zentimeter groß bist, damit du in meine Dose reinpasst.«

»Tonio, schnell, pack alles wieder ein, bevor dein Papa sieht, dass wir ihn entdeckt haben. Nicht dass demnächst acht Dosen hier rumliegen.«

Tonio schaute mich aus großen Augen an. »Meinst du?«

»Keine Ahnung. Los, lass uns aufräumen und die Kiste zumachen!«

Hektisch begannen wir mit der Spurenbeseitigung, als unvermittelt *zio* Baldo hinter uns stand.

»Was macht ihr denn da?«

Tonio und ich sprangen erschrocken hoch und starrten ihn an. »Ähm, Kisten aufräumen, ähm, und so … äh, ähm.«

»Ah ja, da sind ein paar interessante Sachen drin. Habt ihr die angeschaut?«, fragte er.

»Neeein! Nein, gar nichts angeschaut«, beeilten wir uns zu sagen. Tonio war kurz davor, in Tränen auszubrechen, und ich nicht weit davon entfernt. Ich rechnete fest mit einer Hungerstrafe bis an mein Lebensende und sah bereits meinen Onkel vor mir, wie er zwei neue Dosen in die Truhe legte. Eine mit Tonio als Inhalt und die andere mit meinen kümmerlichen Überresten.

»Kommt her, Jungs! Ich zeig euch was.« Und dann präsentierte er uns, was wir sowieso schon gesehen hatten. Dennoch taten wir so, als ob das alles völlig neu für uns wäre. Als die Leichendose an der Reihe war, hielten Tonio und ich die Luft an. *Zio* Baldo öffnete die Dose, schaute hinein und rief: »Maria! Wer zum Teufel hat diese Wachspuppe hier reingesteckt? Und wo ist das Meerschweinchen, das hier drinlag? Wie oft muss ich euch noch sagen, dass ihr meine Sachen in Ruhe lassen sollt!«

Wachspuppe? Hatten wir uns etwa gerade wegen einer Wachspuppe fast in die Hosen gemacht? Aber … die hatte sich so echt angefühlt.

Tonio rammte mir seine Ellenbogenspitze in die Rippen. »Wegen dir wäre ich fast gestorben, du Spinner. Mein Papa ist kein Mörder und du hast was am Kopf!

8. Bea

Die Reparatur- und Aufräumungsarbeiten nach dem Erdbeben zogen sich länger als eine ganze Woche hin. Gekocht und gegessen wurde in der Zeit draußen im Hof. Ich fand das richtig schön, fast wie Camping! Wir lachten, scherzten und hatten trotz des Chaos sehr viel Spaß miteinander.

Als Tonio seinem Vater am vierten Tag nach dem Beben beim Mittagessen die Geschichte von der Wachspuppe erzählte, wurde ich in meinem Stuhl immer kleiner. *Zio* Baldo amüsierte sich prächtig darüber, wurde auf einmal jedoch todernst und stand auf. Er hatte die Hände hinter dem Rücken verschränkt, ging langsam um den Tisch herum und sagte: »Soso, Gigi, du hast mich also für einen Mörder gehalten.«

»Wer? Ich? Neeeiin! Niemals, da hat Tonio was falsch verstanden, war sowieso alles nur Spa...« Ich kam nicht dazu, den Satz zu beenden, denn mein Onkel hatte hinter seinem Rücken die Schale einer Wassermelone versteckt und seifte mich damit nun ordentlich ein. Das war der Startschuss für die schönste Wassermelonenschlacht aller Zeiten. Innerhalb von Sekunden flogen die Schalen der Frucht über den ganzen Tisch, jeder seifte jeden ein und alle

Kinder stürzten sich zum Schluss auf *zio* Baldo. Die Schlacht endete erst, als keine Schalen mehr übrig waren. Danach marschierten wir gemeinsam zum Brunnen, um uns die klebrigen Melonenreste abzuwaschen.

Ich war als Letzter an der Reihe, blickte mich am Brunnen um und entdeckte einen großen schwarzweißen Vogel auf einem Dach, der uns beobachtete. Ich wollte gerade *zio* Baldo fragen, was das für ein Vogel sei, als das Tier anfing zu krächzen: Crrruuaa … Baaalldooo … crrruuaaa…

Mein Onkel drehte sich um, entdeckte den Vogel und rief: »Bea? *Dio mio*, Beeaaa! Maria, Alba! … Bea ist wieder da!«

Bei diesen Worten stieg der Vogel auf, flog in den Hof und landete auf dem Esstisch.

Zio Baldo ging hinterher und begann ihn mit Brotkrümeln zu füttern.

Ich war völlig durcheinander; hatte der Vogel wirklich Baldo gesagt? Oder hatte ich mich verhört? Jedenfalls freute sich mein Onkel wie ein Kind über den Vogel, und später erzählte er mir, dass er die Elster vor ein paar Jahren gefunden habe. Sie war aus dem Nest gefallen, und er hatte sie gepflegt und gefüttert, bis sie groß genug war, um für sich selbst zu sorgen. Er hatte ihr auch ein paar Wörter beigebracht.

Das war vielleicht ein Ding: ein sprechender Vogel! Ich kam aus dem Staunen nicht mehr heraus. Bea war für mich so etwas wie ein Märchenwesen. So wie im Märchen Prinzen in Frösche verwandelt werden, so hatte jemand Bea in eine Elster verwandelt. Sie war vorher ganz bestimmt eine wunderschöne Prinzessin gewesen. Ich wollte sie unbedingt streicheln, aber als ich die Finger nach ihr ausstreckte, hackte Bea mir unter lautem Krächzen ihren großen schwarzen Schnabel in den Handrücken.

Ich erschrak fürchterlich, woraufhin der Vogel sich offenbar von mir bedroht fühlte und sich mit wild schlagenden Flügeln auf mich stürzte. Bea war ein garstiges Vieh, und das Bild von der wunderschönen, verzauberten Prinzessin zerplatzte wie eine zu groß geratene Seifenblase.

Da endlich reagierte *zio* Baldo. Er schrie Bea an und stieß sie mit der Hand von mir weg. Der Vogel stieg in die Luft, setzte sich mit halb angelegten Flügeln – eine typische Drohgebärde – auf das Dach und musterte mich aus seinen verschlagenen schwarzen Knopfaugen. Na toll! Da hatte ich mir mit einer einzigen Handbewegung einen Feind geschaffen.

Bea spielte mir in den nächsten Tagen einen Streich nach dem anderen. Wenn ich im Hof mein Spielzeug auch nur eine Minute aus den Augen ließ, war sie sofort zur Stelle und schleppte es aufs Dach. Das Schlimmste war jedoch, dass sie, sobald ich allein draußen war, Angriffe gegen mich flog. Sie stürzte sich auf mich, pickte nach mir und versuchte mich mit ihren scharfen Krallen zu fassen. Ich schrie sie an und schlug nach ihr, traf sie aber nur selten, denn sie war sehr schnell und wendig. Ein paar Mal kam mir *Zio* Baldo zu Hilfe und verscheuchte sie, aber er war nicht immer zu Hause und bald traute ich mich alleine nicht mehr aus dem Haus.

Stunden nach dem Angriff aus der Luft ging ich mit den anderen in den Hof und spielte gedankenverloren mit meinem Jogibären, meinem ständigen Begleiter. Ich warf ihn in die Luft, fing ihn auf, warf ihn wieder in die Luft … und wollte gerade die Hände

ausstrecken, um ihn aufzufangen, als ein schwarz-
weißer Schatten heranflog und sich meinen Jogibären krallte.

Mein entsetzter Aufschrei mischte sich mit dem
Kreischen des Vogels: harr, harr, harr … Beeea … harr,
harr, harr. Das Biest lachte mich doch tatsächlich
aus!

Meine Tante versuchte mich zu beruhigen. »*Zio*
Baldo wird dir deinen Jogibären schon wiederholen.
Du brauchst dir keine Sorgen zu machen«, sagte sie.

Ich machte mir aber Sorgen. Mein Jogibär, mein
über alles geliebter Jogibär war vor meinen Augen
entführt worden. Jetzt war das Maß voll. Ich beschloss, meinen Freund zu befreien und dem Vogel
eine Lektion zu erteilen.

Ich bastelte mir aus zusammengerollten Tageszeitungen ein Schwert und ging dann, wie Prinz Eisen-
herz, hinaus, um den fiesen Kidnapper zu bestrafen
… schwer zu bestrafen.

»Beeaa! Beeeaaa! Komm raus, du Feigling …
kämpfe mit mir Mann gegen Mann! Ich werde dir
sämtliche Federn einzeln ausrupfen!«, drohte ich.
»Wenn ich mit dir fertig bin, bist du reif für die
Pfanne … Lass meinen Jogibären sofort wieder frei!«

Bea kam tatsächlich – und wie sie kam. Sie hatte
offenbar auf mich gewartet, denn ich hatte noch
nicht einmal richtig das Haus verlassen, da schlug sie
mir schon ihre schweren schwarzen Flügel ins Gesicht. Daraufhin holte ich mit meinem Schwert aus
und streifte einen ihrer Flügel. Sie kam aus dem
Rhythmus und stürzte zu Boden, woraufhin ich mich
schleunigst wieder ins Haus zurückzog.

Mit einer derart heftigen Attacke hatte ich nicht
gerechnet. Ich brauchte noch einen Schild, schließ-

lich zieht kein Ritter ohne Schild in die Schlacht. Ich ging in die Küche und besorgte mir einen großen Aluminiumdeckel mit einem Metallgriff, der recht gut in der Hand lag. So gerüstet, bereitete ich meine zweite Attacke vor.

Das Schwert in der rechten, den Schild in der linken Hand, rannte ich hinaus und stemmte mich mit dem Rücken gegen einen Baum. Aber Bea griff mich nicht an. Sie war nirgends zu sehen. Also ging ich einen Schritt vor und rief sie. »Gib mir meinen Jogibären zurück, sonst muss ich dich töten … nein, besser noch, ich stopfe dich aus und werde dich mit einem Ich-habe-Gigi-geärgert-Schild um den Hals an die Wand nageln.«

Aber der Vogel dachte nicht daran, sich blicken zu lassen, und bei dem Gedanken, dass ich meinen Freund womöglich nie wieder sehen sollte, füllten sich meine Augen mit Tränen.

Ich wartete noch ein paar Minuten und ging dann enttäuscht auf das Haus zu. Kurz bevor ich eintreten konnte, erwischte mich etwas am Kopf und schon rann mir eine schwarzbraune Brühe die Wange hinunter. »Harr, harr, harr … Beeea … harr, harr«, hörte ich noch.

»Aahhh, igitt! Du widerliches Tier. Na warte, wenn ich dich erwische!« Angewidert lief ich zum Brunnen und wusch mir Beas flüssige Munition aus dem Gesicht. Die wildesten Rachepläne gingen mir durch den Kopf, doch ich kam zu dem Schluss, dass dem Vieh mit Gewalt nicht beizukommen war. Eine Kriegslist musste her, nur welche?

Als *zio* Baldo nach Hause kam, holte er mir meinen leicht ramponierten Jogibären vom Dach, den ich überglücklich in die Arme schloss. Bea war, sobald er in der Nähe war, der friedlichste Vogel der Welt.

Beim Essen saß sie auf dem Dach, beobachtete uns und ließ sich von *zio* Baldo mit ein paar Brotkrumen locken. Mein Onkel nahm ein kleines Stück Brot, tunkte es in sein Weinglas und warf es dann in die Luft, wo Bea es in Windeseile auffing und fraß.

»Warum tunkst du das Brot in deinen Wein?«, fragte ich neugierig.

»Bea ist, seit sie klein war, ganz verrückt danach. Wenn du ein Glas Wein stehen lässt, trinkt sie es innerhalb von Minuten leer«, antwortete er.

»Aha!«, sagte ich bloß, möglichst unbeteiligt, während sich eine Idee in meinem Kopf formte, die genauso genial wie diabolisch war. Ich sah den schwärzesten Teil meiner Seele teuflisch grinsen.

Gleich am nächsten Morgen lief die Geheimoperation »Rache für Jogibär« planmäßig an.

Ich schlich mich in die Küche, füllte ein Glas mit Wein, stellte es draußen auf den Tisch und legte mich im Haus auf die Lauer. Es dauerte nicht lange und Bea flog herbei, um sich wie von Sinnen auf die rote Flüssigkeit zu stürzen. Kurze Zeit später hatte sie das Glas tatsächlich geleert und flog in aller Seelenruhe wieder auf das Dach zurück.

So hatte ich mir das nicht vorgestellt. Am Ende freute sich Bea noch über meine Kriegslist. Das durfte ich nicht hinnehmen! Also schlich ich mich wieder in die Küche und füllte das Glas erneut. Als ich es draußen auf den Tisch stellte, warf ich einen Blick auf das Dach und sah Bea von einem Bein auf das andere tänzeln. Aha, meine Kriegslist zeigte offenbar doch Wirkung. Auf dem Weg zurück ins Haus grinste ich breit in mich hinein. Bald hab ich dich, hihihi.

Kaum war ich drin, begann das Schauspiel von vorn. Der Vogel hatte viel von seiner Eleganz verloren, torkelte von einer Seite auf die andere, setzte sich auf sein Hinterteil und sah benommen das Weinglas an. Schließlich flatterte er davon, zog einen weiten Kreis am Himmel, um dann, mit schwerer Schlagseite, einen Landeanflug auf den Tisch zu versuchen. Das konnte nur schief gehen. Bea flog viel zu tief an, verpasste die Tischplatte und purzelte unter den Tisch. Sie stieß sich sofort wieder ab und krachte gegen dessen Unterseite, versuchte es noch einmal, streifte ganz knapp die Tischplatte und flog direkt ... in eine zum Trocknen aufgehängte Tischdecke. Das Tier wickelte sich regelrecht in die Tischdecke ein, riss sie von der Leine und stürzte wie ein Sack Kartoffeln zu Boden. Das war mein Augenblick! Ich rannte hinaus, schnappte mir die Tischdecke und begann Bea zu befreien, doch sie rührte sich nicht. Sie machte den Schnabel auf und krächzte ein ganz leises »Beeaa«.

Auf einmal war meine ganze Wut über den hinterlistigen Vogel verflogen und er tat mir nur noch Leid. Vorsichtig schüttelte ich ihn, damit er wieder zu sich kam, aber der Vogel war einfach sturzbetrunken. Also legte ich Bea in eine Schachtel, stellte diese in den Schatten und schaute immer wieder nach, ob sie noch lebte. Ich brachte ihr Brotkrumen und eine Schale kühles Wasser, suchte sogar in der Erde nach Würmern und fütterte sie damit.

Die ganze Zeit befürchtete ich, *zio* Baldo könnte mich mit der betrunkenen Bea erwischen. Doch ausnahmsweise hatte ich Glück. Niemand bekam etwas mit, außer Alba, und die hielt dicht und kümmerte sich ebenfalls um Bea. Am nächsten Tag war der Vogel so weit ausgenüchtert, dass er einen Flug riskieren konnte. Die erste Landung auf dem Dach war zwar noch etwas wackelig, aber das gab sich im Laufe des Tages. Seit diesem Tag griff Bea mich nicht mehr an.

Der Vogel hatte bei seiner Bruchlandung so viele Federn verloren, dass ich mir den schönsten Indianerkopfschmuck des ganzen Viertels basteln konnte. Und Alba bekam für ihr Schweigen auch einen, wenn auch mit nur einer Feder dran. Schließlich war sie »nur« eine Squaw.

Zwei Tage später holte unser Papa mich, Filippo und Santina mit unserem nagelneuen Fiat Seicento ab. Wir hatten uns bei *zia* Maria, *zio* Baldo, Alba und Tonio ganz gut eingelebt und waren richtig traurig, sie verlassen zu müssen. Zum Abschied kochte uns meine Tante ein gigantisch gutes Mittagessen: eine Kartoffeltorte, die ihresgleichen suchte.

Dafür zerdrückte sie gekochte Kartoffeln mit einer Gabel, nahm eine große Pfanne, goss etwas Öl hinein und bedeckte den Boden mit Semmelbröseln. Zunächst legte sie eine Schicht Kartoffeln in die Pfanne, danach Mortadellascheiben und Mozzarella und würzte das Ganze mit etwas Pfeffer. Darauf kam dann die zweite Kartoffelschicht, bis der Käse und die Mortadella ganz im Kartoffelteig eingebettet waren, und zum Schluss Semmelbrösel obendrauf. Das Ganze wurde dann bei schwacher Hitze gebraten, bis sich eine feine braune Kruste auf der Oberfläche gebildet hatte.

Herrlich, wie sich beim Essen der geschmolzene Mozzarella zog, wenn man die Gabel zum Mund führte, es schmeckte absolut köstlich.

Nach diesem delikaten Abschiedsessen machten

wir uns auf den Weg, und ich glaube, *zia* Maria war im Grunde ihres Herzens froh, dass sie nun wieder bloß zwei statt fünf Kinder hatte. Wir hatten ihre Nerven aber auch ordentlich strapaziert.

Ich habe das Puntale Arena, die alte Mauer am Abgrund und Bea nie wieder gesehen. Das Beben hatte dann doch größere Schäden angerichtet als zunächst vermutet und meine Tante zog mit ihrer Familie ins Zentrum von Messina. Die neue Wohnung war zweifellos schöner als das alte, marode Haus, aber dieses Flair und das wohlige Gefühl hatte sie ganz sicher nicht.

9. Maria Cannibale

Wir kletterten also alle drei auf die Rückbank des Autos und freuten uns über die Fahrt. Es war jedes Mal etwas Besonderes für uns, schließlich hatte damals nicht jeder ein Auto.

Auch Papa hatte lange Zeit nur eine Vespa besessen, mit der wir zu zweit, zu dritt und manchmal auch zu viert – eine recht abenteuerliche Variante – durch die Gegend gekurvt waren.

Diese Fahrten waren sicher nicht bequem, aber lustig waren sie allemal und wir Kinder hatten immer riesigen Spaß. Natürlich war die Vespa als Familiengefährt völlig ungeeignet, aber lieber schlecht gefahren als gut gelaufen – das galt damals genauso wie heute.

Das Fahren an sich war im Grunde auch gar kein Problem, Anfahren und Halten dagegen waren durch die ungünstige Gewichtsverteilung mit einem Glücksspiel vergleichbar. Nicht selten kam es vor, dass die Vespa sich an einer roten Ampel wie ein müder Maulesel auf die Seite legen wollte. Mit deftigen Flüchen und roher Gewalt versuchte Papa dann, sie wieder in die Senkrechte zu drücken, und meistens schaffte er es auch.

Ganze Familien auf zwei Rädern waren in den 1960er Jahren nichts Ungewöhnliches. Es war zwar nicht erlaubt; aber da die Polizisten mit ihren Dienstvespas oft auch ihre Familien transportierten, drückten sie bei solchen – und vielen anderen – Fällen sämtliche Augen zu, einschließlich der Fett- und Hühneraugen.

Ein Unfall kurz vor Mamas Erkrankung hatte Papa in seinem Entschluss bestärkt, endlich ein größeres Fahrzeug anzuschaffen.

Wir waren zu viert auf der Vespa unterwegs, Filippo und ich standen vorne auf dem Trittbrett. Ich umfasste mit beiden Händen den Lenker, mein Bruder stand hinter mir und hielt sich an mir fest. Papa fuhr und sicherte uns mit seinen Beinen und Armen, hinter ihm saß Mama. Wir waren auf dem Heimweg und bogen von der breiten Hauptstraße in die schmale, steil ansteigende Straße ab, die zu unserem Viertel führte.

Heute würde man zu diesem besseren Feldweg ganz sicher nicht Straße sagen, und Asphalt war damals ein Fremdwort, das Bauingenieure gerne benutzten, um den gemeinen Bauarbeiter zu beeindrucken. Die Straße bestand aus großen Steinquadern, und wenn es regnete, wurde der vom Abrieb polierte Belag zu einer schlüpfrigen Rutschbahn.

An jenem Abend regnete es in Strömen, und als Papa die Steigung hochfahren wollte, machte sich die rutschige Fahrbahn bemerkbar. Das Hinterrad drehte nach nicht mal zwanzig Metern Steigung durch und rutschte von einer Seite auf die andere. Papa versuchte, die schlingernde Vespa zu stabilisieren, aber durch die Überladung und dadurch, dass ich und mein Bruder am Lenker hingen, waren seine Bemühungen ziemlich aussichtslos. Die Vespa rutschte wie in Zeitlupe rückwärts die Straße runter. Da jeder starke Bremsversuch unweigerlich zum Sturz geführt hätte, bremste Papa nur ganz vorsichtig. Wir waren fast schon wieder unten angekommen, als ein Auto in die unübersichtlich enge Straße einbog und mit einem lauten Krachen in uns hineinfuhr.

Filippo und ich wurden nach hinten gegen die Sitzbank gepresst, kollidierten mit Papa, stürzten mit ihm und der Vespa zu Boden und schrammten über das Kopfsteinpflaster. Mama kippte nach hinten auf die Motorhaube und schlug mit dem Hinterkopf gegen die Windschutzscheibe des Autos.

Die Hektik und Hysterie, die nun losbrachen, blieben mir unauslöschlich im Gedächtnis haften. Von überall eilten Menschen herbei und wollten helfen; sie zogen und zerrten an uns, fragten pausenlos, wie es uns ging, und ich hörte in dem Wirrwarr immer wieder nur einen, von mehreren Stimmen gesprochenen Satz: »*È morta? ... O Dio mio!*«

Tot? Wer war tot? Das Herz rutschte mir in die kurze Hose und ein riesiger Frosch machte sich in meinem Hals breit. Ich schaute mich nach meinen Eltern um und entdeckte durch die Beine der Leute hindurch meinen Papa. Er kniete am Straßenrand und hielt Mamas Kopf, die regungslos am Boden lag. Ich wollte sie rufen, aber meine Stimme klang so, als ob der Frosch das Sprechen übernommen hätte. Ich kämpfte mich durch die Menschenmenge zu meinen Eltern durch, starrte in das bleiche Gesicht meiner Mama und heulte wie ein Wasserfall los.

Woher der Krankenwagen und die Sanitäter so schnell gekommen waren, hatte ich nicht mitbekommen. Tatsache war, dass Mama innerhalb von Sekunden, so kam es mir wenigstens vor, weg war. Einfach verschwunden. Ich bekam nicht einmal mit, wer uns nach Hause gebracht und ob Papa mich ins Bett gesteckt hatte. Ich schlief irgendwann einfach ein.

Als ich am nächsten Morgen aufwachte, hatte ich das Gefühl, alles nur geträumt zu haben. Ich ging ins Schlafzimmer meiner Eltern, sah Mama im Bett liegen und war endgültig davon überzeugt, dass der Unfall nicht wirklich passiert war ... aber woher stammten dann die blauen Flecken und die Schürfwunden an beiden Knien?

Mama bemerkte mich, holte mich zu sich ins Bett und fragte, ob es mir gut gehe. Ich hatte also doch nicht geträumt. Mama erzählte mir, dass sie bewusstlos geworden sei, aber ebenfalls nur Prellungen und Schürfwunden abbekommen hatte, und dass sie nach ein paar Untersuchungen das Krankenhaus hatte verlassen dürfen.

Wir hatten mal wieder mehr Glück als Verstand gehabt!

Die alte Vespa war nach dem Unfall nur noch wertloser Schrott und so wurde ein paar Tage später ein kleiner froschgrüner Fiat Seicento mit tomatenroten Sitzen unser erstes Auto. Für uns war es das beste, schnellste und schönste Auto der Welt.

Und auch jetzt saßen wir wieder voller Stolz darin und fuhren mit Papa zu *nonna* Maria, der Mutter von Mama. Sie war eine herzensgute, aber ungemein strenge Frau. Die meiste Zeit lief sie mit mürrischer Miene herum und lachte oder lächelte nur selten. Wenn sie es jedoch tat, ging in ihrem dunklen Gesicht förmlich die Sonne auf. Wir Kinder liebten sie genauso innig, wie wir sie fürchteten, und ihr Ärgeremich-und-du-bist-tot-Blick sprach eine deutliche

Sprache. Man hatte bei ihr immer den Eindruck, dass ein falsches Wort ausreichte, um einen Tobsuchtsanfall auszulösen.

Nonna Maria hatte schon frühzeitig damit begonnen, sich den nötigen Respekt zu verschaffen. So hatte ihr ein Streit mit einer Klassenkameradin in der Grundschule gar den Spitznamen »*Maria a cannibale* – die Kannibalin« eingebracht.

Und das kam so: Nach den unanfechtbaren Augenzeugenberichten von *nonna* Maria höchstpersönlich hatte sich das Mädchen nach einem kurzen Disput in Marias Haaren festgekrallt und ihr gleich ganze Büschel davon ausgerissen.

»Ich habe ihr hundertmal gesagt, dass sie mich in Ruhe lassen soll, aber sie ist wie eine Furie auf mich losgegangen. Sie war viel größer und stärker als ich«, erzählte sie uns – nach über fünfzig Jahren allein beim Gedanken an die damaligen Ereignisse noch immer aufgebracht. »Ich habe sie immer wieder angefleht aufzuhören und meine Haare loszulassen, doch vergebens. Irgendwann habe ich dann vor Schmerzen nur noch rotgesehen und sie in den Bauch gebissen. Je stärker sie an meinen Haaren gezogen hat, desto fester habe ich zugebissen. Plötzlich hatte ich ein Stück Fleisch im Mund, das ich sofort vor ihr auf die Straße gespuckt habe.« Sie schüttelte den Kopf bei der Erinnerung an das Erlebnis. »Zwar habe ich nach diesem Kampf auch nicht gut ausgesehen«, fuhr sie mit ruhiger Stimme fort, »aber ich habe ihr ein Andenken verpasst, das sie an mich erinnern wird, so lange sie lebt.«

Nonna Maria hatte über Jahrzehnte hinweg mit ihrem Spitznamen zu kämpfen, denn solche Geschichten vergessen die Missinisi so schnell nicht. Die Einwohner von Messina sind nämlich berüchtigt für ihr Elefantengedächtnis und ihre nachtragende Art. Und das ist längst nicht alles. Es gibt zum Beispiel noch eine andere prägende, das tägliche Leben nicht unmaßgeblich bestimmende Eigenschaft: Die Missinisi tratschen für ihr Leben gern.

Egal ob groß oder klein, jung oder alt: Es wird keine Gelegenheit ausgelassen, über Feinde, Nachbarn, Freunde … eigentlich über jeden herzuziehen. Nichts ist so unwichtig, als dass man nicht mindestens ein Drama in drei Akten daraus machen könnte. Unbedeutende, kurze Auseinandersetzungen zwischen zwei Personen sind damit eigentlich ein Ding der Unmöglichkeit. Wenn schon Streit, dann bitte schön so, dass die ganze Familie – oder am besten gleich die ganze Straße – etwas davon hat.

Gibt also Klein Giovanni Klein Antonio eins auf die Rübe, steht mit an Sicherheit grenzender Wahrscheinlichkeit ein paar Stunden später die gesamte Sippschaft von Klein Antonio, einschließlich der entferntesten Anverwandten und aller Haustiere, aufgebracht vor der Tür von Klein Giovanni und fordert Genugtuung.

Sollte die daraus zwangsläufig ergebende Massenkeilerei wie durch ein Wunder dank der Anwesenheit einiger vernünftiger Menschen (ja, die soll es geben) verhindert werden, so werden sämtliche beteiligten Parteien in naher ebenso wie in ferner Zukunft trotzdem kein gutes Wort mehr übereinander verlieren.

Sehr hilfreich ist dabei die nicht unbedeutende Tatsache, dass die Missinisi in einer Art Mehrklassengesellschaft leben. Die Einteilung in die verschiedenen Kategorien ist denkbar einfach, denn es gibt im Grunde nur zwei davon: die Angehörigen der Unterschicht und die der Oberschicht. Zu Ersteren gehören die Menschen mit niedrigem Besitzstand, die gerne mal als *zalli* (Verwahrloste) oder *zingari* (Zigeuner) bezeichnet werden.

Die zweite Gruppe umfasst Menschen mit mittlerem oder hohem Besitzstand, welche man unschwer an diversen Titeln wie *professore*, *dottore* oder *ragioniere* (Ingenieur) erkennen kann. Doch Vorsicht: Diese Regelung heißt noch lange nicht, dass diese Leute tatsächlich einen solchen Titel innehaben. Vielmehr handelt es sich hierbei um eine simple Respektsbekundung der Niedriggestellten gegenüber den Höhergestellten, wovon vor allem in wirtschaftlich schlechten Zeiten inflationär Gebrauch gemacht wird.

Ansonsten gilt mit zeitweiligen Abweichungen Folgendes: Einer, der Schuhe trägt, nennt einen, der barfuß gehen muss, einen *zallo*. Einer, der zu seinen Schuhen auch noch einen feinen Anzug besitzt, nennt denjenigen, der lediglich Schuhe hat, ebenfalls einen *zallo*. Diese Hierarchie zieht sich im Übrigen durch alle gesellschaftlichen Schichten. Was bedeutet, dass grundsätzlich jemand gleichzeitig *zallo* und *professore* sein kann – je nachdem wer gerade über ihn redet.

Selbstverständlich will keiner etwas mit den *zalli* zu tun haben, was wiederum erklärt, weshalb den Missinisi eine gewisse Nähe zu Titeln nachgesagt wird.

Nonno Filippo ging zeit seines Lebens nur in Anzug und Krawatte auf die Straße, um sich von den vielen *zalli* abzugrenzen.

Nonna Maria sagte immer: »Einen leeren Magen

kann niemand sehen, eine kaputte Hose dagegen kannst du nicht verbergen.« Das Fazit der beiden lautete: Lieber hungern, als von den anderen als *zallo* angesehen zu werden.

Von dieser Betrachtungsweise wird das ganze Leben der Missinisi bestimmt. Der Schein muss gewahrt werden, koste es, was es wolle! Angesichts der Tatsache, dass ein gewöhnlicher Eierdieb aus dem Jahre 1850 durch seine Untat noch heute die Verbindungen und den Ruf seiner Nachkommen belasten kann, erweist sich diese Betrachtungsweise leider als nicht ganz falsch. Großfamilien haben ein langes Gedächtnis und Neid ist eine unerschöpfliche Antriebskraft!

Aber *nonna* Maria verstand es von jeher, sich mit ihrer spitzbübischen Art irgendwie durchzuschlagen. Als sich zum Beispiel die Nachbarn die Mäuler darüber zerrissen, dass ihr Verlobter ihr während seiner Militärzeit niemals Briefe schickte, schrieb sie sich kurzerhand selbst welche. Sie lief hinunter in die Stadt, um die Briefe dort aufzugeben, und ließ sie vom Postboten am nächsten Tag wieder hochtragen. Wenn der Briefträger dann am Morgen im Viertel stand und die Empfänger ausrief, war ihr Name jedes Mal dabei und die Tratschmäuler waren gestopft – zumindest bis zur nächsten Gelegenheit.

Während ihrer Ehe mit *nonno* Filippo hatte *nonna* Maria vier Mädchen bekommen. Die Zeiten waren hart, und ein paar Jahre nach der Geburt von Rosetta, der jüngsten Tochter, veränderte ein Arbeitsunfall ihr ganzes Leben.

Nonno Filippo hatte sich vom einfachen Maurer zum Bauleiter hochgearbeitet. Als er einem Maurer zeigen wollte, wie man ein Fenster ausmisst, kippte das Gerüst, auf dem er stand, einfach um. Er schlug hart mit dem Hinterkopf auf den Boden auf und blieb bewusstlos liegen. Ein paar Bauarbeiter kamen ihm zu Hilfe, zogen ihm seine Straßenkleidung an und schafften ihn ins Krankenhaus. Als er dort wieder zu sich kam, wollte er nicht glauben, dass er sich bei dem Sturz ernsthaft verletzt hatte, da er sich nur etwas schwach auf den Beinen fühlte. Der Unfallarzt ging davon aus, dass der gut gekleidete Herr in Anzug und Krawatte einen Schwächeanfall erlitten hatte, und da niemand dieses Missverständnis aufklärte, bekam *nonno* Filippo eine Vitaminspritze und durfte nach Hause gehen.

Obwohl *nonna* Maria ihn gegen seinen Willen noch mal in die Klinik brachte, wo die Ärzte diesmal eine lebensgefährliche Gehirnblutung feststellten, konnten sie ihm nicht helfen. Zwar willigte sie in eine Punktion ein und unterschrieb Hunderte von Formularen, die das Krankenhaus und die behandelnden Ärzte von sämtlicher Verantwortung für das wahrscheinliche Ableben ihres Mannes entbanden, doch die Behandlung brachte nicht die erhoffte Besserung.

Drei Tage später war *nonno* Filippo tot und die ganze Familie war über diese Tragödie zutiefst bestürzt.

10. Die Taverne

Nonna Maria musste sich und die Kinder also alleine durchbringen – in einem Land, in dem staatliche Unterstützung so gut wie nicht vorhanden ist, eine schier unlösbare Aufgabe.

Mit Hilfe der Familie und Aushilfsjobs hielt sie sich und ihre Familie irgendwie über Wasser. Maria, die älteste Tochter, war bereits verheiratet, und Teresa, meine Mama, war ein halbes Jahr nach *nonno* Filippos Tod von zu Hause ausgerissen, um Papa zu heiraten. Ihre jüngere Schwester Anna war ganztägig in einer Nonnenschule untergebracht und half, als *nonna* Maria in einer Taverne endlich Arbeit gefunden hatte, jeden Mittag beim Abwasch. Rosetta, die Kleinste, wohnte eine Zeit lang bei Maria und bei uns.

Während Papa mit Santina zu *nonno* Luigi weiterfuhr, sollten Filippo und ich eine Woche bei *nonna* Maria verbringen, bis Mama wieder genesen war.

Ich mochte ihre triste, dunkle Wohnung mit den schweren, dunklen Möbeln und den immer geschlossenen Fensterläden nicht. Obwohl sie immer sagte, das sei nur, um die Hitze abzuhalten, hatte ich manchmal das Gefühl, als ob sich *nonna* Maria vor dem Sonnenlicht fürchtete.

Im Wohnzimmer hing ein großes Bild von *nonno* Filippo, sein Totenbild. Diese Art der Fotografie ist in Sizilien heute noch sehr verbreitet, und man erkennt sofort, dass ein Verstorbener darauf abgebildet ist. *Nonno* Filippo war ein stattlicher Mann mit gütigen Augen und einem gepflegten Oberlippenbart gewesen. Auf dem Bild hatte er die schmalen Lippen zu einem leichten Ich-weiß-etwas-was-du-nicht-weißt-Lächeln verzogen. Rings um dieses Foto waren Dutzende von Madonnenbildern, Jesusbildern, Heiligenbildern, Kreuzen und Devotionalien aller Art aufgebaut. Das war das Zentrum ihrer Wohnung... ihres ganzen Lebens.

Als wir die Wohnung betraten, schlug mir die düstere Stimmung sofort wieder aufs Gemüt; dennoch hätte ich nie gewagt, etwas zu sagen.

Diskussionen gab es bei *nonna* Maria nämlich nicht. Und das war auch besser so, denn sie beherrschte ihre verschieden großen hölzernen Kochlöffel so meisterhaft wie Zorro seinen Degen.

Sie hatte die Dinger im Bedarfsfall oft so übernatürlich schnell in der Hand, dass sich unter uns Kindern hartnäckig das Gerücht hielt, sie habe ein Reservemagazin im Ärmel versteckt.

Gäbe es eine Maßeinheit für Strenge, dann hieße sie: 1 Nonna Maria (NM). So wie bei hundert Grad Celsius das Wasser kocht, ist bei 3 NM eben ein gewaltiges Donnerwetter oder bei 5 NM eine Backpfeife fällig.

Bei Erreichen von nur 2 NM verwandelte sich ihr Tonfall in den eines Generalfeldmarschalls aus dem Ersten Weltkrieg.

»Aaachtung! Stillgestanden! Bauch raus! Brust rein! In dreißig Sekunden wird geschlafen! Zeit läuft, RUUHEE!«

»Au Mann ... Sir! Jawohl, Sir! Bitten, vorher noch ins Bett fallen zu dürfen!«

»Sehr witzig, Gigi ... noch einen Satz und ich häng dich an deinen Ohrläppchen auf die Wäscheleine.«

KLIRR! ... Da war sie wieder, die Stimme aus dem Grab, jetzt war es besser, den Mund zu halten und so schnell wie möglich zu schlafen.

So genau *nonna* Maria es mit unserer Erziehung nahm, so akribisch war sie auch in der Küche. Dementsprechend kochte sie sehr gut, wenn auch nicht gerade abwechslungsreich.

In der Taverne, wo wir in jener Juliwoche die meiste Zeit verbrachten, gab es zu jeder Tages- und Nachtzeit nur drei Gerichte: Gulaschsuppe, Stockfischsuppe mit Kartoffeln und Bohnensuppe. Die Gulaschsuppe war sensationell und ich erklärte sie schon beim ersten Löffel zu meinem Leibgericht. Die Bohnensuppe kam gleich als Nächstes auf meiner Hitliste, und auch der Stockfisch konnte sofort einen Spitzenplatz belegen – wenn auch auf einer ganz anderen Liste, auf der Begrabt-es-bitte-mitsamt-dem-Teller-Liste.

Eigentlich mochte ich Fisch sehr gerne, aber diese Kreation aus *nonna* Marias Kochtopf hatte mit richtigem Fisch in etwa so viel zu tun wie eine durchgelaufene Schuhsohle mit einem zarten Schnitzel. Ein abgekochter, gut gewürzter alter Putzlappen vermochte mit Sicherheit keinen schlechteren Geschmack zu entwickeln als dieses Kleinod der Haute Cuisine.

Dabei ist Stockfisch, ein getrockneter und mit Salz konservierter Dorsch, der vor der Zubereitung mehrere Stunden in Wasser eingeweicht werden muss, eine sizilianische Spezialität.

Das war mir allerdings reichlich egal, als ich beim Abendessen entsetzt auf meinen Teller starrte und vor einer folgenschweren Entscheidung stand: runterwürgen oder Ärger. Ich entschied mich nach kurzem Zögern todesmutig für die zweite Variante und weigerte mich, den Putzlappen … äh … Stockfisch zu essen.

Noch bevor *nonna* Marias Donnerwetter auf mich niederprasseln konnte, übernahm jedoch mein Bruder die Hauptrolle in unserem kleinen Drama, denn er hatte sich für eine ungleich spektakulärere Variante entschieden. Gleich nach dem ersten Löffel Suppe verdrehte Filippo theatralisch die Augen und täuschte eine nahezu perfekte Ohnmacht vor. Eine mögliche allergische Reaktion war immer ein guter Grund, ungeliebte Nahrungsmittel zu verweigern, und daher bei uns entsprechend beliebt.

Er kippte so professionell vom Stuhl, dass ich regelrecht neidisch wurde, nicht als Erster auf diese Idee gekommen zu sein. Allerdings hatte er die Rechnung ohne *nonna* Maria gemacht. Noch bevor er Bodenkontakt hatte, zog sie ihn an einem Ohr wieder auf seinen Stuhl zurück. Sein Ohrläppchen erwies sich dabei als fast so elastisch wie die Gummidichtung eines Einmachglases.

»Es wird gegessen, was auf den Tisch kommt!«, machte sie ihrer Empörung über das heimtückische Täuschungsmanöver, das sie in letzter Sekunde hatte vereiteln können, lautstark Luft. »Ich habe die Suppe extra für euch aus der Taverne mitgebracht und ihr werdet sie aufessen. Und wenn es verfaulte Zwiebeln gibt, dann werden eben verfaulte Zwiebeln gegessen, und niemand, NIEMAND!, steht vom Tisch auf, bevor die Teller blitzblank geleckt sind.«

Von unserer leidvollen Erfahrung im Umgang mit Pferdefleisch nachhaltig geprägt, versuchten wir, den Fisch möglichst ohne zu kauen runterzuschlucken, und spülten mit viel Wasser nach. Schließlich wollten wir eine ähnliche Tortur wie bei *zia* Maria nicht noch einmal durchstehen.

Als unsere Teller endlich leer waren, standen vier große Wasserkaraffen auf unserem Tisch und wir fühlten uns wie überfüllte Wasserkanister auf zwei Beinen. Den Rest des Abends verbrachten wir dann damit, die angestaute Flüssigkeit auf die Toilette zu tragen – *nonna* Marias Ermahnungen ständig im Ohr.

Wenn es für die metallische Stimme von Darth Vader aus *Krieg der Sterne* je eine lebende Vorlage gegeben hat, dann hat der junge George Lucas in der Taverne seinen Stockfisch nicht aufgegessen und damit *nonna* Maria verärgert.

Nonna Maria kochte in der Taverne für die einfachen Leute: Tagelöhner, Arbeitslose, Obdachlose und behinderte Menschen, die keiner Arbeit nachgehen konnten oder wollten. Alles in allem harmlose Menschen, die vom Leben benachteiligt worden waren und tagtäglich den Sinn ihres Daseins in einem Glas Wein suchten.

Für uns Kinder war diese Taverne eine Geisterbahn voller gruseliger Gestalten. Oh mein Gott, was hatten wir vor diesen Leuten Angst! Wenn wir die Taverne betraten, klebten wir früher buchstäblich an den Beinen von Papa und Mama. Sobald einer der Gäste den Kopf hob und uns anschaute, erstarrten wir regelmäßig zu Granitsäulen. Noch schlimmer war es, wenn einer von ihnen die Stimme erhob:

durchweg harte, raue, knurrende, bellende Männer-
stimmen, die durch Mark und Bein gingen. *Nonna*
Maria hatte zu meinem Erstaunen keine Angst, sie
hatte die Gestalten mit ihrer energischen Art und
dem grimmigen Gesichtsausdruck fest im Griff.

Einer von ihnen war der kleinwüchsige Fischer Anselmo, der immer nach verwesendem Fisch stank und
wahrscheinlich deshalb so oft allein an einem Tisch
saß. Er hatte muskulöse Arme, die mehrere Tätowierungen zierten, unter anderem eine blaue Meerjungfrau mit riesigen Brüsten. Sie waren so groß, dass der
Rest der Meerjungfrau kaum zu erkennen war. Ich
nahm all meinen Mut zusammen und fragte Anselmo,
was das für ein seltsames Tier sei.

Der Fischer antwortete: »Das ist ein Busenfisch …
ein Raubfisch. Er geht in Strandnähe auf die Jagd
und manchmal verfolgt er auch Schiffe. Er lauert darauf, dass ein Fischer über Bord geht oder zu weit
rausschwimmt. Dann kommt er blitzschnell herbei,
packt das arme Opfer, zerquetscht es zwischen seinen
Brüsten und frisst es auf. Das ist aber noch nicht alles: Wenn ein Busenfisch seine Beute richtig lange
quälen will, dann verwandelt er sich in eine Frau und
heiratet den erbarmungswürdigen Kerl.«

»Echt? Und woran erkennt man, dass man mit einem Busenfisch verheiratet ist?«, hakte ich neugierig
nach.

»Da fragst du mich was«, antwortete er. »Hmm …
wenn ich es mir genau überlege, war ich niemals mit
etwas anderem als einem Busenfisch verheiratet,
glaube ich. Wer sagt dir eigentlich, dass deine *nonna*
nicht auch einer ist?«

»*Nonna* Maria?« Ich war entsetzt.

Da kam meine Oma auch schon an unseren Tisch und unterbrach unser Männergespräch mit den Worten: »Anselmo, wenn ich es nicht besser wüsste, würde ich dich für den Sechsjährigen halten. Aber der Blödere von euch beiden bist du allemal.«

Dennoch war ich so beeindruckt, dass ich noch Monate später das Meer nach den ominösen Busenfischen absuchte.

Greifbarer als Anselmos Busenfische waren jedoch Eduardo und Salvatore, die ebenfalls Stammgäste waren. Eduardo sah aus, als ob jemand sein Gesicht als Bügelunterlage verwendet hätte: platt wie ein Pfannkuchen, mit seltsam abstehenden Ohren und strähnigen, halblangen mausgrauen Haaren. Einen Kamm bekamen die offenbar nur dann zu sehen, wenn er zufällig an einem Friseursalon vorbeilief. Er trug immer die gleichen Kleider: eine alte, abgewetzte grau gestreifte Jacke und eine in der Farbe undefinierbare Hose. Er erzählte für sein Leben gern Geschichten über den Zweiten Weltkrieg.

Kaum entdeckte er mich, fing er auch schon wieder mit seinen Schützengräben und dem Kugelhagel an. Tagelang, so schilderte er in allen Farben, habe er nur Ratten und Würmer gegessen und dreckiges Wasser aus Pfützen getrunken.

»Ja, ja«, warf Salvatore lachend ein, der wie immer neben ihm saß, »und in genau diesen Pfützen hat er sich und seine Klamotten das letzte Mal gewaschen.«

»Hör bloß nicht auf ihn!«, sagte Eduardo. »Der ist nicht ganz richtig im Kopf. Mir dagegen hat Mussolini persönlich die Tapferkeitsmedaille angesteckt!«

»Mussolini, Mussolini … du hast den *Duce* doch nicht mal mit dem Fernglas gesehen! *Dottore* Jandolini vom Irrenhaus, den hast du gesehen, aber der hat dir keine Medaille angesteckt, sondern dir eine Zwangsjacke verpasst! Haha, hehe«, erwiderte Salvatore.

»Der schlimmste Irre von Messina warst doch schon immer du, *occhimobili*. Außerdem bist du bloß neidisch, weil sie dich damals wegen deiner Froschaugen nicht beim Militär haben wollten!«

Salvatore war etwas kleiner, dafür dreimal so breit wie der schmächtige Eduardo. Den Spitznamen *occhimobili*, die beweglichen Augen, verdankte er seinen riesigen Froschaugen, die er unabhängig voneinander bewegen konnte. Ich hatte jedes Mal den Eindruck, als führten seine Augen ein Eigenleben. Dafür war es ein ständiges Rätselraten, mit wem er gerade sprach. Wollte er seinem Gegenüber in die Augen sehen, so musste er entweder links oder rechts an ihm vorbeischauen.

Das führte sehr oft zu Missverständnissen und auch ich blieb an diesem Tag nicht davon verschont. Da er mich nicht ansah, fühlte ich mich auch nicht angesprochen, als er den leeren Stuhl links neben mir fragte, ob er Hunger habe. Ich musterte Salvatore verwirrt und dachte: Was will er denn? Stühle können doch keinen Hunger haben!

Da schwenkten seine Augen nach rechts, und er fragte aufgebracht: »Warum antwortest du mir nicht? Hat man dir den Mund zugenäht?«

Doch der Schirmständer rechts neben mir hatte gar keinen Mund … und genau das sagte ich ihm auch.

Seine Augen wanderten wieder zum Stuhl, und er sagte: »Herrgott, den meine ich ja auch nicht, ich rede mit *dir*!«

Empört stemmte ich die Hände in die Seiten und antwortete: »Der Stuhl hat auch keinen Mund und ganz bestimmt keinen Hunger. Und überhaupt, warum sprichst du mit den Möbeln? Stimmt was nicht mit dir?«

Salvatore war von meinen Worten irritiert und schleuderte dem Schirmständer wütend seine Antwort entgegen: »Ich spreche mit *dir*, du *maleducato* – unerzogener Bengel. Ich habe dich freundlich etwas gefragt, kannst du mir denn keine normale Antwort geben?«

»Du hast mit den Möbeln geredet, deshalb habe ich nicht geantwortet.«

»Ja bist du denn blöd?! Ich rede doch nicht mit Möbeln!«

Die Sache drohte zu eskalieren, und ich rief nach Verstärkung: »*Nonna, nonna*, hilf mir! Der Mann hier spinnt!«

Sofort stürzte sie mit einem Kochlöffel bewaffnet aus der Küche und klärte die Geschichte auf. Sie schüttelte sich vor Lachen über meine Version der Geschichte und ermahnte mich, nicht mit den Gästen zu sprechen.

Mein Blick fiel auf Salvatore *ú ciecu*, den Blinden, der gerade zur Tür hereinkam. Er war der gruseligste von allen Stammgästen mit seinen milchig trüben Augen, und obwohl er blind war, hatte ich das Gefühl, als ob er mich ständig anstarrte. Er war immer dreckig, roch entsetzlich nach Alkohol und Schmutz, sprach nur das Nötigste und unterhielt sich mit niemandem. Seine Stimme hörte sich an, als würde man große Steine gegeneinander reiben.

Wie so häufig war *ú ciecu* sturzbetrunken und streitsüchtig, und als *nonna* Maria ihn sah, schickte

sie uns sofort in die Küche und warnte uns eindringlich, den Gastraum nicht zu betreten. Sie konnte ihn
ebenfalls nicht leiden und stöhnte jedes Mal bei seinem Anblick.

Keine fünf Minuten später hörten wir die Reib-
eisenstimme von *ú ciecu*, der gerade versuchte, gegen
Darth Vader anzustänkern. Das Duell dauerte allerdings nicht lange, denn *nonna* Maria machte ihm un-
missverständlich klar, dass er von ihr nichts mehr zu
trinken bekam und gefälligst das Weite suchen solle.

Der beleidigte Blinde ging in Richtung Ausgang
und schleuderte *nonna* Maria noch einen letzten Satz
entgegen: »Pass bloß auf, sonst nimmst du noch das
gleiche Ende wie mein Esel. *Mi hai capito*? – Hast du
mich verstanden?«

Nonna Maria winkte nur ab und ließ die Sache auf
sich beruhen. Doch die Drohung des Blinden ging
meinem Bruder und mir nicht aus dem Kopf und wir
nötigten *nonna* Maria, uns *ú ciecus* Geschichte zu erzählen. Demnach hatte er früher einen Hund, den
Esel Vincenzo und ein paar Ziegen besessen und in
einer Hütte in der Nähe vom Hafen gewohnt. Lange
Jahre lebte er davon, dass er Ziegenmilch und Frischkäse verkaufte, den er selbst herstellte. Er war jeden
Tag auf Cincenzo zum Marktplatz geritten, war mittags in die Taverne gekommen und anschließend
nach Hause gegangen. Doch dann erlitt er einen folgenschweren Unfall und wurde blind. Schlagartig
änderte sich alles, und obwohl er mit Hilfe seiner
Tiere sein Leben und seine Arbeit weiterführen
konnte, wurde er immer verbitterter und immer häufiger betrank er sich bis zur Besinnungslosigkeit.
Sein kleiner Esel, an dem er regelmäßig seine Wut
ausließ, trug ihn trotzdem immer zuverlässig nach

Hause. Bis zu jenem Tag, als er wieder mal betrunken aus der Taverne taumelte und sich auf Vincenzo setzte, um ihn mit einem Faustschlag auf den Kopf nach Hause zu treiben. Vincenzo blieb einfach stehen und weigerte sich, noch einen weiteren Schritt zu tun. *Ú ciecu* wurde so zornig, dass er immer härter auf seinen Esel eindrosch, und als sich ein paar Gäste aus der Taverne auch noch schützend vor Vincenzo stellten, machte ihn das so rasend, dass er ihm mit den Worten: »Wenn ich nicht sehen kann, soll der verfluchte Esel auch nichts mehr sehen!« die Augen aus dem Kopf drückte, mit bloßem Fingern. Vincenzo starb direkt vor der Taverne.

Nur wenige Tage, nachdem er unserer *nonna* gedroht hatte, starb *ú ciecu*. Wieder mal betrunken, war er auf dem Heimweg von der Taverne über eine Mülltüte gestolpert und mit dem Kopf gegen einen Begrenzungspfahl gedonnert. Er war auf der Stelle tot. Als ich das hörte, ging mir nur eines durch den Kopf: Hätte er seinen Esel nicht umgebracht, wäre ihm das nicht passiert. Im Grunde hatte er damals den Grundstein für seinen eigenen Tod gelegt.

Die Woche bei *nonna* Maria ging schnell vorbei, und es war gar nicht so schlimm geworden, wie wir es uns ausgemalt hatten. Den verhassten Stockfisch hatte sie uns auch nicht mehr vorgesetzt und allein das war Grund genug zum Jubeln. Ich war so sehr von ihrem Gulasch begeistert, dass meine *nonna* mir versprechen musste, meiner Mama das Rezept zu verraten.

Sie meinte daraufhin nur: »Gigi, das ist so einfach, das könntest sogar du für deine Mama kochen. Also: Zuerst werden zwei Zwiebeln fein geschnitten, dann nimmst du das Fleisch, am besten Rindergulasch, und brätst es zusammen mit den Zwiebeln scharf an. Anschließend schneidest du zwei Tomaten in Würfel und gibst sie in den Topf, bevor du Salz, etwas Pfeffer und ein paar Blätter Petersilie hinzugibst. Das Ganze wird mit einem Liter Wasser aufgefüllt und dann so lange gekocht, bis das Fleisch gar und die Soße dickflüssig ist. Zum Schluss kommen noch mal ein paar Blätter Petersilie rein, die dürfen aber wegen des besseren Geschmacks nicht mehr durchgekocht werden. So einfach ist das.«

Ich nahm mir fest vor, mir das Rezept zu merken, und erzählte gleich Papa davon, der uns am Nachmittag abholte.

Unserer Mama ging es viel besser, sie hatte die Krankheit wohl überwunden. Allerdings war sie noch ziemlich geschwächt, und deshalb wohnte ihre Schwester, *zia* Rosetta, ein paar Wochen bei uns, um ihr bei der Hausarbeit zu helfen und sich um uns zu kümmern.

Ich freute mich riesig auf meine Cousins, sie hatten mir richtig gefehlt, und wir feierten unser Wiedersehen ausgiebig mit einem Cowboy-und-Indianer-Spiel. Natürlich endete es gleich wieder mit Streit und Geschrei, was uns den Zorn von *zio* Paolo einbrachte.

Schuld daran war einzig und allein Gianni, der uns nicht glauben wollte, dass ein Cowboy mit zwei Pfeilen in der Brust, einem Speer im Rücken und einem Tomahawk im Kopf beim besten Willen nicht mehr am Leben sein konnte. Er ritt immer noch lustig durch die Gegend und schoss auf uns Indianer.

»Du bist tot, tot, toooot ... leg dich hin und rühr dich nicht, bis wir sagen, dass du wieder lebst!«, schrie ich aufgebracht.

»Ich bin nicht tot, kapiert? Vielleicht gerade mal schwer verletzt, aber Schwerverletzte können immer noch reiten und schießen«, behauptete Gianni stur.

»Du hast meinen Tomahawk im Kopf, hast du das vergessen? Mein Kriegsbeil steckt in deinem Schädel. Du bist toter als tot … Wenn nicht, dann wärst du Superman und dürftest sowieso nicht mitspielen«, erklärte ich genervt.

»Warum nicht? Vielleicht bin ich Superman und ihr wisst das nicht, dann wäre ich noch lange nicht tot«, erwiderte Gianni.

»Du bist aber nicht Superman … verstanden? Du sollst nur tot sein … ist das denn so schwer?« Meine Geduld war aufgebraucht.

»Das will ich aber nicht«, heulte er, »immer muss ich der Tote sein! Ihr seid so gemein!«

Es war zum Verzweifeln … schön, denn ich hatte die Jungs die ganze Zeit vermisst.

11. **Der Werwolf von Messina**

In jenem Sommer, in dem unsere Mama so krank war, brachen harte Zeiten über uns herein, das bekamen zumindest die Erwachsenen deutlich zu spüren. Papa, *zio* Paolo und *nonno* Luigi hatten seit Monaten keinen Lohn mehr erhalten.

Italien stecke in der Krise, hieß es, und die Firmen konnten keinen Lohn auszahlen. Wenn die Arbeiter überhaupt Geld bekamen, dann höchstens dreißig Prozent des normalen Lohns als Anzahlung. Da das Lohnniveau in Sizilien ohnehin nicht hoch war, hieß das: Nimm deinen Lohn, kauf dir einen Lutscher und sei für den Rest des Monats damit zufrieden.

Besonders schwer fiel das *zio* Paolo, der ein Musterbeispiel für einen harten, aber gerechten, fairen und überkorrekten Menschen war. Er hatte lange Zeit als Handelsvertreter von Süßwaren im Außendienst gearbeitet und war mächtig stolz darauf gewesen, dass er mit seiner geringen Schulbildung nicht als Bauarbeiter sein Geld verdienen musste. Und nun hatte die Krise auch ihn erwischt.

Dabei sind Krisen in Sizilien der Normalzustand, konkret bedeutet das: Arbeitslosigkeit, eine hohe Kriminalitätsrate und sehr viele Menschen, die bemüht sind, sich in Anstand durchzuwursteln.

Jeder in unserer Familie hatte einen kleinen Garten, dazu ein paar Hühner und Hasen. Einer unserer Nachbarn betrieb eine Hühnerzucht und brachte uns jeden Tag Eier von seinen Junghennen. Da diese Eier keine harte Schale haben und der Dotter nur von einer dünnen, nachgiebigen Haut umgeben ist, sind sie nicht zum Verkauf geeignet. Daraus und aus dem, was der Garten hergab, briet meine Mutter die besten Omeletts in jeder nur erdenklichen Variation: Kartoffeln, Frühlingszwiebeln, Brokkoli, Kräuter, Paprika, Artischocken, Auberginen, Pilze, Blumenkohl … es gibt eigentlich nichts, was nicht zu einem schmackhaften Omelett verarbeitet werden kann. Not macht eben erfinderisch, wenn der Gürtel enger geschnallt werden muss, und ab und zu wurde auch ein Huhn oder Hase geschlachtet, damit etwas Abwechslung auf den Tisch kam.

Doch in jenem Sommer war es besonders schwierig, und so fingen *zio* Paolo, Papa und auch *nonno* Luigi an, den Metzgern der Stadt ein paar frische Markknochen abzuschwatzen oder beim Bäcker Mehl, altes Brot und alles, was wenig oder nichts kostete, zu erstehen. Am Ende ihrer Tour gingen sie zum Markt und nahmen alles mit, was die Händler den Tag über nicht verkauft hatten und am nächsten Tag nicht mehr anbieten konnten: Obst, Gemüse und ganz selten auch mal Fisch oder Meeresfrüchte. Die Frauen kochten aus den wenigen Zutaten ein karges Mahl, und schließlich saß die ganze Familie um das alte Holzrad, kaute auf Markknochen herum und aß dazu warmes Brot, das mit Olivenöl benetzt und mit getrockneten Peperoni bestreut wurde.

In diesen Notzeiten machten in Messina die skurrilsten Geschichten die Runde. Die Familien rückten enger zusammen, sprachen mehr miteinander, und das war der ideale Nährboden für die eine oder andere Gruselgeschichte, die selbstverständlich alle für wahr hielten.

Zum Beispiel das Schicksal eines kleinen Mädchens aus einer Barackensiedlung, das angeblich wegen der Milchreste an seinen Lippen von Ratten angegriffen worden war.

Die vor Hunger fast tollwütigen Tiere hatten dem wehrlosen Kind die Lippen abgenagt. Das las mein Papa uns sogar Tage später aus einem von diesen Sensationsblättern vor, die sich auf solche und ähnliche Geschichten spezialisiert hatten. Die Schilderung des Rattenangriffs erweckte den Eindruck, dass einer der Reporter als Ratte verkleidet an dem Überfall teilgenommen hatte.

Eine andere handelte von einem Werwolf, der nachts auf der Suche nach Opfern durch die Straßen von Messina strich.

Ende Juli saßen wir nach dem Abendessen um das Holzrad, als Lorenzo von dem Schauermärchen berichtete: »Mein Schulfreund Enzo hat mir heute erzählt, dass in Messina ein *lupo mannaro* gesehen worden ist!«

»Was ist ein Werwolf?«, fragte ich mit einem leichten Schauern.

»Das ist ein Mensch, der sich bei Vollmond in einen Wolf verwandelt und Jagd auf Menschen macht.«

»Oh ... einfach so?« Ich versuchte mir vorzustellen, was einen Erwachsenen dazu bewegen könnte, etwas Derartiges zu tun. Hunger? Durst? Heimweh? Konnte das denn jeder – vielleicht sogar aus Langeweile?

»Nein, das ist eine Krankheit«, erklärte Lorenzo. »Jeder, der von einem Werwolf gebissen wird und überlebt, wird selbst zur Bestie. Enzo hat ihn mit eigenen Augen gesehen, der Werwolf saß auf einem Dach und heulte den Mond an. Als die Polizei eintraf, lief der Wolf vor ihnen davon, und obwohl sie mit dem Streifenwagen hinter ihm herjagten, konnten sie ihn nicht einholen. Später berichteten sie, dass sie in den engen Gassen von Messina keine Chance gehabt hatten, weil der Werwolf mindestens achtzig Stundenkilometer schnell gewesen sei – und das auf drei Beinen.«

»Auf drei Beinen?«, staunte ich.

»Ja! Werwölfe haben so starke Krämpfe, dass sie nicht aufrecht gehen können und wegen der Schmerzen einen Arm in die Luft strecken müssen; deshalb berühren auch nur drei Beine den Boden. Die Krämpfe sind übrigens auch der Grund, warum sie so schnell laufen können, da sie viel mehr Energie aus ihren Muskeln holen können als gesunde Menschen. Werwölfe sind ja auch mindestens zehn Mal stärker als normale Menschen. Ist der Anfall vorbei, müssen sie allerdings drei Tage am Stück durchschlafen, so kaputt sind sie dann«, erzählte Lorenzo.

»Wahnsinn! Wenn die Polizei ihn nicht einholen konnte, dann läuft er ja immer noch in der Stadt herum«, sagte Umberto.

»Klar! Er wird auch bestimmt noch jemanden anfallen!« Während Lorenzo das sagte, sah er mich ganz ernst an und warnte mich: »Pass nur auf! Kleine Jungs, die im Dunkeln mit geschlossenen Augen herumlaufen, sind die Lieblingsbeute von Werwölfen.«

»Hör bloß auf, hast die Ohrfeige, die du von mir kassiert hast, wohl vergessen, was?«, erwiderte ich angriffslustig.

»Ein Werwolf frisst dich auf, noch bevor du die

Hand hebst, das kannst du mir glauben. Der hat sooo große Zähne und sooo große Augen und sooo 'ne lange Zunge und sooo stinkenden Atem, dass du gleich in Ohnmacht fällst!«

»Haha, der Werwolf sieht genauso aus wie dein Papa, wenn er morgens aus dem Bett steigt!«

Für diesen Satz erntete *nonna* Mina nicht nur allgemeines Gelächter, sondern auch einen grinsenden, bösen Blick von *zio* Paolo.

Es war spät geworden und Zeit, schlafen zu gehen. Die Geschichte hatte mich schwer beeindruckt, und ich löcherte meine Eltern mit Fragen, die sie jedoch nicht beantworten konnten. Scheinbar war Lorenzo der einzige Werwolfexperte in unserer Familie.

Vor Aufregung lag ich noch lange wach und dachte über diese seltsame Krankheit nach. Zehnmal stärker als ein normaler Mensch sein, wer wünscht sich das nicht? Na gut, die Schmerzen müssten nicht sein ... und die Jagd auf Menschen eigentlich auch nicht ... und auf drei Beinen zu laufen ist bestimmt auch nicht angenehm. Fast ohne Übergang schlief ich ein und driftete in einen Traum. Darin bestellte ich mir in einem Laden nicht meine Wunschpizza, sondern einmal Werwolfskrankheit. Der lange, hagere Verkäufer musterte mich und nahm meine Bestellung entgegen: »Jawohl, der Herr, einmal Werwolfskrankheit. Ohne Krämpfe, ohne Schmerzen, ohne Jagd auf hilflose Menschen. Dafür mit aufrechtem Gang, zehnfacher Kraft und einer kleinen Portion Unverwundbarkeit. Kommt sofort! – Wie bitte? Fliegen? Nein, mein Herr, tut uns Leid. Das Superman-Paket ist leider ausverkauft.«

Hundert Lire sollte der Spaß kosten, das konnte ich gerade noch bezahlen. Ich legte die Münze auf den

107

Tresen, schnappte mir das Glas, das der Verkäufer mir hinstellte, und leerte es in einem Zug.

Die Wirkung war sofort zu spüren und die Verwandlung setzte ein: Mein Körper wurde langsam mit einem dichten Fell überzogen, ich bekam lange Krallen und große Zähne.

Verwirrt drehte ich mich um und fuhr den Verkäufer an: »Das habe ich aber nicht bestellt. Ich wollte mein normales Aussehen behalten, ich bin ja ein Monster!«

»Tut mir Leid, mein Herr! Sie haben einmal Werwolfskrankheit bestellt und keine Schönheitsoperation.«

»Grrr ... na gut, hoffentlich geht das auch wieder weg!«, knurrte ich und ging auf den Ausgang zu.

Kaum auf der Straße, musste ich aufstoßen – und entfesselte einen regelrechten Sturm. Die Druckwelle aus meinem Mund hatte nicht nur ein paar Fensterscheiben eingedrückt, Autos umgestoßen und Laternenpfähle verbogen, sondern auch sämtliche Passanten zu Boden geworfen. Einige kamen für ein paar Sekunden wieder auf die Beine, wurden aber sofort grün im Gesicht, hielten sich die Nase zu und fielen wieder auf den Boden zurück. Ich dachte an den stinkenden Atem, den Lorenzo erwähnt hatte, und die Sache war mir furchtbar peinlich. Hastig lief ich an meinen Opfern vorbei und entschuldigte mich ausgiebig. »Kommt nicht wieder vor ... werde mir gleich die Zähne putzen«, stammelte ich, doch meine Stimme glich eher einem Knurren.

Ich beschloss, meine Geschwindigkeit zu testen, und rannte einmal die Straße runter. Bald war ich so schnell, dass ich meine Beine nicht mehr sehen konnte, und ich dachte panisch: Wie soll ich nur bremsen? Davon hatte Lorenzo nämlich nichts gesagt. Pfeifend raste ich aus der Kurve und rammte die Außenmauer des Staatsgefängnisses von Messina. Während hinter mir die Wachen von der einstürzenden Gefängnismauer fielen, versuchte ich verzweifelt zu bremsen, bevor das nächste Hindernis mir den Weg versperrte. Zu spät! Ein Heulen verließ meine Kehle ... »Oouuuhhhhuuhhuhh.«

Ich schreckte hoch, das Heulen immer noch im Ohr. Auch Mama und Papa waren von dem Lärm aufgewacht. Gemeinsam sahen wir aus unserem Schlafzimmerfenster auf die Straße, doch da war nichts. Noch ein Mal ertönte das Heulen, dann wurde es still.

»Was war das, Papa?«, fragte ich. »Etwa der Werwolf?«

»Keine Ahnung!«, sagte Papa, was ich nicht gerade beruhigend fand.

»Frisst der uns jetzt? Der sucht uns bestimmt und will uns fressen.«

»Quatsch!«, sagte Papa. »Das ist bloß irgendein streunender Hund. Wir werden ganz bestimmt nicht gefressen, außerdem sind alle Türen abgeschlossen.«

»Bist du dir ganz sicher?«, hakte ich noch einmal nach.

»Ganz sicher!«, antwortete Papa. »Geh jetzt ins Bett, es ist sehr spät.«

Also verkroch ich mich in mein Bett und beobachtete, wie Papa alle Fenster kontrollierte und die Eingangstür noch einmal verriegelte. So ganz wohl war ihm offenbar auch nicht.

Am nächsten Morgen herrschte helle Aufregung im Viertel. Einige Leute wollten den Werwolf dabei beobachtet haben, wie er von einem Dach aus den Mond angeheult hatte. Ein paar ganz Mutige berich-

teten, sie seien auf das Dach gestiegen und hätten die
Bestie auf die Straße gescheucht. Sie hätte blut-
unterlaufene Augen, die im Dunkeln wie Scheinwerfer leuchteten, das Fell sei grau und blutverschmiert
gewesen, die Fangzähne so lang wie der Zeigefinger
eines erwachsenen Mannes. Der Werwolf habe die
Männer angeknurrt und dabei gesprochen: »Verschwindet, wenn euch euer Leben lieb ist!«

Als die Leute nicht zurückwichen, war der Werwolf
mit einem gewaltigen Satz vom Dach gesprungen –
aus zehn Metern Höhe! Er landete völlig unverletzt
auf seinen drei Beinen und rannte pfeilschnell in
Richtung Stadtmitte, wo ihn seine Verfolger im Gas-
sengewirr aus den Augen verloren.

Die wildesten Gerüchte machten wieder einmal
die Runde und tagelang gab es kein anderes Gesprächsthema. Seltsamerweise hatte niemand das
Tier wirklich gesehen, aber ein jeder kannte jemanden, der es ganz bestimmt gesehen hatte. Und dieser
Jemand hatte die Verfolgung des Tieres so hautnah
und detailliert beschrieben, dass man den Eindruck
bekam, er habe sich als Werwolfsfurz verkleidet an
den Hintern der Bestie geheftet.

Aber so schnell, wie die Geschichte für Aufregung
gesorgt hatte, so schnell geriet sie auch wieder in Ver-
gessenheit. Ein paar Wochen später hielten all die
vermeintlichen Augenzeugen das Ganze nur noch für
eine Zeitungsente, schließlich hatten sie genügend
andere Sorgen.

Genau wie wir, denn nur einen Monat später passierte etwas, was unser zukünftiges Leben entscheidend beeinflussen sollte. Es ging um meinen Bruder
Filippo.

12. Filippos Auge

Im August 1967 spielten Filippo und ich am frühen Morgen in der Nähe der steilen Treppe, die in die Stadt hinunterführte.

Wir genossen die Sommerferien, und ich war erstaunt, dass mein erstes Schuljahr im Nu verflogen war. Ich hatte nämlich zunächst gar nicht hingehen wollen. Schließlich war ich um den »Kindergarten« auch ganz gut herumgekommen. Wie? Ganz einfach: Mama brachte mich kurz nach meinem vierten Geburtstag zu einem rosafarbenen Haus mit traditionell grün gestrichenen Klappläden an den Fenstern und der Eingangstür. Ich durfte an einer Schnur ziehen und eine kleine Glocke an der Tür klingelte die Kindergärtnerin heraus. Die junge, leicht füllige Frau mit braunen Haaren begrüßte uns herzlich und ließ uns eintreten. Sie führte uns in ein großes Zimmer, in dem bereits acht bis zehn Kinder spielten. Zwei der Kinder waren ihre eigenen, und sie verdiente sich etwas hinzu, indem sie auch andere Kinder betreute. Das Ganze nannte sich dann Kindergarten.

Am ersten Tag fand ich es dort noch ganz in Ordnung. Ich lernte die anderen Kinder kennen und wir spielten ein bisschen miteinander. Doch nach einer

Weile hatte ich genug und wollte wieder gehen. Da eröffnete mir die Kindergärtnerin, dass ich erst nach Hause könne, wenn mich meine Mama abholte. Ich war empört und fing an zu toben. »Ich will nach Hause! Nach Haaauuuuuseee! Uuaahh!«

Die Kindergärtnerin hielt sich verzweifelt die Ohren zu, wahrscheinlich versuchte ihr Trommelfell gerade, wie ein Taschenkrebs aus der Ohrmuschel zu krabbeln, um sich in eine stille Ecke zu verkriechen. Ich konnte ihr genau ansehen, dass sie mich am liebsten knebeln, fesseln und in einen Kleiderschrank sperren wollte. Tapfer hielt ich so lange durch, bis Mama endlich kam und mich beschimpfte, weil ich so einen Zirkus veranstaltet hatte.

Das erleichterte Gesicht der Kindergärtnerin ließ keinen Zweifel daran aufkommen, wie glücklich sie darüber war, mich endlich von hinten zu sehen. Meine Taktik schien aufzugehen. Ermutigt begann ich am nächsten Tag einfach früher mit dem Geschrei und am dritten, noch bevor Mama den Raum verlassen hatte. Das zog.

Die Kindergärtnerin verabschiedete uns für alle Zeit, nicht ohne uns noch ein paar freundliche Worte mit auf den Weg zu geben: »Kommen Sie ja nicht auf die Idee, Ihren Sohn noch mal hierher zu bringen. Sollte ich in naher Zukunft einen Nervenzusammenbruch benötigen, werde ich ihn besuchen kommen. Signora, *arrivederci*!«

Nach diesem Erfolgserlebnis stand meine Strategie für den ersten Schultag fest: Erst mal schauen, was das für Typen sind, und dann so lange Terror machen, bis sie mich freiwillig nach Hause schickten.

Meine Schuluniform, eine schwarze Kutte, die mir bis zu den Knien reichte und hinten zugeknöpft wurde, fand ich ziemlich affig, aber da alle Kinder so rumlaufen mussten, protestierte ich nicht länger. Meine Mama drückte mir im Flur meine dünne Schultasche, die gerade mal ein Heft, einen Bleistift und einen Kugelschreiber enthielt, in die Hand, und wir machten uns auf den Weg.

Die Schule und das Gefängnis waren vermutlich vom selben Architekten gebaut worden, denn die Fenster und Türen waren mit schweren Eisenstäben gesichert. Das Ganze sah ziemlich unheimlich aus und meine Abneigung gegen die Schule nahm sofort konkretere Formen an.

Mama begleitete mich in meine Klasse, wo wir zusammen mit vielen anderen auf die Lehrerin warteten. Sie begrüßte tatsächlich jeden Einzelnen von uns mit Handschlag. Als ich an der Reihe war, stieß sie einen überraschten Laut aus: »Oh, was für ein hübscher, blonder junger Mann! Ja, was für ein süßer Bengel!« Und während ich vor Verlegenheit Tomate spielte, unterhielt sie sich mit meiner Mama über ihren hübschen, blonden Liebling. Wie peinlich, mein guter Ruf als zukünftiger messinischer Tarzan war bereits am ersten Schultag Geschichte.

Als Mama das Klassenzimmer verlassen wollte, verzog ich den Mund, kniff die Augen zusammen und bereitete mich konzentriert darauf vor, meine Geheimwaffe einzusetzen. Aber noch bevor der erste Ton meine Kehle verließ, hatte mich die Lehrerin geschnappt und auf ihren Schoß hinter dem Lehrerpult gesetzt. Diesen Ehrenplatz belegte ich während des ganzen ersten Schuljahrs, und es machte mir richtig Spaß, in die Schule zu gehen.

Dennoch freute ich mich jetzt riesig über die Ferien

und war jeden Tag draußen, um mir die Zeit zu vertreiben.

An jenem Morgen im August warteten Filippo und ich auf die anderen Kinder und kickten, um uns die Zeit zu vertreiben, eine alte Blechdose hin und her.

Irgendwann fingen wir an, die Dose in die Luft zu werfen; wer am höchsten kam, sollte gewinnen. Filippo begann und schleuderte die Dose in die Höhe, die scheppernd auf den Stufen landete und liegen blieb. Daraufhin hob ich sie auf, holte aus und warf sie so hoch, wie ich nur konnte. Ich verfolgte die Flugbahn der Dose und sah entsetzt zu, wie sie mitten im Gesicht meines Bruders landete. Er hatte, ebenso wie ich, die Dose beobachtet, war aber irgendwie nicht in der Lage gewesen, zu reagieren und wenigstens den Kopf wegzudrehen.

Der scharfkantige, verrostete Rand der Blechdose bohrte sich knapp unterhalb des linken Auges in Filippos Haut und riss sie auf. Mein Bruder fing an zu weinen, und ich lief entsetzt auf ihn zu, um nachzusehen, wie tief die Wunde war.

Er blutete nur ganz leicht, und noch während ich versuchte, ihn zu beruhigen, kam *zia* Gianna hinzu. Sofort ließ sie eine Schimpfkanonade vom Stapel, schnappte sich Filippo, der sich schreiend die Augen zuhielt, und zog seine Hände weg, um ihn untersuchen zu können. Inzwischen war etwas Blut ins Auge gelaufen und *zia* Gianna erschrak bis ins Mark. Sie beschimpfte mich auf das Heftigste und fragte immer wieder, was ich mit meinem kleinen Bruder angestellt hätte.

Es dauerte keine Minute, bis Mama und Papa vor uns standen. Ich duckte mich vorsichtshalber gleich gegen die Hauswand. Während Mama nach meinem Bruder schaute, nahm mich Papa in die Mangel und fragte mich, wie das habe passieren können.

Zwischen einer Ohrfeige und der nächsten erzählte ich, dass wir mit der Dose gespielt hatten und dass ich eigentlich nichts dafür konnte. Doch das sah Papa ganz und gar nicht so, wie er mir schnell klar machte: Ich war der Ältere ... demnach war ich der Schuldige. Ende der Diskussion!

Meine Eltern brachten Filippo sofort ins Krankenhaus, wo er stationär behandelt werden musste. Obwohl die Dose das Auge nicht direkt getroffen hatte, ließ seine Sehkraft mit jedem Tag, der verging, merklich nach. Die Ärzte machten Mama und Papa schwere Vorwürfe, weil sie den Jungen angeblich nicht sofort nach dem Unfall in die Klinik gebracht hatten, was allerdings gar nicht stimmte. Meine Eltern seien selbst schuld, wenn das Kind die Sehkraft völlig verlöre. Die Mediziner entschlossen sich zu einer Operation, die jedoch nicht die geringste Besserung brachte. Nach ein paar Wochen im Krankenhaus durfte mein Bruder nach Hause zurück. Er musste eine Brille tragen und über dem verletzten Auge ein weißes Pflaster. Außerdem nahm er mehrmals täglich Tabletten, die sehr starke Nebenwirkungen hatten.

Die Medikamente waren vermutlich schuld daran, dass Filippo sich im Laufe der Zeit immer mehr in ein Tier verwandelte. Er wurde von Tag zu Tag aggressiver, vor allem, wenn es nicht nach seinem Kopf lief, jeder falsche Satz zog sofort einen Wutanfall nach sich. Er schrie und tobte, schlug gegen Wände, Türen, Möbel, und nicht selten ging er auch auf mich, Santina und unsere Eltern los. Meistens richtete sich

115

seine Wut gegen sich selbst, wenn er zum Beispiel vor lauter Zorn den Kopf wieder und wieder auf den Boden schlug oder aus vollem Lauf gegen die Wand rannte. Er ließ sich überhaupt nichts mehr sagen, und nicht selten flogen, wenn wir gerade beim Essen saßen, Messer, Gabeln, Gläser oder Teller durch die Luft. Wir mussten alle ständig auf ihn Acht geben, Tag und Nacht.

Sein aggressives Verhalten besserte sich erst, nachdem meine Eltern die Medikamente nach und nach abgesetzt hatten. Die Ergebnisse, die dank der Therapie erzielt worden waren, ließen sich an einer Hand abzählen: ein zugeklebtes linkes Auge, nachlassende Sehkraft auf dem rechten Auge, eine Brille und ein verhaltensgestörtes Kind.

So langsam kam in uns der Verdacht auf, dass nicht die Verletzung, sondern die Behandlung zur Erblindung des Auges geführt hatte.

Meine Eltern versuchten alles, damit es Filippo besser ging, und obwohl nur wenig Geld da war, machten wir zum allerersten Mal Urlaub.

Wir fuhren mit einer Fähre auf die Liparischen Inseln, und ich war furchtbar aufgeregt, weil ich noch nie zuvor auf einem Boot gestanden hatte. Es war wunderschön und ich genoss die Überfahrt ... bis zu dem Augenblick, als mein Magen beschloss, sein Innerstes nach außen zu kehren.

Kaum an Land, ging es mir besser, und ich freute mich darauf, die Inseln mit ihren aktiven Vulkanen, bei denen allerdings seit Jahrzehnte von Aktivität keine Rede sein konnte, zu erkunden. Die kleinste Insel heißt auch passend Vulcano.

Gleich am zweiten Urlaubstag stiegen wir auf den

Gipfel des Kraters, was für uns Kinder ungeheuer spannend war. Überall qualmten kleine Schlote und es stank bestialisch nach faulen Eiern. An manchen Stellen waren die Schwefelwolken so dicht, dass ich keine Luft mehr bekam, und als wir endlich oben standen, konnten wir einen Blick auf die glühende Lava werfen, die am Grund des Kraters vor sich hin brodelte. Ich war völlig fasziniert von diesem Anblick, der geradezu danach schrie, etwas in die glühende Masse zu werfen, damit es mit ihr verschmolz und sofort verbrannte. Filippo, Santina und ich sammelten vor dem Abstieg noch ein paar besonders schöne Lavabrocken, die wir als Erinnerungsstücke mit nach Hause nehmen durften. Einen davon benutzt mein Papa übrigens heute noch als Aschenbecher.

Am nächsten Tag gingen wir zum Baden. Auf der Suche nach einem geeigneten Liegeplatz spazierten wir am herrlichen Strand entlang und wurden recht schnell fündig. Sofort zogen wir Kinder uns aus und stürmten in die Fluten. Das warme Wasser brodelte wegen der zahlreichen kleinen, heißen Gasquellen, das an manchen Stellen sogar richtig heiß war.

Auf der ganzen Insel gab es nur ein Dorf mit wunderschönen alten Häusern, in denen ausschließlich Fischer mit ihren Familien wohnten. Manche von ihnen boten in der eigenen Gaststätte ihren frischen Tagesfang an und wir genossen das reichhaltige Angebot an köstlichen Speisen.

Leider gingen die paar Tage viel zu schnell vorbei, und wir kehrten bald schon nach Messina zurück, da Papa unbedingt unser neues Bad zu Ende bauen wollte.

Er hatte direkt neben unsere Küche ein Badezim-

mer gebaut und eine neue Wanne, ein Bidet, ein großes Waschbecken und eine Toilette installiert. Alles
war nagelneu und in einem rosa Farbton statt, wie bis
dahin üblich, in Weiß. Für warmes Wasser sollte ein
elektrischer Boiler sorgen, was bedeutete, dass wir
endlich nicht mehr in der kleinen Sitzwanne baden
und das Wasser vorher eimerweise in großen Töpfen
erhitzen mussten.

Ein paar Tage nach unserer Rückkehr aus dem Urlaub war das Bad fertig. Natürlich mussten Filippo
und ich gleich die neue Wanne einweihen und bade-
ten ausgiebig. An jenem Abend war *zia* Anna mit
ihrem Verlobten, einem netten Kerl namens Fortu-
nato (der Glückliche), den alle Nuccio riefen, zu Besuch gekommen.

Zia Anna war eine resolute, aber liebenswerte
Person, mit einem feinen Sinn für Humor. Wenn
allerdings etwas nicht so lief, wie sie es sich dachte, konnte sie richtige Hörner auf die Stirn bekommen, Feuer spucken und nach Schwefel stinken. Das
heißt im Klartext: Dann war mit ihr nicht zu spa-
ßen.

Da Mama Fieber hatte, sollte Anna uns baden und
anziehen. Wie auch unsere Mutter ermahnte sie uns,
keinen Unsinn zu machen, bevor sie das Bad mit den
Worten: »Ich bin gleich wieder da, seid bitte brav und
rührt euch nicht vom Fleck!« verließ.

In der riesigen Wanne war es herrlich, wir planschten ausgiebig und kamen bald schon auf die großartige Idee, uns alleine fertig zu machen und *zia* Anna
zu überraschen. Also stieg Filippo auf den Badewan-
nenrand, um die große Shampooflasche aus dem
ebenfalls neuen Spiegelschrank zu holen.

Da passierte auch schon das Unglück und mein

Bruder rutschte auf dem nassen Wannenrand aus. Zwar konnte er sich wieder fangen, doch er musste dazu die Shampooflasche loslassen, die auf den Rand des Waschbeckens knallte und eine Ecke abschlug.

Er stand noch immer wie gelähmt da, da ging auch schon die Tür mit Schwung auf und Mama stürzte mit kalkweißem Gesicht herein. Als sie sah, was mit dem neuen Waschbecken passiert war, wurde sie noch weißer und schlug die Hände vors Gesicht. Sie konnte einfach nicht glauben, was sie da sah. Wortlos ging sie wieder, woraufhin *zia* Anna hereinkam und uns entsetzt musterte. Das, was unsere Mutter nicht fertig gebracht hatte, holte sie jetzt nach. Sie hielt Filippo mit einer Hand fest, damit er nicht ausrutschte, und mit der anderen klatschte sie ein paar Mal hintereinander auf sein nasses, nacktes Hinterteil. Danach kam ich an die Reihe, obwohl ich diesmal wirklich völlig unschuldig war. Aber so war das nun mal: mitgefangen, mitgehangen. Schließlich ist geteiltes Leid – doppeltes Leid!

Das hatten wir nun davon: Mama heulte wegen des kaputten Waschbeckens, wir heulten wegen der brennenden Backen, und Papa war so sauer, dass er uns am liebsten noch mal verprügelt hätte.

Normalerweise mochte ich *zia* Anna ganz gern, doch an dem Abend wünschte ich mir, sie nicht zu kennen. Eigentlich war sie auch ganz nett, auch wenn sie *nonna* Maria sehr ähnlich war. Sie war ebenfalls sehr ernst und lächelte nur dann, wenn es unbedingt sein musste. Außerdem hatte sie eine sehr dunkle Haut mit noch dunkleren Augenringen.

Als ich Mama einmal fragte, warum *zia* Anna so aussehe, begann sie zu erzählen: »Als Anna ganz klein war, ist sie mal schwer krank geworden. Sie wurde ganz gelb und musste ins Krankenhaus. Dort stellten die Ärzte fest, dass sie sich einen Virus eingefangen hatte, der ihre Leber vergiftete.«

»Was ist ein Virus?«, fragte ich verwirrt.

»Das ist ein winziges Tier«, antwortete Mama. »Es ist so klein, dass man es kaum sieht. Der böse Virus saß auf einer Banane; Anna hat nicht aufgepasst und ihn verschluckt, als sie die Banane gegessen hat. Tja, und der Virus hat sie dann krank gemacht. Deshalb ist es wichtig, dass man, bevor man etwas isst, guckt, ob nicht ein Virus darauf sitzt. Die sind nämlich echt gefährlich.«

Gebannt lauschte ich ihren Worten und versuchte mir einen Virus bildlich vorzustellen.

Jetzt war *zia* Anna jedenfalls kerngesund – zum Glück. Nuccio und sie wollten nämlich in ein paar Wochen heiraten und das war der Grund ihres Besuches bei uns gewesen.

Eigentlich war das Ganze für uns Kinder nicht weiter aufregend, wenn ich zu diesem Anlass nicht zum ersten Mal in meinem Leben einen Anzug hätte tragen müssen, noch dazu mit passenden glänzend schwarzen Lackschuhen.

In der Woche vor der Feier versuchte ich mit allen möglichen Mitteln, mich dagegen zu wehren. Ich wollte keinen Anzug, und schwarze Lackschuhe schon gar nicht, und so nahm ich mir vor, mich auf der Feier, so gut es ging, zu verstecken. Schließlich sollte mich ja keiner in diesen gelackten Klamotten erkennen. Musste Tarzan etwa so rumrennen oder Herkules? Denen reichte doch auch ein Lendenschurz, warum bloß mir nicht? Ich dachte an Tarzan und versuchte mir vorzustellen, wie er sich mit glänzend schwarzen Lackschuhen von Liane zu Liane schwang. Unmöglich! Sogar die Affen hätten ihn ausgelacht und Jane würde sich sicher lieber von Löwen fressen als von so jemandem retten lassen.

Da war ich mir ganz sicher.

13. Hochzeit alla siciliana

Die Suche nach passenden Anzügen für mich und Filippo entwickelte sich zu einer wahren Nervenzerreißprobe für alle Beteiligten. Stundenlang mussten wir in einem Bekleidungsgeschäft Hosen anprobieren, die fürchterlich an den Beinen kratzten, und ich veranstaltete ein Spektakel sondergleichen. Bis Mama irgendwann der Kragen platzte und sie bedrohlich zischte: »Ich täusche gleich einen Anfall vor und stranguliere euch vor der Verkäuferin.«

Damit war die Schlacht für uns verloren und die überglückliche Verkäuferin packte zwei schicke Anzüge in eine Tüte. Sie war so glücklich, dass sie uns sogar noch bis zur Tür begleitete und sie wortlos hinter uns schloss. Ohne Abschiedsgruß.

»Mit euch muss man sich ja richtig schämen!«, polterte Mama wütend los, als wir wieder auf der Straße standen.

»Warum?«, fragte ich, so unschuldig ich nur konnte.

»Weil ihr die schlimmsten Kinder aller Zeiten seid. Ihr habt keinerlei Benehmen und keine Erziehung! Ich schwöre bei Gott, dass ich euch in ein Klosterinternat sperren lasse!«

Das war nun wirklich die schlimmste aller Drohungen.

Ein Klosterinternat, so hatten wir gehört, war ein Ort, an dem böse Kinder wie wir Tag und Nacht gequält wurden. Sprechen durfte man dort auch nicht, es sei denn, die Mönche forderten einen dazu auf. Außerdem herrschten strenge Regeln und jeder, selbst der allerkleinste Verstoß zog rigorose Strafen nach sich. Die Übeltäter mussten in winzigen dunklen Zimmern ausharren und stundenlang laut und ohne Pause beten. Schwerere Vergehen ahndeten die Ordensbrüder mit Stockhieben, und Wiederholungstätern drohte die schlimmste aller Strafen: einen Tag lang auf getrockneten Kichererbsen knien, bis sich die Hülsenfrüchte so tief in die Kniescheiben eindrückten, dass man sie nur noch mit einem spitzen Gegenstand aus der Haut pulen konnte. Die Mönche hatten mit solchen Mitteln noch jedem verwahrlosten Jugendlichen Anstand und Benehmen beigebracht.

Zum Glück blieb es auch diesmal bei der Drohung und so konnten wir unversehrt an den Feierlichkeiten teilnehmen.

Am Morgen der Hochzeit herrschte im ganzen Haus hektische Betriebsamkeit. Wir zwängten uns in unsere Anzüge und achteten dabei peinlich genau darauf, dass kein Staubkorn auf unsere makellose Hülle fiel. Bestimmt hundert Mal hörten wir an diesem Tag den einen, von mehreren Stimmen gesprochenen Satz: »Und dass ihr euch heute ja gut benehmt! Wenn sich zu so einem Anlass die ganze Familie versammelt, müsst nicht gerade ihr beweisen, dass wir in Wirklichkeit von den Schweinen abstammen!«

»*Si*, Mama/Papa/*nonno/nonna/zio/zia*«, sagten wir dann nur ergeben.

Schon im Feststaat, ging ich ein bisschen nach draußen, wobei ich sorgfältig darauf achtete, dass mein neuer hellbrauner Anzug mit den eingewebten Karos den nötigen Abstand zur Hauswand, den Pflanzen, den umherschwirrenden Fliegen und sonstigen hinterhältigen, Flecken verursachenden oder Anzug ruinierenden Objekten einhielt.

Ich stand also ziemlich verkrampft in unserem Hof und stellte mir die dumme Frage, ob es nicht besser gewesen wäre, die Plastikhülle anzuziehen und den Anzug im Schrank zu lassen. Dort konnte ihm sicherlich weniger passieren, und ich musste mir nicht bis in alle Ewigkeit Vorwürfe machen, falls es einer von den Hunderten Tauben, die sich auf dem Kirchplatz herumtrieben, doch gelänge, auf mein nagelneues Kleinod zu scheißen. Trotz aller Vorsicht!

Da die anderen noch immer nicht fertig waren, beschloss ich, ins Haus zurückzugehen, mich in eine Ecke zu stellen und dort möglichst reglos zu warten.

»Wie sehen denn deine Schuhe aus?!«, empfing Mama mich schon an der Tür. Erschrocken blickte ich auf meine Füße hinunter und betrachtete entsetzt den feinen Staubschleier, der sich über die vorher noch strahlend schwarzen Lackschuhe gelegt hatte.

»Huch! Aber … ich hab doch gar nichts gemacht. Darf man in den Dingern denn nicht einmal draußen rumlaufen?«, verteidigte ich mich sofort.

»Doch, aber man muss verdammt noch mal aufpassen, wo man hintritt!«

»Ich war bloß kurz im Hof!«, erwiderte ich empört.

»Putz dir die Schuhe, setz dich an den Tisch und pass auf deine Sachen auf!«, befahl Mama.

»*Uffa*, okay!«

Rasch bürstete ich meine Schuhe, setzte mich hin und überlegte mir ernsthaft, ob es nicht besser wäre, zwei Löcher in den Deckel des Schuhkartons zu schneiden, die Füße hindurchzustecken, die Schuhe anzuziehen und anschließend in die Schachtel zu steigen. Die geschlossene Schachtel könnte ich außerdem mit Klebestreifen umwickeln, damit sie mir nicht von den Füßen fiel. Dann wären meine neuen Schuhe garantiert staubsicher verpackt. Ich müsste die Schachtel dann nur noch mit »Lackschuhe schwarz, glänzend« beschriften und jeder wüsste, was ich für Schuhe trug, ohne dass ich Gefahr lief, mir gleich wieder eine magnetische Staubschicht zuzulegen. Außerdem müsste ich nicht darauf aufpassen. Nur das Laufen wäre vielleicht etwas problematisch; aber dafür, so schien es mir, waren die Schuhe ohnehin nicht gemacht.

Endlich waren alle so weit und wir fuhren los.

Eine sizilianische Hochzeit beginnt, wer hätte das gedacht, mit einer endlos langen Messe in einer festlich geschmückten Kirche. Der Priester, die Ministranten und die Mönche, die links und rechts des Altars ihre Bänke besetzten, steckten in feierlichen Gewändern, und es herrschte, abgesehen von vereinzeltem Hüsteln und Rascheln, absolute Stille.

Schließlich bewegte sich der Pfarrer zur Kanzel und eröffnete mit tiefer, lauter Stimme auf Lateinisch die Messe. Für uns Kinder war diese Prozedur eine unendlich scheinende Qual. Verstehen konnten wir sowieso nichts, und ein Blick in die Gesichter meiner Leidensgenossen entlarvte die wahren Gedanken, die in ihren Köpfen verborgen waren: Wann ist dieser Kram denn nur zu Ende, damit es endlich etwas zu essen gibt?

Die verkrampfte Sitzhaltung und die nervösen Blicke der Jungen in meinem Alter verrieten eine weitere Tatsache: Alle waren mehr oder weniger damit beschäftigt, auf ihre neuen Anzüge und ihre Schuhe aufzupassen.

Als die Ministranten gegen Ende der Messe auch noch kokelnde Weihrauchbehälter schwangen und sich ein beißender Gestank in der Kirche ausbreitete, wurde mir fast schlecht. Mein Magen rumorte, und ich war heilfroh, als der Priester die für mich wichtigsten Worte der ganzen Zeremonie sprach: »Und nun gehet hin in Frieden, amen!«

Die Brautleute verließen als Erste die Kirche, dicht gefolgt vom Priester, den Ministranten, den Familien und den Kindern, die durch ihre steife, ungelenke, roboterähnliche Körperhaltung und wegen ihrer leicht abgespreizten Arme auffielen. Alles nur, damit ja nichts zerknitterte!

Vor der Kirche versammelte sich dann die ganze Gesellschaft, um dem Brautpaar zu gratulieren, Fotos zu schießen und die beiden unter lautem Gejohle mit Reis zu bewerfen.

Endlich wurde es mal ein bisschen lustig! Bis die Erwachsenen einschritten und uns Kinder ermahnten, die Reiskörner in die Luft zu werfen und nicht in die Gesichter der frisch Vermählten.

Anschließend begann endlich das eigentliche Fest, das in einem Restaurant stattfand. Der riesige Saal war mit bunten Blumengestecken feierlich geschmückt. Überall standen Menschen in kleineren Gruppen herum und unterhielten sich, während wir uns bis zum Beginn des Essens ein bisschen im Saal umsehen durften – natürlich nicht ohne die obligatorische Ermahnung: »Aber passt auf eure Anzüge auf!«

Bei unserem Streifzug durchs Lokal trafen wir auf unsere gesamte Verwandtschaft. Manche der Kinder im Saal kannte ich sehr gut, andere dagegen gar nicht. Filippo und ich suchten als Erstes an den langen Tischreihen unsere Sitzplätze. Als wir sie gefunden hatten, sah ich mich nach Mama um und wollte ihr unseren Platz zeigen. Sie stand noch immer in der Nähe des Eingangs und unterhielt sich mit einem älteren Ehepaar.

Der Mann blickte sich teilnahmslos im Saal um, während die Frau auf Mama einredete und dabei heftig gestikulierte. Ich kannte sie, hatte sie schon mehrere Male gesehen, und sie hatte uns auch schon des Öfteren zu Hause besucht. Die Art, wie sie die Hände zum Kopf führte und so tat, als ob sie mit einem Hammer gegen ihren Schädel klopfte, um anschließend die gefalteten Hände vor der Brust hin und her zu schwenken und dabei an die Decke zu schauen, ließ nur einen Schluss zu: Mama hatte den fatalen Fehler begangen, sich nach ihrem Gesundheitszustand zu erkundigen! Sicher kannte sie die Krankheiten der Frau bald besser als ihre eigenen.

Dabei weiß Mama ganz genau, dass man solche Menschen niemals mit Standardsätzen wie: »Wie geht es dir?« begrüßen darf. Denn meist lassen sie einen erst gehen, wenn man a) sie einfach, aber unhöflich stehen lässt oder b) die Kunst beherrscht, die eigenen Zipperlein und Krankheiten viel schlimmer darzustellen als sie die ihrigen. Denn sonst ist man leicht in ein Gespräch verwickelt, das sich folgendermaßen anhören könnte:

»Du hast Bauchkrämpfe? *Madonna*! Aber das ist noch gar nichts gegen die brodelnde Lava, die ich tagtäglich im Magen habe. Die kriecht langsam die

Speiseröhre hoch und verwandelt sich dabei in ätzende Schwefelsäure, die mich langsam und unerbittlich von innen zerfrisst. Manchmal sind die Schmerzen derart unerträglich, dass ich nachts im Bett liege und am liebsten sterben möchte!«

Da ertappt man sich schnell mal bei dem Gedanken, dass sich doch möglichst bald eine mächtige übermenschliche Macht ihrer erbarmen und ihnen einen gnadenvollen Tod schenken möge, damit sie endlich von diesem unerträglich schmerzhaften Dasein erlöst würden.

Aber dieser Menschenschlag wird seltsamerweise viel älter als der Durchschnitt derjenigen, die sich ihre Geschichten anhören müssen.

So war es auch bei der Frau, die meine Mutter nicht mehr aus ihren Fängen lassen wollte, wie ich aus sicherer Entfernung beobachtete. Näher musste ich gar nicht rangehen, denn die italienische Sprache ist so reich an Gesten und Gebärden, dass auch ein Gehörloser am anderen Ende des Raumes der Erzählung der Dame hätte folgen können. Ich wusste genau, was sie gerade zu berichten hatte, ohne auch nur ein Wort davon zu hören.

Sie stach sich mit der Faust seitlich in den Oberschenkel und deutete einen langen Schnitt in Richtung Hüfte an. Danach griff sie mit beiden Händen in die imaginäre klaffende Wunde, rührte darin herum und schüttete mit der hohlen Faust etwas hinein. Anschließend wischte sie sich nicht vorhandenen Schweiß von der Stirn, legte beide Hände auf ihre Wangen und warf einen leidensvollen Blick an die Saaldecke.

Übersetzt sollte das wohl heißen: »Ich habe solche Schmerzen im Hüftgelenk, als ob mir jemand bei lebendigem Leib ein Messer in die Hüfte gerammt, die Wunde mit bloßen Händen aufgerissen, den Knochen freigelegt und Salz hineingestreut hätte. Unerträgliche Schmerzen! Ich bin froh, dass es mit Gottes Hilfe gerade rechtzeitig zur Hochzeitsfeier wieder besser geworden ist.«

Ebenso deutlich war zu sehen, wie Mama sich anstrengte, eine interessierte Miene zur Schau zu stellen, während sie zwischendurch immer wieder hilfesuchend zu Papa schaute, als wollte sie sagen: »Wieso holst du mich hier nicht endlich weg?«

Sie tat mir furchtbar Leid, und ich beschloss, zu den beiden rüberzugehen und Mama zu sagen, dass ich unsere Sitzplätze gefunden hatte und dass es gleich was zu essen gab. Mama verabschiedete sich artig von der Signora und lächelte mir erleichtert und dankbar zu.

Es gab ein köstliches Viergängemenü, das sich bis zum späten Nachmittag hinzog: Schnecken als Vorspeise, mit Käse überbackene Ofennudeln als zweiter Gang und gegrillte Fischfilets mit reichlich Salat als Hauptspeise, für den Abend wurde dann noch eine Überraschung als Nachspeise versprochen.

Das Essen zog sich also über mehrere Stunden hin und für uns Kinder wurde es nach einer Weile unerträglich. Längere Zeit ruhig auf einem Fleck sitzen zu bleiben ist schließlich selbst für Erwachsene oft eine nur schwer zu bewältigende Kunst.

Da blieb es natürlich nicht aus, dass wir unruhig auf unseren Stühlen umherrutschten, immer lauter sprachen und irgendwann auch mal losbrüllten. Sobald wir es zu bunt trieben, schritt einer der Erwachsenen ein und versuchte beruhigend einzuwirken. Und zwar mit den immer gleichen Sätzen, gesprochen mit einer weichen, einlullenden Stimme: »Gigi, jetzt bleib doch mal ruhig sitzen. Da, sieh nur, das kleine Mädchen dort drüben! Wie brav es dasitzt, nimm dir ruhig mal ein Beispiel daran!«

Uffa, ich wollte mir aber kein Beispiel an der scheintoten Göre nehmen! Ich wollte mich bewegen, brüllen, Dampf ablassen.

Stattdessen blieb ich weiterhin auf meinem Stuhl kleben und schaukelte mit den Beinen. Ich beobachtete zufrieden, wie die Göre irgendwann anfing zu quengeln. Kurz darauf zeigte ihr Vater auf mich und beide sahen zu mir herüber.

Ach du Schreck! Jetzt war wohl ich der brave Scheintote, an dem das Mädchen sich ein Beispiel nehmen sollte. Wie furchtbar! Das musste ich unter allen Umständen verhindern. Krampfhaft überlegte ich, was ich anstellen könnte, um nicht als Vorbild herhalten zu müssen.

Ich wartete ab, bis sie wieder zu mir herübersahen, und verzog das Gesicht zu einer Grimasse. Das reichte jedoch nicht aus, denn der Papi fing an zu lachen. Also führte ich die Hände an die Schläfen, wedelte mit ihnen, als ob es Elefantenohren wären, und streckte ihm die Zunge heraus. Diese Maßnahme wirkte deutlich besser: Er machte ein ernstes Gesicht und strafte mich mit einem verächtlichen Blick. Hihi, diese Runde war eindeutig an mich gegangen!

Wie sehr ich diese dummen Vergleiche hasste! Während ich mich noch diebisch über meinen Sieg freute, musste ich an eine Kindersendung mit dem Titel *Lo Zecchino D'oro* – die Goldmünze – denken, die eine Zeit lang im italienischen Staatsfernsehen gelaufen war. Der Moderator dieser Mini-Play-back-Show aus den Sechzigern lief die ganze Zeit in einem

albernen Magierkostüm herum und nannte sich
Mago Zurlì. Wir mochten die Sendung eigentlich
ganz gerne, nur die anwesenden Erwachsenen, die
meistens hinter uns in der zweiten Reihe standen und
regelmäßig dahinschmolzen, störten uns. Wann immer ein Knirps mit dünner Piepsstimme vor sich hin
trällerte, vor Scham ein Loch in den Bühnenboden
starrte oder sich verhaspelte und dunkelgrau anlief
(Farbfernsehen hatten wir damals nicht), waren sie
begeistert. Ebenso wenn sich ein kleines, süßes Mädchen im Puppenkostüm mit ebenso dünner Stimme
zu unbekannten Höhen sang, dabei die Gläser in den
Vitrinen zum Vibrieren brachte und die Zuschauer im
Studio mit blutenden Ohren aus den Sitzen kippten.

Dabei war das nicht einmal das Schlimmste. Der
absolute Knüller der Sendung waren die Kommentare nach einer jeden mehr oder weniger gelungenen
Darbietung: »*Dio mio*, ist der niedlich!« oder: »Madonna! Was für ein süßer Fratz – und wie schön die
Kleine singen kann!«

»Und was haben wir hier zu Hause rumsitzen? Freche Nichtsnutze!«

»Nehmt euch ruhig mal ein Beispiel an den kleinen
Sängern hier. Das sind doch mal wirklich brave Kinder.«

Nach einer derartigen Geringschätzung meiner eigenen Werte, sofern ich denn welche hatte, war ich
regelmäßig beleidigt und sauer auf Mama und die
anwesenden Tanten. War es denn so wichtig, wenn
man sich vor vielen Leuten zum Affen machen
konnte? Und warum sollte ich mir ausgerechnet daran ein Beispiel nehmen?

Ich wollte gerade zur Toilette gehen, als die Band
anfing zu spielen. Das war vielleicht toll! Alle stürm-

ten auf die Tanzfläche und bewegten sich ausgelassen zu bekannten Schlagern und sizilianischen Volksliedern. Als die erste Tarantella angestimmt wurde, tobte der ganze Saal, alle sangen mit und lachten fröhlich.

Bis auf meine Eltern. Sie hatten kurzzeitig die Feier verlassen müssen, weil sich Filippo in der Klinik seiner täglichen Augentherapie, eine Art Augengymnastik, unterziehen musste. Leider waren sie knappe zehn Minuten später im Krankenhaus angekommen als vereinbart und die Krankenschwester hatte sie als verantwortungslose Eltern beschimpft.

Das würden sie so leicht nicht vergessen, doch als endlich die Nachspeise aufgetischt wurde, sahen sie schon nicht mehr ganz so geknickt aus.

Das Dessert bestand aus einer dreistöckigen Hochzeitstorte und einer Eisbombe – aus meiner Sicht eine angemessene Entschädigung für den verhassten kratzenden Anzug.

Der verschwand nach der Feier übrigens gleich im Kleiderschrank, ganz im Gegensatz zu den Lackschuhen, die mich bei jedem Spaziergang verfolgten, solange sie passten. Das taten sie zu meinem Leidwesen sehr lange, weil Mama in weiser Voraussicht Schuhe immer gleich zwei Nummern größer kaufte.

$14.$ **Der Imperator**

Als bald darauf die Schule wieder begann, blieben
die Schuhe jedoch erst mal im Schrank stehen und
ich machte mich voller Vorfreude auf den Weg.

So locker wie in der ersten Klasse war es allerdings
nicht mehr, denn wir bekamen einen sehr strengen
Lehrer, *dottor* Nunziato, und nun begann der Ernst
des Lebens.

Sobald er den Raum betrat, mussten alle Schüler
links neben die Schulbank treten und strammste-
hen. Mit seiner tiefen, militärisch geschulten Stimme sagte er dann: »*Buongiorno, scolari* – guten Morgen, Schüler«, worauf wir im Chor: »*Buongiorno,
signor maestro* – guten Morgen, Herr Lehrer« antworten mussten. Er stellte sich dann ebenfalls neben
sein Pult, schlug die Hacken zusammen und ver-
beugte sich leicht. Danach klopfte er mit seinem
Bambusstock, den er bei der Begrüßung wie ein
englischer Offizier unter dem Arm hielt, auf sein
Pult.

Das war das Zeichen, die italienische National-
hymne anzustimmen. Er trat während der ersten
Strophe neben das Bild des amtierenden Staatsprä-
sidenten, das in jedem Klassenzimmer neben dem
Kruzifix hängen musste, und salutierte bei der letz-

ten Strophe. In so gut wie jeder Stunde setzte er seinen gefürchteten Bambusstock ein. Dabei kam es durchaus vor, dass er einen Schüler zu Unrecht bestrafte, und wenn dieser es nachweisen konnte, entschuldigte sich der *maestro* offiziell vor der ganzen Klasse.

Eines Tages kam *dottor* Nunziato in Begleitung einer Lehrerin. Er stellte uns Signora Alessandri vor und fügte an, dass sie neue Stimmen für den Schulchor suche. Wir mussten uns neben unsere Pulte stellen und ein jeder ein beliebiges Lied singen.

O je, ich konnte doch gar nicht singen und jetzt musste ich es vor der ganzen Klasse tun – das sah verdammt nach Blamage aus.

Je näher Signora Alessandri meinem Platz kam, desto mehr wünschte ich mir, so klein wie ein Virus zu werden, damit mich niemand mehr sah. Da sich aber meine Größe nicht entscheidend veränderte, suchte ich in meinem Kopf verzweifelt nach etwas, was ich nachträllern konnte. Das einzige Lied, das mir einfiel, war »Volare« von Domenico Modugno, damals schon ein Klassiker. Als ich die kläglichen Versuche von vielen Mitschülern hörte, dachte ich: Na ja, schlechter als die wirst du schon nicht sein. Leider hatte ich mich geirrt!

Signora Alessandri hörte sich jeweils eine Strophe an, nickte oder schüttelte den Kopf und ging dann weiter zum nächsten Schüler. Sie hatte schon häufiger den Kopf geschüttelt als genickt und auf ihrem Zettel stand bisher nur ein Name.

Als sie vor mich hintrat und nickte, wurde ich glühend rot, setzte zu meinem »Vooolaaaa…« an, brach ab, räusperte den Frosch auf die Seite und versuchte ihn runterzuschlucken.

Die freundliche Lehrerin sprach mir Mut zu: »Ganz ruhig, junger Mann, konzentrier dich. Denk daran, dass eine schöne Männerstimme jedes Frauenherz zum Schmelzen bringen kann.«

Also fing ich noch mal an:

»Vooolaaaaree ohhh oohhh. Cantaaaree oh oh oh ohhh.«

Ich sah überdeutlich, wie sich das Gesicht von Signora Alessandri schmerzlich verzog. Ihre Mundwinkel sackten nach unten, die Augenbrauen zogen sich zusammen, und ihre Ohren machten den Eindruck, als wollten sie sich zusammenrollen:

»Basta, basta!«, rief sie. »Es reicht, danke!« Sie führte einen Finger zum Ohr, als wollte sie eine hängen gebliebene Note aus ihrem Gehörgang entfernen, und sagte: »*O Madonna mia*! Den könnte man ja als Waffe einsetzen!«

Ich war vernichtend geschlagen. Sie hatte bisher keine einzige Stimme kommentiert, auch wenn sie noch so grässlich war. Mich dagegen hatte sie mit einem Satz zum Gespött der gesamten Klasse gemacht! Wie sollte ich das jemals verkraften?

Ganz locker!, sagte ich mir. Muss ich denn singen können? Nein! Singen ist sowieso nur was für Mädchen und Weicheier. Richtig harte Männer trällern keine Liedchen. Die trommeln sich gegen die Brust, nachdem sie einen Löwen erwürgt haben, und stoßen höchstens Siegesschreie aus.

Was interessierte mich Signora Alessandri und was sollte ich bitte schön mit geschmolzenen Frauenherzen anfangen?

Geschmolzene Frauenherzen ... Igitt! Geschmolzene Schokolade war ja schon ungenießbar!

Dennoch wurde ich die Geschichte nicht so schnell

los, wie es mir lieb gewesen wäre. Wochenlang sang die ganze Klasse bei jeder Gelegenheit aus voller Brust »Vooolaaree«, und trotz Androhung der schlimmsten Strafmaßnahmen konnte selbst der strenge *dottor* Nunziato sie nicht davon abhalten.

Unser Lehrer für Geschichte hatte dagegen eine tolle Art, zu unterrichten, vor allem konnte er unglaublich gut aus der Römerzeit erzählen.

Innerhalb kürzester Zeit begeisterte sich die ganze Schule für das Römische Reich und dessen militärische Struktur. In den Pausen fanden Gladiatorenkämpfe, Wagenrennen, Zirkusspiele oder Christenverfolgungen statt. Natürlich musste sich jeder Beteiligte einen römischen Namen zulegen. Dazu hängten wir an den jeweiligen Namen einfach nur die Endung »us« an. So wurde ruck, zuck aus Flavio ein Flavius, aus Nino ein Ninus, aus Giovanni ein Giovannius. Nur ich hatte mal wieder Pech, denn aus Luigi wurde Luigius – und das klang so gar nicht nach einem römischen Helden.

Mein Vorschlag, man solle mich Giulio Cesare nennen, fand irgendwie keine Mehrheit, und so kam es, dass ich entweder einen Christen oder einen Sklaven spielen musste. Und was macht man mit Sklaven und verfolgten Christen? Richtig, man bindet sie mit Stricken an Bäumen fest und bereitet ihre Hinrichtung oder Auspeitschung vor.

Nachdem ich an drei Tagen in Folge die große Pause an einen Baum gefesselt verbracht hatte, teilte ich den anderen mit, dass ich dieses blöde Spiel nicht mehr mitspielen wolle. Doch mit dieser Bekanntmachung hätte ich besser bis zum Ende der Pause warten sollen. Nach meiner Totalverweigerung fühlte sich nämlich keiner verpflichtet, einen Spielverderber wie mich wieder loszubinden. Während alle Schüler in die Klassen zurückströmten, versuchte ich verzweifelt, mich zu befreien. Ich zog und zerrte an den Stricken; aber sosehr ich mich auch anstrengte, es gelang mir nicht. Herkules würde jetzt mal kurz die Muskeln der linken Brust anspannen und sssstt würden die Stricke zu Boden fallen. Dann würde er sich die drei Übeltäter mit einer Hand schnappen und sie am ausgestreckten Arm verhungern lassen.

Okay, dachte ich, so mache ich das auch. Ich spannte die Brustmuskeln an – nichts geschah. Zugegeben, bei Herkules sah das Ganze etwas spektakulärer aus, da kamen große, gewaltige Muskeln in Bewegung. Groß und gewaltig, genau davon konnte bei mir keine Rede sein. Die beiden schmalen Würste, die sich unter meiner Schuluniform abzeichneten, wären bestimmt nicht in der Lage, die Stricke zu zerreißen. Ich suchte den Boden nach etwas ab, was ich als Werkzeug benutzen konnte, doch leider vergeblich. Mir blieb also nichts anderes übrig, als die Stricke durchzubeißen. Ich nahm den Strick in den Mund und kaute darauf herum. Es schmeckte fürchterlich. Nach einem genaueren Blick darauf war mir auch klar, warum: Das Ding war dreckig, schmierig und es stank.

Angewidert spuckte ich die widerlichen Reste auf den Boden und beschloss, um Hilfe zu rufen. Gedacht, getan. Zuerst in normaler Lautstärke, und als sich nichts tat, brüllte ich richtig los: *Aiuto! Aiuutoo!* Heeeeee! Hört mich denn niemand?«

Nach ein paar Sekunden kam einer meiner Klassenkameraden angerannt und war verblüfft, dass ich immer noch festgebunden war.

Nino zog an einem Ende des Stricks, direkt neben

meinem Handgelenk, und das faulige Teil fiel einfach von mir ab. Ich wollte meinen Augen nicht trauen.

»War das alles?«, fragte ich verdattert.

»Hast du dir denn noch nie alleine die Schuhe zugebunden?«, fragte Nino ebenso verdattert zurück. »Oder macht das noch immer deine Mama?«

»Äh … ja klar … ich kann Schuhe binden, aber … das war doch gerade nicht dasselbe, oder?«

»Doch, das war eine simple Schleife«, antwortete Nino ungerührt.

Mein Gott, wie peinlich! Ich war so überzeugt davon gewesen, dass der Knoten nicht aufgehen würde, dass ich nicht einmal versucht hatte, ihn zu lösen. Wie hatte ich nur so dämlich sein können?!

Als ich endlich im Klassenzimmer stand, baute sich *dottor* Nunziato drohend vor mir auf und fuhr mich an: »Fesselspiele kannst du zu Hause spielen. Warum bist du wohl hier?«

»Ähm … weiß nicht … äh … zum Lernen?«

»Richtig! Das hier war die erste und letzte Ermahnung, das nächste Mal lernst du mich von einer anderen Seite kennen, verstanden?«

»Jawohl, aber ich hab mich doch nicht selbst gefess…«

»Setzen! Das interessiert mich nicht!«, fuhr er mich an.

Beleidigt ging ich zu meinem Pult zurück und sagte für den Rest des Tages kein Wort mehr.

Als die Schule endlich aus war, packte ich meine Tasche zusammen und machte mich auf den Heimweg. Unterwegs kam ich wie jeden Tag an einer großen *piazza* mit einem wunderschönen Brunnen vorbei. Die umliegenden Häuser waren im Kreis angeordnet und jedes einzelne hatte eine schöne Bepflanzung im Vorgarten: bunte Blumen, Palmen-, Pfirsich-, Orangen- und Mandelbäume. An jeder Hauswand hingen kleine Vogelkäfige, oft sogar vier bis fünf nebeneinander, mit gelben Kanarienvögeln und anderen Exoten, die den ganzen Platz mit ihrem Gezwitscher erfüllten.

Ich lief weiter bis zu einem steinernen Tor, als mir ein seltsames Gefährt entgegenkam. Ein Brett auf Rollen, das mit ein wenig Fantasie aussah wie eine Seifenkiste. Zwei Kinder zogen das Brett an Seilen hinter sich her, während ein drittes auf dem Brett saß und lenkte. Ein weiterer Junge stand breitbeinig dahinter und hielt sich mit einer Hand an dem Sitzende fest. Die andere Hand hielt er zum römischen Gruß an die Brust gedrückt.

Als er mich sah, reckte er stolz den Kopf und seinen rechten Arm in die Höhe und blickte demonstrativ an mir vorbei. Ich blieb kurz stehen und wollte gerade weiterlaufen, als der Junge mich anschrie: »He, du! Wieso grüßt du deinen Imperator nicht? Bist du lebensmüde?«

Ich sah ihn an, wie man einen Geisteskranken so ansieht, und fing an zu kichern. »Haha ... Imperator, hihi ... ich lach mich tot. Ein Imperator auf 'nem Holzbrett, mit zwei Affen als Pferden ... hahaha!«

Das hätte ich besser nicht sagen sollen, denn der Imperator wurde mit einem Mal knallrot im Gesicht und brüllte herrisch seine Untertanen an: »*Acchiapatelo* – ergreift ihn!«

Ehe ich an Flucht auch nur denken konnte, stürzten sie sich zu zweit auf mich. Einer schnappte mich am Hals und drückte mich gegen die Wand, der andere versuchte meine Arme festzuhalten. Ich schlug in blinder Angst einfach zu und erwischte ihn am

Kinn. Daraufhin verstärkte der andere seinen Griff um meinen Hals und schnürte mir die Luft ab. Ich trat nach ihm und versuchte ihn von mir wegzuschubsen.

Da stürzte sich der Erste mit dem Kopf voran in meine Magengrube und wir fielen alle drei übereinander. Jetzt hatten sie mich. Während sich die beiden auf mich setzten und zu Boden drückten, benutzte mich der Dritte als Fußball und trat auf mich ein.

Irgendwann gab ich auf und blieb reglos liegen, der Schmerz pochte in meinem Bauch.

Nun lachte der selbst ernannte Imperator mich aus. »Haha … jetzt ist dir das Lachen vergangen, was? Wenn dein Imperator vorbeifährt, hast du gefälligst zu grüßen. Ist das klar? Oder muss ich noch deutlicher werden?«

»Lass mich endlich in Ruhe, du Affe! Vier gegen einen, da gehört echt Mut dazu. Warte nur ab, wenn ich heimkomme, hole ich meine Männer und suche dich. Dann wirst du schon sehen, was du bist … du *deficiente*!«

Als Geisteskranken hätte ich ihn nun nicht beschimpfen dürfen, denn jetzt schlugen alle vier gleichzeitig auf mich ein. Ich versuchte, mein Gesicht zu schützen, aber die Schläge meiner Angreifer prasselten nur so auf mich nieder und bald hing mir mein Hemd nur noch in Fetzen am Leib.

Schließlich gab der Imperator den anderen ein Zeichen und sie ließen von mir ab. Unter höhnischem Gelächter schnappten sie sich ihre Seifenkiste und liefen die Straße hinauf in Richtung der Barackensiedlung. Das hätte ich mir denken können!

Langsam stand ich auf und betrachtete meine aufgeschürften Knie. Mir tat einfach alles weh und ich machte mich auf den Weg nach Hause. Dort warteten sie bereits mit dem Mittagessen auf mich. Während Mama meine vielen Schürfwunden versorgte, musste ich erzählen, was sich zugetragen hatte, und die Jungen beschreiben.

Peppi, Lorenzo und Umberto machten sich sofort auf die Suche nach den gemeinen Kerlen, doch sie kehrten kurze Zeit später unverrichteter Dinge zurück.

Gianni, mein Lieblingscousin, schlug meiner Mama vor, mich in Zukunft zu begleiten, wenn ich zur *piazza* gehen wollte, dann könne mir nichts mehr passieren.

Als wir am Abend um das Holzrad saßen und den Zwischenfall im Kreise der Familie diskutierten, schlug Gianni mir eine, seiner Ansicht nach, raffinierte Bestrafungsmethode vor: »Wenn du die Burschen hart bestrafen willst, dann musst du sie verfluchen.«

»Verfluchen? Wie soll ich das denn machen?«, staunte ich.

»Ganz einfach«, belehrte mich mein kleiner Cousin, »ich habe mir das von *nonna* Mina abgeguckt. Du musst dir bloß das Gesicht von den Burschen vorstellen und in deinem Kopf festhalten. Dann siehst du zum hellsten Stern am Himmel hinauf und sprichst die Verwünschung aus.«

»Und wie geht die?«, fragte ich.

»Also«, erklärte er, »du zeigst zu dem Stern und sagst: ›*Stella la, berretta qua* – Stern dort, Warze hier.‹ Wenn du es ganz schnell sprichst, bekommen die Burschen so viele Warzen im Gesicht, dass nicht einmal ihre eigenen Mütter sie wiedererkennen werden.«

141

»Das ist doch Quatsch!«, widersprach ich ungläubig.

»Ist es nicht«, beteuerte Gianni. »Ich zeige es dir.«

Er nahm meine Hände in die seinen und zeigte abwechselnd in den Himmel, »*stella la*«, und auf meine Hände, »*berretta qua*«. Er sprach den Satz ganz schnell hintereinander, mindestens dreißig Mal.

Genau an dieser Stelle unterbrach uns *nonna* Mina. »He! Was macht ihr denn da? Das ist kein Spaß, mit solchen Dingen treibt man keine Scherze. Hört sofort auf!«

»Glaubst du tatsächlich daran, *nonna*?«, fragte ich skeptisch.

»Glauben? Glauben muss man nur an Dinge, die man nicht weiß oder nicht beweisen kann. An solche Dinge muss ich nicht glauben, ich weiß, dass es sie gibt. Kennst du etwa die Geschichte von deinem Uropa Ciccio nicht?«

»Welche von den vielen meinst du denn?«

»Die Geschichte des Fluchs«, erwiderte sie geheimnisvoll. »Was ist, kennst du sie nun oder kennst du sie nicht?«

»Nein, ich glaube nicht. Erzähl!«, forderte ich sie auf, und das ließ sie sich nicht zweimal sagen.

15. *Nonno* Ciccios Fluch

»*Nonno* Ciccio hieß eigentlich Conte Francesco Bulino«, begann *nonna* Mina mit ihrem Bericht. »Er war einer der Söhne des Grafen Bulino, mit rechtlichem Anspruch auf Namen, Titel und Ländereien der Grafschaft.«

»Unser *nonno* Ciccio, der Bäcker und Konditor?«, staunte ich.

»Ja, dein Uropa«, sagte sie. »Als er deine Uroma Teresa kennen lernte, verliebte er sich sofort in die schöne junge Frau. Sie stammte aus einer armen bürgerlichen Familie, die den Ruf hatte, ausschließlich aus Säufern zu bestehen. Die Gräfin Bulino warnte ihren Sohn eindringlich, sich mit dieser ›unstandesgemäßen Person‹ einzulassen, aber Ciccio wollte nichts davon wissen. Er erklärte seiner Mutter, dass er Teresa liebe und sie heiraten wollte. Da wurde die Gräfin richtig wütend und verfluchte ihn.

›Das Unglück soll dich treffen, wo du gehst und stehst! Ich verfluche dich, deine Nachkommen und alles, was du machst und am Leib trägst! Auf dass du nicht einmal mehr Hosenknöpfe besitzen sollst! Verschwinde von hier und heirate deine Hure, ich will dich nie wieder sehen! Ich verstoße dich aus meiner Familie!‹

143

Ciccio ging tatsächlich und heiratete seine Teresa und die beiden führten ein turbulentes Leben. Sie waren mal reich gewesen und hatten alles verloren, nun mussten sie hart arbeiten, um wieder einigermaßen auf die Füße zu kommen.

Sie hatten dreiundzwanzig Kinder, von denen die meisten noch vor ihrem vierten Geburtstag starben. Gerade mal vier von ihnen haben überlebt und eine davon ist deine *nonna* Maria. Als Ciccio starb, besaß er nichts, bis auf das, was er am Leib trug. Er hat sein Leben lang keine Knöpfe an den Kleidern gehabt, denn er verlor sie schneller, als seine Frau sie ihm annähen konnte. Sogar die Knöpfe von seinem Totenhemd waren am Tag darauf nicht mehr da.

Dies ist eine wahre Geschichte, und jetzt weißt du, weshalb du mit Flüchen sehr vorsichtig sein solltest.«

Ich kam aus dem Staunen nicht mehr heraus. *Nonno* Ciccio ein Graf und reich, *nonna* Teresa jung und hübsch? Noch dazu so sehr, dass mein *nonno* auf Titel, Erbschaft und … (was musste der Mann glücklich über die Erfindung des Reißverschlusses gewesen sein!) Hosenknöpfe verzichtet hatte. Warum nur?

Nonna Mina versuchte mir zu erklären, dass die Liebe manchmal stärker sei als alles andere und dass die Menschen dafür auf vieles verzichteten. Das meiste sei dann auch gar nicht so wichtig, denn war die Liebe zwischen zwei Menschen stark genug, hatte Geld keine Bedeutung, Titel spielten keine Rolle und Zukunftspläne gab es entweder gemeinsame oder gar keine.

Für solche Dinge war ich sicher noch nicht reif, beeindruckt haben mich ihre Worte trotzdem. Ich fragte *nonna* Mina, ob der Fluch nach *nonno* Ciccios Tod denn mit ihm gestorben sei oder ob er zwangsläufig auf seine Nachkommen übergegangen sei.

Sie zögerte ein wenig, bevor sie antwortete. »Wer weiß das schon. Sicher ist nur, dass ein einmal ausgesprochener Fluch nicht wieder zurückgenommen werden kann, genauso wenig wie man eine vergangene Sekunde zurückdrehen kann, um sie noch mal zu erleben.«

Die Gräfin Bulino hatte nicht nur ihren Sohn verflucht, sondern auch seine Nachkommen. Das waren nun einmal *nonna* Maria, ihre Töchter, zu denen ja auch meine Mama zählte, und schließlich ich und meine Geschwister. Hatte *nonna* Maria aus diesem Grund so ein hartes Leben gehabt? Und meine Eltern? Und was wurde aus mir?

Die Gedanken wirbelten mir nur so durch den Kopf und *zia* Maria kam mir in den Sinn. Die älteste Schwester meiner Mutter hatte vierzehn Kinder geboren, doch nur zwei hatten überlebt: Alba und Tonio. *Nonna* Marias geliebter Filippo hatte die Familie durch seinen Sturz vom Baugerüst in die Armut gestürzt und dann war da noch *zia* Anna mit ihrer dunklen Hautfarbe von dem verschluckten Virus. Reich waren wir alle nicht, und es sah auch nicht so aus, als ob sich dieser Zustand in naher Zukunft bedeutend ändern würde.

War daran der Fluch schuld? Wer konnte mir diese Frage beantworten? Mit einem Mal bekam ich richtig Angst und beschloss, dass ich mit Flüchen nichts zu tun haben wollte.

Später setzten sich *nonna* Maria und meine Mama zu uns, und *nonna* Maria bestätigte die Geschichte, die *nonna* Mina mir erzählt hatte.

»Ja, die Gräfin Bulino war eine böse Frau. Ob ihr

Fluch an allem schuld ist oder nicht, spielt eigentlich keine Rolle. Die Tatsache, dass sie ihrem Sohn niemals verziehen hat, wiegt viel schwerer als das, was sie in ihrer Wut an Verwünschungen ausgestoßen hat. Aber manche dieser Geschichten waren schon mehr als seltsam, und dass sie ausgerechnet meinem Vater passieren mussten … da kommt man schon ins Grübeln und sucht nach Erklärungen, ohne jemals welche zu finden.«

»Was meinst du denn?«, fragte ich neugierig.

»Also gut, ich erzähle es dir. Pass auf!«, begann sie, und so hörte ich an jenem Abend die zweite Geschichte über meinen Uropa. »*Nonno* Ciccio war sehr gläubig und hat die heilige Madonna sehr geliebt, mindestens so sehr wie seinen Wein. Er hat nämlich gerne Wein getrunken, manchmal sogar mehr, als ihm gut tat. Er konnte an keiner Statue der heiligen Maria vorbeilaufen, ohne sie zu küssen. Und da er jeden Tag auf dem Weg zur Arbeit an einer vorbeilief, küsste er zweimal am Tag die Madonna. Eine Zeit lang schmeckte ihm der Wein besonders gut und er lief abends meist recht angetrunken an der Madonna vorbei. An solchen Tagen küsste er die Figur noch inbrünstiger. Meine Mama sagte ihm eines Tages, dass die heilige Maria es bestimmt nicht besonders gerne hätte, von einem Betrunkenen geküsst zu werden.

Er antwortete jedoch abwehrend: ›Wenn es so ist, dann wird es mir die Madonna schon sagen.‹

Ein paar Tage später blieb er wieder mal stark angetrunken und singend vor der Madonna stehen, beteuerte seine Liebe zu ihr, umarmte und küsste sie und wandte sich ab, um weiterzulaufen. Schon beim zweiten Schritt stieß er so heftig mit der Stirn gegen einen eisernen Laternenpfahl, dass er kurzfristig bewusstlos wurde.

Blutverschmiert lief er nach Hause und betastete die riesige Beule auf seiner Stirn. Als er zur Tür hereinkam, erschraken wir über das viele Blut, das ihm übers Gesicht gelaufen war. Mama versorgte seine Wunde, während er erzählte, was passiert war. Schließlich fragte Mama ihn, ob er verstanden hätte, was ihm die Madonna mitgeteilt hatte ... und er fing an zu weinen.

Vierzehn Tage lang hat er die Beule an seiner Stirn vor sich hergetragen und seine Arbeitskollegen nannten ihn nur noch ›das Nashorn‹.«

»Aua, das muss aber ordentlich wehgetan haben«, sagte ich.

»Das kannst du annehmen«, antwortete *nonna* Maria, »aber das war lange nicht so schmerzhaft wie das, was ihm ein paar Monate später passiert ist.«

»Was denn?«, fragte ich neugierig und konnte kaum erwarten, dass sie fortfuhr.

»Wir sind ein paar Monate später nach Catania gezogen. Da wir nicht viele Möbel hatten, gerade mal einen Tisch, zwei Schränke, vier Betten und sechs Stühle, war der Umzug innerhalb eines Tages erledigt. Am Abend fielen wir alle todmüde ins Bett und schliefen sofort ein. Als wir am Morgen aufwachten, war Papa nicht mehr da. Er war mitsamt seinem Bett verschwunden. Wir waren zutiefst erschrocken, und Mama wollte schon die Polizei rufen, als sie aus dem Fenster sah.

Unser neues Haus stand direkt gegenüber der Kirche von St. Crispino. Und was stand da auf den Stufen der Kirche? Das Bett meines Vaters. Er lag darin und schlief noch immer tief und fest. Sofort lief Mama nach draußen, um ihn zu wecken.

›Heilige Madonna, steh uns bei!‹, rief er erstaunt. ›Wie bin ich denn nur hierher gekommen? Was ist passiert? Teresa, nun sag doch was!‹

›Ich weiß es nicht‹, antwortete meine Mama. ›Ich habe dich heute Morgen vom Fenster aus hier liegen sehen.‹

›Oh Madonna! Was ist das für eine Teufelei? Schnell, hilf mir, das Bett reinzutragen, bevor jemand vorbeikommt‹, sagte mein Vater, und gemeinsam trugen sie das schwere Bett ins Haus zurück.

Er grübelte den ganzen Tag darüber nach, was da passiert sein könnte, doch er vermochte es sich nicht zu erklären und das machte ihm große Angst.

Am nächsten Abend konnte er vor Angst, dass ihn jemand heimlich davontragen könnte, nicht einschlafen. Er starrte in die Dunkelheit und versuchte noch immer, eine logische Erklärung für das seltsame Ereignis zu finden.

Irgendwann, mitten in der Nacht, meinte er ein leises Zischen zu hören, aber er konnte nicht feststellen, aus welcher Richtung es kam. Das Zischen wurde lauter und bildete einzelne, zunächst unverständliche Wörter, und er hatte den Eindruck, als ob die seltsame Stimme, die zu ihm sprach, direkt in seinem Kopf entstand.

›Sss … versssschwindet, sss … versssschwindet aus unserem Hausss … wir wollen euch nicht hier haben, sss … geht! Sss … geht fort von hier … ssszzz …‹

Papa erschrak fast zu Tode und setzte sich im Bett auf, er war hellwach und träumte ganz sicher nicht. Kalter Schweiß trat auf seine Stirn, er atmete laut und stoßweise und würgte ängstlich ein paar

Worte heraus: ›Was? Wie? *Santa Maria* … Wer seid ihr?‹

›Sss … keine Fragen, sss … keine Antworten, sss … keine Lügen, keine Schmerzen, sss … geht sofort!‹, antwortete die seltsame Stimme.

›Lasst uns in Ruhe!‹, rief mein Vater zitternd vor Angst.

Inzwischen war Mama aufgewacht, denn sie hatte die Stimme ebenfalls gehört. Auch sie hatte furchtbare Angst und betete so laut, dass sie uns Kinder damit aufweckte.

›Sss … geht, solange noch Zeit ist, sss … solange noch Zeit ist!‹, rief die unheimliche Stimme.

›Ciccio, was ist das?‹, flüsterte meine Mutter.

Wir Kinder hatten panische Angst und wagten nicht einen Laut von uns zu geben.

›Ich weiß es nicht, Teresa‹, antwortete Papa. ›Irgendwer will uns nicht hier haben.‹

Wieder ertönte das bedrohliche Zischen.

Der Schlag kam aus dem Nichts und traf Papa völlig unvorbereitet mitten ins Gesicht, und zwar so heftig, dass er gegen die Wand geschleudert wurde.

Mama schrie laut auf, da bekam sie auch schon den zweiten Schlag ab, bevor meine Geschwister und ich an der Reihe waren. Wir wurden regelrecht zusammengeschlagen, bis mein Vater irgendwann schrie: ›Raus hier, schnell! Na los, macht schon!‹

Schützend stellte er sich hinter uns und geleitete uns aus dem Haus. Wir rannten in Richtung Kirche und hörten noch, wie Papa den letzten Schlag abbekam, bevor auch er ins Freie stürzte. Hastig stiegen wir die Stufen zur Kirche hinauf und blieben völlig außer Atem vor dem Tor stehen. Einige Nachbarn hatten sich draußen versammelt, und keiner konnte fassen, was sich da gerade abgespielt hatte. Wenn uns nicht alle Knochen wehgetan hätten, so hätten wir es vermutlich auch nicht geglaubt.

Mama untersuchte uns nach Verletzungen, doch es war kein Blut geflossen. Papa hatte es von uns am härtesten erwischt, und als er seine Schlafjacke auszog, sah ich die blutunterlaufenen Abdrücke mehrerer Kettenglieder auf seinem Rücken.

Wir waren schockiert. An Schlaf war jetzt nicht mehr zu denken und so verbrachten wir den Rest der Nacht auf den Stufen der Kirche.

Erst als es hell wurde, trauten wir uns zurück ins Haus. Es war alles ruhig, und Papa suchte zusammen mit einem Nachbarn jedes einzelne Zimmer ab, doch sie konnten nichts Außergewöhnliches entdecken. Mama drängte darauf, dass wir dieses Haus sofort verließen und uns eine neue Bleibe suchten. Papa versprach ihr, sich noch am selben Tag darum zu kümmern.

Der Tag verlief völlig normal, abgesehen davon, dass wir alle vor Angst am Rande eines Nervenzusammenbruchs standen. Als am Abend die Dunkelheit hereinbrach, machten wir uns daran, in die Betten zu steigen. Obwohl wir alle wussten, dass in dieser Nacht niemand von uns ein Auge zubekommen würde. Wir löschten das Licht und warteten. Es dauerte nicht lange, als urplötzlich und in einer Lautstärke, die uns erschaudern ließ, das uns bekannte, von einem schaurigen Klirren begleitete Zischen einsetzte.

Sofort sprangen wir aus unseren Betten und rannten aus dem Zimmer in Richtung Tür. Während wir wieder hinüber zur Kirche liefen, prasselten von überall her Schläge auf uns nieder. Die paar Sekunden bis zum Erreichen der Haustür kamen uns vor wie eine Ewigkeit. Doch kaum standen wir im Freien, hörten die Schläge auf.

Wieder versammelte sich eine kleine Menschenmenge vor unserem Haus und alle sahen uns an, als ob wir selbst Geister wären.

Weinend und schluchzend standen wir vor dem Haus und rätselten, was diese seltsamen Zwischenfälle zu bedeuten hätten. Uns stand die Furcht ins Gesicht geschrieben und auch unsere Nachbarn waren sichtlich betroffen. So etwas hatte es hier vorher nicht gegeben, schließlich war ihr Viertel eines der ruhigsten in ganz Catania, und sie kamen zu dem Schluss, dass wir die Geister mitgebracht hatten.

Bis wir eine neue Bleibe gefunden hatten, wohnten wir tagsüber im Haus und verließen es, sobald es dunkel wurde. Wir schliefen mehrere Nächte auf den Stufen der Kirche von St. Crispino, wo wir endlich Ruhe gefunden hatten.«

»Das ist ja unglaublich«, staunte ich völlig gebannt.

»Und jetzt ab ins Bett mit euch, es ist schon spät und morgen ist Schule.«

»*No ... uffa*, muss das sein? Es war gerade so spannend«, sagten alle Kinder gleichzeitig, die sich während der Erzählung zu uns gesellt und ebenso wie ich aufmerksam gelauscht hatten. Nun waren wir alle enttäuscht, dass sie schon zu Ende war. Mir standen immer noch die Haare zu Berge und an Schlafen war jetzt sowieso nicht zu denken. Widerwillig ging ich ins Bett, wartete auf die zischende Stimme und bereitete mich seelisch darauf vor, mir vor Angst in die Schlafanzughose zu machen.

Als Filippo kurze Zeit später anfing zu zischen, setzte mein Herz einen Schlag aus und ich zog mir schnell die Bettdecke über den Kopf.

»Psst … Gigi, die Geschichte war richtig gruselig, nicht? Hast du Angst?«, fragte er mich.

Ich war richtig erleichtert, dass es nur mein Bruder war, und antwortete leise: »Angst? Wer, ich? Ha … das war eine tolle Geschichte, ich liebe solche Geschichten und könnte jeden Abend eine davon hören. Ich bin eben schon älter als du und viel mutiger.«

»Ach so, du kannst wohl deswegen nicht schlafen und ziehst dir die Decke über den Kopf, nicht? Alter Angeber!«, stichelte Filippo.

»Wer, ich? Ich ein Angeber? Niemals nicht! Manche haben eben Angst und andere ni… uahhhh!«

Filippo hatte sich, während ich sprach, an mich rangeschlichen und mir direkt ins Ohr gezischt.

Ich zuckte zusammen und schrie ihn an: »Bist du wahnsinnig? Du Depp, ich hätte fast einen Herzinfar… äh … dir eine gescheuert, dass dir der Kopf abfällt!«

»Haha, hihi, manche haben Angst, aber du nicht, hehe … niemals nicht … haha, hihi.«

»Geh ins Bett und schlaf, du Plage von einem Bruder!«, stöhnte ich und versuchte, mir meine Erleichterung nicht anmerken zu lassen.

Genau in dem Moment kam Papa herein und drohte uns altbekannte erzieherische Maßnahmen an, falls nicht sofort Ruhe sei. Irgendwie hatten wir das gebraucht, denn kurze Zeit später schlief ich ohne weitere Gedanken an kettenschwingende Geister ein.

Der neue Tag begann mit einem typisch messinisischen Frühstück: eine Tasse *zabaione*. Das ist ein mit

Zucker vermischtes schaumig geschlagenes Ei, dazu gab es eine Tasse Milch und, je nach Hunger, ein Marmeladebrot.

Die Fragen, mit denen ich Mama an diesem Morgen zur Verzweiflung trieb, hingen natürlich mit der Geschichte vom Vorabend zusammen. »Warum hat *nonno* Ciccio damals auf Titel und Vermögen verzichtet? Wieso hat *nonna* Teresa, wenn sie doch mal so wunderschön gewesen ist, sich so sehr verwandelt? War es so was Ähnliches wie die Werwolfskrankheit? Warum hat *nonno* Ciccio nicht gemerkt, dass er mitsamt seinem Bett aus dem Haus getragen wurde? Und warum haben sie *ihn* rausgetragen und nicht *nonna* Teresa?«

Na ja, die letzte Frage konnte ich selbst beantworten, denn *nonna* Teresa war bestimmt dreimal so schwer wie ihr Mann, und die Geister hatten bestimmt keine Lastesel dabei gehabt.

»Das mit dem ›reich‹ darfst du nicht so wörtlich nehmen«, antwortete Mama. »Die Bulinos gehören dem verarmten Landadel an, das heißt, sie besitzen einige Äcker und hier und da ein paar vernachlässigte Grundstücke, aber reich sind sie bestimmt nicht. Deshalb war es auch so wichtig, dass die sieben Nachkommen standesgemäß heirateten, um etwas mehr daraus zu machen. Die Gräfin befürchtete, dass jeder arme Schlucker, der neu in die Familie einheiratete, ihr etwas wegnahm. Daher auch die Enterbung. Außerdem war dein *nonno* sehr stolz darauf, dass er auch ohne die Hilfe seiner Familie was zustande gebracht hatte. Er hatte ein großes Herz und konnte an niemandem vorbeilaufen, dem es schlecht ging. Einmal ist er sogar ohne Schuhe von der Arbeit nach Hause gekommen. Er hatte sie einem Bettler geschenkt, der keine Schuhe besaß, und als die *nonna* ihm deswegen Vorwürfe machte, sagte er ihr, dass er immer noch ein Paar Schuhe hätte und zwei Paar Schuhe könnte er sowieso nicht gleichzeitig tragen.«

»Das hat er gesagt?«, fragte ich beeindruckt.

»Ja. Als sein Geschäft noch richtig gut lief, kam er niemals alleine nach Hause. Ständig schleppte er Obdachlose oder Bettler an, denen er allen etwas zu essen, zu trinken und manchmal sogar ein Bett anbot. Dass es dadurch für seine eigene Familie manchmal ziemlich eng wurde, störte ihn nicht weiter. ›Der liebe Gott wird uns schon nicht verhungern lassen‹, sagte er oft.«

»Mussten die anderen denn deswegen hungern?«, wollte ich wissen.

»Nein, natürlich ging es immer … irgendwie. Aber er hätte seiner Familie viel erspart, wenn er ein bisschen eigennütziger gewesen wäre. Denn hatte er mal nichts zu essen, dann fand sich keiner, der ihm etwas gab. Niemand bot ihm einen Schluck Wein an oder schenkte ihm Schuhe, wenn seine kaputt waren. Alle seine so genannten Freunde nahmen gerne an, sobald er etwas verteilte, aber niemals haben sie ihm, wenn er es gebraucht hätte, etwas davon zurückgegeben. Trotz allem hat er sich niemals beschwert und es auch nie verlangt, und jedes Mal wenn wieder genug da war, verteilte er wieder mit offenen Händen. Ich kann dir nicht sagen, ob er wirklich so gutherzig war oder einfach nur zu dumm, um zu begreifen, dass ihn alle nur ausnutzten.«

Ich staunte. *Nonno* Ciccio war in meinen Augen schon ein bisschen seltsam gewesen … aber irgendwie bewunderte ich ihn dafür.

16. Die taumelnde Santina

Ich musste noch den ganzen Vormittag an *nonno* Ciccio denken und konnte mich kaum auf den Unterricht konzentrieren. Die Geschichte mit den Geistern war wirklich zu seltsam.

Doch auch bei uns zu Hause geschahen merkwürdige Dinge. Als ich nach dem Mittagessen zu meinen Cousins hinübergehen wollte, kam mir meine kleine Schwester im Flur torkelnd entgegen. Der schmale, etwa fünf Meter lange Korridor, der die Küche mit dem Wohnzimmer verbindet, ist nicht breiter als neunzig Zentimeter.

Santina schwankte von einer Seite zur anderen, knallte mit der einen Schulter gegen die linke Wand, stolperte zur rechten und schrammte mit der anderen Schulter daran entlang, bevor sie stolperte und auf dem Gesicht landete. Sie fing jämmerlich an zu weinen, woraufhin sofort Mama und Papa herbeisprangen und sie hochhoben. Kaum auf Mamas Arm, schlief sie auch schon ein.

Die Angst und die hilflose Panik im Gesicht meiner Eltern machten mir und meinem Bruder fast noch mehr Angst als der merkwürdige Zustand meiner Schwester.

Mama holte das Fieberthermometer, Papa nasse

Handtücher, und sie überprüften immer wieder besorgt, ob Santina noch atmete. Alles wirkte normal, bis auf den leicht säuerlichen Geruch, und Papa machte sich Gedanken darüber, was das wohl für eine Krankheit sein mochte. Mama rief sofort *nonna* Mina herbei, die Santina untersuchte, noch während sie schlief. Aber auch sie konnte nichts Außergewöhnliches feststellen. Also beschlossen meine Eltern, erst mal abzuwarten, bis sie wieder aufwachte.

Sie verdonnerten Filippo und mich zu absoluter Ruhe, damit Santina sich erholen konnte, und wir gingen zu unseren Cousins hinüber. Als sie aufwachte, hatte sie nur Kopfschmerzen und von ihrem Sturz eine Beule auf der Stirn. Mama und Papa untersuchten sie erneut und ließen sie mehrmals ein paar Meter gehen, weil sie sehen wollten, ob Santina gerade laufen konnte. Alles klappte bestens und meine Eltern beruhigten sich wieder.

Beim Abendessen spekulierte die ganze Familie über Santinas merkwürdigen Schwächeanfall, und Mama glaubte sich zu erinnern, dass sich meine Schwester schon seit ein paar Tagen seltsam verhielt. Irgendwie apathisch sei sie gewesen, meist direkt nach dem Mittagessen. Aber so schlimm wie am heutigen Nachmittag war es bisher noch nicht gewesen.

»Bitte nicht noch ein krankes Kind«, sagte sie seufzend mit einem Seitenblick auf Filippo, dessen Auge noch immer Probleme bereitete.

Da man immer wieder von seltsamen Allergien hörte, fragte sich Papa, ob Santinas Taumeln eine allergische Reaktion sein könnte. Schließlich lebten wir in einer verrückten, neumodischen Welt, die uns alle krank machte. Selbst die gesündesten Nahrungsmittel seien mittlerweile so vergiftet, dass man sich alles Mögliche holen konnte.

Mama fühlte sich daraufhin in ihrer Ehre gekränkt und entgegnete, dass sie Obst und Gemüse immer gründlich wasche, bevor sie es ihren Kindern zu essen gebe.

»Und was ist mit DDT?«, fragte *nonna* Mina, die zum Abendessen geblieben war. »Meint ihr nicht, es könnte das sein?«

»Nein!«, bestritt Mama entschieden. »DDT ist das neueste und gesündeste Insektengift, das es auf der ganzen Welt gibt. Das kann es auf keinen Fall sein, außerdem kenne ich niemanden, der es nicht verwendet, und ich habe noch nie davon gehört, dass es Krankheiten auslöst.«

»Aber es bleibt doch immer noch Gift«, entgegnete *nonna* Mina. »Ich denke nicht, dass es ein ›gesundes‹ Gift gibt, immerhin tötet es Lebewesen, oder nicht?«

Dieser Satz stimmte Mama schließlich doch nachdenklich.

DDT, die neueste Errungenschaft der chemischen Industrie, war aus einem modernen Haushalt nicht mehr wegzudenken und jede ordentliche Hausfrau benutzte es. Auch Mama schloss ihr tägliches Putzritual immer mit dem DDT-Zerstäuber ab. Die unzähligen toten Fliegen, die sie danach jedes Mal aufsammelte, bestätigten sie in ihrem Tun. Schließlich war sie früher mit der Fliegenklatsche stundenlang den Viechern hinterhergejagt, um irgendwann festzustellen, dass sie doch nicht alle erwischt hatte. Das DDT war da richtig gründlich, ein wahrer Segen der modernen Technik.

Der schwere DDT-Duft begleitete uns den ganzen Tag, sämtliche Kleider, die Betten und die Bettwäsche rochen danach. In unserem Haus gab es kein Möbelstück, das nicht eine feine DDT-Schicht auf der Oberfläche hatte. Eine Zeit lang brachte man den Geruch von DDT sogar in direkte Verbindung mit der Sauberkeit der jeweiligen Familie: Solange irgendetwas außer der Hausfrau in der Wohnung lebte, war es nicht sauber.

Klar wusste ein jeder, dass es ein Gift war, und alle schützten sich so gut wie möglich: nicht einatmen, Zimmer verlassen und erst nach ausgiebigem Lüften wieder betreten. Das DDT war selbstverständlich geworden und mit der Zeit gingen die Leute sträflich sorglos damit um. Natürlich befreite das Auslüften die Zimmer von den Giftschwaden, doch das Zeug setzte sich in jede Ritze und jeden Winkel. Dass es unmöglich gesund sein konnte, sahen mein Bruder und ich alleine daran, dass unsere Goldfische nie älter wurden als drei Monate und die armen Tiere häufig seltsame Wucherungen hatten.

Dennoch wollte meine Mutter nicht glauben, dass Santina an einer DDT-Vergiftung litt – und sie sollte Recht behalten.

Als Mama am nächsten Tag nach dem Mittagessen in die Küche lief, stolperte ihr Santina entgegen.

Sie schrie vor Schreck und fing ihre Tochter auf, bevor sie hinfallen konnte. Filippo und ich rannten gleich herbei und beobachteten fassungslos, wie Santina schwer atmend und röchelnd die Augen schloss, während Mama verzweifelt versuchte, sie irgendwie wach zu halten. Unsere Schwester riss immer wieder die Augen weit auf, verdrehte sie, bis nur noch das Weiße zu sehen war, und schloss sie wieder. Da konnte Mama schütteln und rütteln, wie sie wollte.

Ausgerechnet jetzt war Papa nicht zu Hause und Mama war total verzweifelt. Sie schickte mich zu *nonna* Mina und in kürzester Zeit versammelte sich die gesamte Verwandtschaft in unserer Küche und beratschlagte das weitere Vorgehen. Von so einer seltsamen Krankheit, die sich immer nur um eine bestimmte Tageszeit herum zeigte, hatte noch keiner gehört.

»Wer weiß, was sich die Kleine für einen bösartigen Virus eingefangen hat«, mutmaßte *zia* Gianna. Ein Virus, ein richtig fieser, bösartiger Virus …

Sofort musste ich an die Geschichte mit den Bananenschalen denken, die Mama mir erzählt hatte. Krampfhaft überlegte ich, wann wir das letzte Mal Bananen gegessen hatten, und kam zu dem Schluss, dass es schon eine ganze Weile her war. War dieser Virus etwa so hinterhältig, dass er sich einfach auf andere Früchte gesetzt hatte? Pfirsiche hatten wir nämlich fast jeden Tag gegessen … Hatten diese Viecher denn nichts Besseres zu tun, als den ganzen Tag auf irgendwelchem Obst herumzusitzen und darauf zu warten, dass irgendwer davon aß?

Das war wieder mal eine Frage, die mir niemand beantworten konnte, außerdem hatten die Erwachsenen gerade beschlossen, dass Mama mit Santina ins Krankenhaus gehen sollte.

Als Papa am frühen Abend nach Hause kam, war Santina gerade aufgewacht und verhielt sich wieder völlig normal.

Papa war verblüfft, dass sich die Geschichte fast identisch wiederholt hatte. Er nahm Santina in die Arme und bemerkte wieder einen leicht säuerlichen Geruch in ihrem Atem. Doch weder er noch Mama konnte sich erklären, woher dieser kam. Sie verschoben den Krankenhausbesuch kurzerhand auf den nächsten Tag, da es meiner Schwester offensichtlich wieder ganz gut ging.

Beim Abendessen gab es wieder nur ein Thema: Santina und ihre seltsame Krankheit. Anschließend setzten sich *zio* Paolo und Papa noch bei einem Glas Wein zusammen und unterhielten sich. Als *zio* Paolo einen Schluck aus seinem Glas nahm, verzog er das Gesicht und schimpfte unvermittelt über die immer schlechter werdende Qualität des sizilianischen Landweins. Papa gab ihm Recht und sagte, dass alle Weine in letzter Zeit irgendwie gepanscht schmeckten. Ihrer Meinung nach war die Geldgier der Bauern und Händler schuld daran, dass es keine guten Weine mehr gab.

Am nächsten Tag freute ich mich schon den ganzen Morgen auf das leckere Mittagessen, denn es gab Bohneneintopf mit Brokkoli und kleinen Nudeln. Nachdem wir den Tisch abgeräumt hatten, gingen Filippo und ich ins Wohnzimmer. Bald darauf hörten wir Mamas Geschrei und rannten in die Küche. Mama brüllte Santina wie von Sinnen an und wir verstanden nur Bahnhof. Sie war bisher immer so sanft und liebevoll mit ihrem kranken Kind umgegangen, dass wir diese Verhaltensänderung beim besten Willen nicht nachvollziehen konnten. Erst nach und nach kapierte ich, was vorgefallen war.

Mama hatte sich offenbar im Bad versteckt und Santina beobachtet. Meine vierjährige Schwester war nach dem Essen zurück in die Küche geschlichen, hatte sich ein Glas Rotwein eingeschenkt, die Weinflasche anschließend mit Wasser aufgefüllt und in den Schrank zurückgestellt. Raffiniertes Kind!

Mama wollte eingreifen, bevor Santina das Glas leerte, doch meine Schwester kippte den Wein so schnell hinunter, dass sie nur noch fassungslos die Überreste anstarren konnte.

Mama war außer sich, Santina sturzbetrunken.

Als sie wenige Minuten später wieder anfing zu taumeln, zu torkeln und die Augen zu verdrehen, wussten wir endlich, warum. Mama informierte sofort die ganze Verwandtschaft und alle waren erleichtert und zugleich erstaunt über so viel Schlitzohrigkeit. Auf die Idee, den fehlenden Wein durch Wasser zu ersetzen, muss eine Vierjährige erst mal kommen.

Mama fragte sich in den nächsten Tagen ernsthaft, ob sie in Zukunft eine minderjährige Alkoholikerin zu betreuen hatte und – vor allem – was sie in ihrem Leben Schlimmes verbrochen hatte, um mit derart geisteskranken Kindern bestraft zu werden. Dabei setzte sie, wie schon so häufig in solchen Situationen, ihren Märtyrerblick auf, der uns sagen sollte: »Seht her, was Gott mir für Prüfungen auferlegt hat. Was muss ich für euch eigentlich noch alles ertragen?«

Dabei wussten meine Eltern genau, wie raffiniert Santina tatsächlich schon war, denn sie hatte es uns eindrucksvoll am vergangenen Weihnachtsfest bewiesen, als sie von allen unbemerkt unseren Weihnachtsbaum geplündert hatte.

Der war natürlich wie jedes Jahr reichlich geschmückt mit glitzernden bunten Glaskugeln, Krippenfiguren, Lametta in Silber, Gold oder Violett und in farbige Metallfolie eingepackten Schokofiguren und Schokoladenkugeln. Aus Erfahrung wusste Mama, dass der Großteil der weiter unten hängenden

Schokoladenkugeln die Zeit bis zum Abschmücken des Baumes nicht überstand. Deshalb hatte sie uns eindringlich davor gewarnt, auch nur eine Kugel schief anzusehen, geschweige denn zu berühren.

Im Jahr davor waren nämlich alle Schokoladenkugeln von einem unbekannten Eindringling geraubt worden. Der unbekannte Dieb war so dreist gewesen, die Kugeln an Ort und Stelle zu verputzen und die bunte Folie an Ort und Stelle liegen zu lassen. Um seine Spuren zu verwischen, ging er sogar so weit, Santinas Kopfkissen und ihren Mund mit Schokolade einzuschmieren. Ein wahrhaft raffinierter Einbrecher!

Natürlich hofften wir Kinder, dass die Weihnachtstage möglichst schnell vorübergingen, um die Schokolade endlich essen zu dürfen. Doch bis dahin rief uns Mama jeden Morgen zum Baum und zählte die Kugeln ab ... sie waren noch alle da, Gott sei Dank. Und jeden Morgen hörten wir uns den gleichen Satz an: »Gnade euch Gott, wenn eine fehlen sollte!«

Endlich war Weihnachten vorbei und somit der heiß ersehnte Tag des Abschmückens gekommen. Zuerst entfernte Papa die Lamettastreifen, dann nahm Mama die Glaskugeln ab und legte sie in ihre Schachtel zurück, wo sie bis zum nächsten Jahr lagerten. Zum Schluss kamen dann ... die Schokokugeln dran.

Mamas Miene an jenem Morgen werde ich nie vergessen, und vermutlich hatten wir alle den gleichen Ausdruck im Gesicht, als sie die erste Kugel öffnete und ihr ein Wattebausch in den Schoß fiel. Entgeistert betrachtete sie den Inhalt ihrer Handfläche, als läge dort ein Stück Mondgestein, etwas, was nicht von dieser Welt war. Fieberhaft öffnete sie eine zweite, dritte, vierte Kugel – und jedes Mal dasselbe Spiel.

Der clevere Meisterdieb hatte wieder zugeschlagen.

»Ich war's nicht«, »Ich war's nicht«, »Ich war's nicht!«, beteten wir drei unsere Unschuldsformel herunter, um größeres Unheil zu vermeiden. Doch als Mama ihren Ich-tue-so-als-ob-ich-gleich-wahnsinnig-werde-und-schlage-euch-alle-tot-Blick aufsetzte, wussten wir, dass es für jegliche Beteuerungen zu spät war. Jetzt galt es, den Schuldigen zu finden.

»Santina war es!«, schrie Filippo.

»Nein, du warst es«, verteidigte sich Santina.

»Gigi war es!«, behaupteten nun beide.

Ich lief rot an und nannte meine Geschwister zwei verkommene Lügner.

»Na gut!«, ging Mama dazwischen. »Da es mal wieder niemand von euch gewesen sein will, muss wohl der Heilige Geist vom Himmel heruntergekommen sein.«

Derweil untersuchte Papa die geschändeten Kugeln und war über die Präzisionsarbeit mehr als erstaunt. Wie konnte ein kleines Kind die Schokolade austauschen, ohne dabei die Folie einzudrücken? Das grenzte seiner Ansicht nach an Zauberei.

Dieses Mysterium wäre wohl nie aufgeklärt worden, wenn Mama nicht ein paar Tage später beim Überziehen von Santinas Bett geschmolzene Reste einer Schokoladenkugel unter ihrer Matratze gefunden hätte. Sie war es tatsächlich gewesen. Wir kamen nicht umhin, ihr für diese Meisterleistung Respekt zu zollen. Ein wahrhaft raffiniertes, begabtes Kind – wenn auch mit einem schmerzenden Hintern, denn diese Tat blieb nicht ohne Folgen für meine Schwester.

163

Obwohl meine Eltern unserer Meinung nach diesen Streich durchaus verdient hatten, denn sie hatten uns bei der Bescherung böse an der Nase herumgeführt.

Wir hatten uns wie alle Kinder unglaublich auf die Bescherung gefreut und warteten seit Tagen darauf, endlich unsere Geschenke in Empfang nehmen zu dürfen. Stundenlang spekulierten wir, was wir wohl alles bekommen würden: tolle Autos, einen Minibagger, eine Puppe.

Endlich war es so weit. Als Mama, Papa und *nonna* uns ins Wohnzimmer riefen, konnten wir die Spannung kaum noch ertragen und stürzten uns auf die Geschenke wie ein Rudel ausgehungerter Löwen auf eine frisch gerissene Gazelle. Unter dem Weihnachtsbaum lagen drei riesige, in buntes Papier eingewickelte Geschenke.

Ungeduldig riss ich die Schachtel auf und starrte ungläubig auf zerknülltes Zeitungspapier. Wie meine Geschwister, denen es nicht anders erging, schaufelte ich das Zeitungspapier aus der Schachtel, bis endlich ein Paket zum Vorschein kam, das ebenfalls in Geschenkpapier eingewickelt war. Ich riss es mit einem Ruck auseinander … und unter meinem entsetzten Blick purzelte eine Rolle Klopapier heraus!

Meine Gesichtszüge entgleisten und ich drehte mich entsetzt erst zu meinen Eltern und dann zu meinen Geschwistern um. Santina hockte hemmungslos weinend wie ein Häufchen Elend vor zwei großen, roten Salatzwiebeln, Filippo trommelte vor Wut mit den Fäusten auf den Boden und warf sein Geschenk wütend in die Ecke: ein Säckchen Holzkohle!

»Ihr seid alle nicht brav gewesen und deswegen bestraft euch jetzt das Jesuskind!«

Mamas feierlich verkündete Erklärung drang nur bruchstückhaft zu mir durch, denn ich brach ebenfalls in Tränen aus. Der nun folgende Wettstreit unter uns dreien, der den Titel »Wer kann am längsten, lautesten und verzweifeltsten heulen?« trug, ließ schließlich die Erziehungsfront der Erwachsenen bröckeln und sie brachten uns tatsächlich unsere richtigen Geschenke.

Mit geladenen und entsicherten Tränendrüsen begannen wir erneut mit dem Auspacken. Wenn die echten Geschenke diesmal nicht zum Vorschein kamen, konnten unsere Eltern schon mal anfangen, die zweite Arche Noah zu bauen.

Wir hatten Glück, doch unser Misstrauen blieb, und es dauerte eine ganze Weile, bis sich Santina über ihre Puppe, Filippo über seinen Bagger und ich mich über mein tolles Auto freuen konnten.

Meine Eltern sahen in Zukunft von derartigen Späßen ab, denn eines hatten sie an jenem Abend gelernt: Bei Geschenken hört für jedes Kind der Spaß auf.

17. Mata und Grifone

Eine Sache, bei der wir Kinder dagegen nie genug Spaß haben konnten, war das traditionell jedes Jahr am 15. August stattfindende Gründungsfest Messinas. An diesem Feiertag, bei dem sämtliche Missinisi auf den Beinen sind, zieht sich ein riesiger Festzug über Kilometer durch die Straßen, und in der gesamten Innenstadt herrscht Ausnahmezustand.

Wie es in Sizilien Brauch ist, tragen an jenem Tag junge, kräftige Männer die so genannten *vare* durch die Straßen. Das sind Heiligenstatuen, die zuvor auf mit Blumen reich geschmückte, tragbare Gestelle montiert werden. Besonders große und schwere *vare* kommen auf festlich geschmückte Wagen, die dann von Pferden gezogen werden.

Dem Festzug voran laufen Priester mit ihren Ministranten und segnen die Gläubigen. Zu Tausenden stehen die Menschen, betend, singend, schauend, am Straßenrand oder schließen sich der Prozession an. Im Anschluss an die *vare* folgen dann die mitlaufenden Musikkapellen. Die meisten dieser Hobbykapellen klingen so, als spielten sie drei verschiedene Musikstücke auf einmal. Na ja, ganz so schlimm ist es nicht, aber die ein oder andere zufällig eingestreute Ohrenbieger-Note kann bei den gläubigen Zuhörern schon mal Nasenbluten verursachen. Doch das Ganze hat auch sein Gutes: Die Abtrünnigen kommen dem Glauben wieder etwas näher, weil ihr misshandelter Gehörgang sie zu einem verzweifelten Gebet nötigt: »Santa Lucia, vergib mir meine Sünden, lass mich diese Prüfung überstehen und sorge dafür, dass sich der Krampf in meinem Gesicht wieder löst. Amen!«

In manchen Kreisen hält sich hartnäckig das Gerücht, dies sei die moderne Variante der Inquisition. Aber vermutlich handelt es sich nur um ein paar Hobbymusiker, die ihren Mitmenschen eine kleine Freude bereiten wollen.

Der feierliche Umzug beginnt jedenfalls Jahr für Jahr mit den Statuen der angeblichen Stadtgründer: Mata und Grifone.

Als ich das erste Mal vor den Furcht einflößenden Statuen stand, bekam ich vor Staunen den Mund nicht mehr zu. Die beiden Figuren waren Riesen, ganze acht Meter hoch! Mata, eine hübsche, hellhäutige Frau, saß auf einem Schimmel; Grifone, ein muskulöser, dunkelhäutiger Mann, auf einem Rappen. Der alte Grifone soll zu Lebzeiten ein richtiger Stinkstiefel gewesen sein.

Der Legende nach, die mir Mama auf meine bohrenden Fragen hin erzählte, fand der Riese keine passende Partnerin. Und was tut ein Mann, wenn er seine überschüssige Manneskraft nicht loswird? Richtig, er fängt mit jedem, der ihm gerade über den Weg läuft, Streit an. Grifone war da nicht anders. Der einzige Unterschied: Der Gute hat seine zahlreich abgeschlachteten Feinde anschließend gegessen.

»Menschen gegessen? Igitt!«, rief ich entsetzt. »Gab's denn damals nichts anderes?«

»Doch«, antwortete Mama, »aber er hat sich wahrscheinlich gefragt, warum man all das gute Fleisch verkommen lassen sollte. Seine Feinde waren sowieso viel kleiner als er. Die müssen ihm wie Schafe oder Ziegen vorgekommen sein. Irgendwann tauchte dann Mata auf. Sie war auch eine Riesin und hatte bis dahin ebenfalls keinen Partner gefunden. Als die beiden sich sahen, wussten sie sofort, dass sie zueinander passten. Mata zeigte Grifone, dass er seine Tage auch gut ohne Raufereien verbringen konnte. Außerdem erklärte sie ihm, dass er seine Nachbarn auch mal zum Essen einladen könne, wenn er nur endlich aufhörte, sie zu verspeisen. Als sie Grifone so weit hatte, dass er ein paar zusammenhängende Sätze grunzen konnte, gründeten sie die Stadt. Kurz und gut: Mata hat einen zivilisierten Menschen aus ihm gemacht. Genau das, was alle Frauen mit ihren Männern tun müssen ... bis zum heutigen Tag! Ohne uns Frauen würden die Männer nämlich heute noch in Höhlen leben und ihre Nahrung mit der Keule jagen, weißt du?«

»Echt?«, staunte ich. »Denkst du das wirklich, Mama?«

»Aber ja!«, antwortete sie knapp.

Mich schauderte bei dem Gedanken, dass aus mir in ein paar Jahren auch ein Mann wurde und damit automatisch, nach Mamas Theorie, ein wilder, unzivilisierter Kannibale – bis mir eine Frau Manieren beibrachte.

Die dringendste Frage, die sich mir stellte, war, wann sich wohl diese Verwandlung vollzöge. Schließlich wollte ich auf keinen Fall ein Kannibale werden und mit einer Keule bewaffnet nach einer bewohnbaren Höhle suchen müssen. Das taten andere ja auch nicht, genau genommen tat niemand, den ich kannte, so etwas. Auch nicht die unverheirateten Männer, meine älteren Cousins zum Beispiel. Sie lebten in richtigen Häusern, konnten klar und deutlich sprechen und sie waren ganz sicher keine Kannibalen – zumindest hatte ich sie noch nie mit einer Keule in der Hand gesehen. Irgendetwas an Mamas Geschichte stimmte nicht, so viel stand fest.

Als ich sie darauf ansprach, sagte sie nur: »Das verstehst du nicht, dazu bist du noch zu klein. Wenn du groß bist, reden wir weiter.«

Die nächste Frage, die sich mir beim Anblick der riesigen Statuen stellte, blieb ebenfalls unbeantwortet: »Wenn Mata und Grifone wegen ihrer Körpergröße Probleme hatten, einen Partner zu finden, wo hatten sie denn die riesigen Pferde her?« Offenbar war auch an dieser Geschichte etwas faul, ich wusste nur nicht so genau, was.

Nachdem alle Fragen hinreichend unbeantwortet geblieben waren, schlenderten wir weiter durch die festlich geschmückten Straßen. An jeder Ecke standen als Clowns verkleidete Straßenhändler, die riesige Luftballontrauben in allen erdenklichen Farben und Formen verkauften.

Überall standen auch wunderschöne, bunt bemalte sizilianische Pferdekarren herum, mit allerlei Spezialitäten voll beladen: geröstete Mandeln, Erdnüsse, gebratene Äpfel und Bananen, Zuckerwatte und Süßigkeiten in allen erdenklichen Variationen. Der Duft dieser Köstlichkeiten erfüllte jeden Winkel der Stadt, und ich hatte den Eindruck, als ob mich dieser schwere Geruch durch die Straßen trüge.

Die Pferde vor den Karren waren mit bunten Decken behängt, an denen goldfarbene, glitzernde

169

Metallplättchen befestigt waren. Die Tiere hatten lange, bunte Federbüschel auf dem Kopf und am Geschirr, was ihnen ein geradezu unwirkliches Aussehen verlieh. Manche Karren waren über und über bemalt, etwa mit Rittern in goldenen Rüstungen, die auf Schimmeln in die Schlacht ritten, wehende Fahnen mit einem roten Kreuz darauf in den Händen. Ihre Feinde waren dunkelhäutige, grausam aussehende Männer, Sarazenen und Muselmanen, die sich mit den tapferen Kreuzrittern große, verlustreiche Schlachten lieferten. Das konnte ich eindeutig an der Zahl der am Boden liegenden Körper und Körperteile erkennen.

Ein Bild blieb mir besonders in Erinnerung: das eines Ritters, der in einer weißen Rüstung durch ein Meer von Blut watete, in der einen Hand ein großes Schwert, in der anderen den Kopf eines Sarazenen. Unter dem Bild stand in kleinen Buchstaben der Titel: »*La Morte di Saladino* – Saladins Tod«. Das Bild war so beeindruckend, dass ich mich gar nicht davon losreißen konnte, bis Papa mich irgendwann mit sanfter Gewalt weiterzog.

An den Seiten der Karren hingen verschieden große Puppen, welche die tapferen Krieger in schönen, glänzenden Rüstungen darstellten. Allesamt handgearbeitet, wie ein jeder Händler mehrfach versicherte. Die größten mit ihren silbern oder golden glänzenden Rüstungen hatten es mir besonders angetan.

Wir standen an einem aufwändig geschmückten Wagen, auf dem der Händler große, bemalte Leinwände aufgebaut hatte. Er war selbst kostümiert und erzählte mit lauter, tiefer Stimme die Geschichte der auf den Leinwänden dargestellten Szenen. Er sprach auch von Orlando Furioso, einem tapferen, aber unglücklichen Ritter, der zwar Glück in der Schlacht, aber Pech in der Liebe gehabt hatte. Es war faszinierend, zu beobachten, wie der Erzähler Groß und Klein vom ersten Satz an in seinen Bann zog. Sicher war er der erfolgreichste Puppenverkäufer von ganz Messina.

Ich bekam natürlich keine Puppe … zu teuer.

Wir liefen weiter bis zu den Ständen, an denen die Händler gegrilltes Fleisch anboten. Wie das duftete – köstlich! Selbst wenn man gerade satt und zufrieden war, bekam man davon automatisch Hunger. Auf großen Kohlegrills brutzelten die Fleischbrocken, die irgendwie seltsam aussahen: röhrenförmig. Die Röhren, etwa so dick wie der Daumen eines Erwachsenen, weckten unsere Neugier und wir wollten sie unbedingt probieren. Also kaufte Papa eine Schale voll und wir Kinder verspeisten sie mit Hochgenuss.

»Was ist das?«, fragte Santina.

»Das ist *dajuni*«, antwortete Papa.

»Woraus wird das denn gemacht?«, wollte Filippo nun wissen.

»Rindfleisch«, sagte Papa nur wortkarg.

»Aha, schmeckt echt klasse«, stellte ich fest.

Erst Jahre später erfuhr ich, dass *dajuni* ein typisches sizilianisches Armeleuteessen ist: Speiseröhre, Gedärme und Innereien vom Rind. Doch das störte mich damals nicht sonderlich, schließlich fand ich es lecker – und Papa verriet es uns nicht.

Nachdem wir alles bis auf den letzten Krümel vertilgt hatten, schlenderten wir die schöne Hafenpromenade entlang, die an der *fiera* endete. Das ist eine jährlich stattfindende Verbraucher- und Informationsmesse – im Grunde ein richtiges Volksfest.

Wir Kinder waren langsam müde geworden, vor allem Santina fing an zu quengeln, und so machten wir uns allmählich auf den Rückweg. Als wir eine große Menschenmenge bemerkten, die sich um einen der zahlreichen Verkaufsstände auf der *fiera* drängte, war unsere Neugier geweckt. Wir arbeiteten uns nach vorne durch, um zu sehen, was es dort so Besonderes gab.

Als wir endlich einen Blick auf die Ware werfen konnten, waren wir überrascht: lebende, bunt gefärbte Küken. Hunderte von grünen, blauen, roten, gelben, lila- und rosafarbenen, kuschelig aussehenden kleinen Küken.

Das Piepsen der winzigen Vögel erfüllte den Stand und das Schreien unzähliger Kinder, die unbedingt eines der Tiere haben wollten, ebenfalls. Filippo, Santina und ich schlossen uns, aus Gründen der Solidarität, dem Geschrei der anderen an und nötigten unsere Eltern, je ein farbiges Hühnchen für uns zu kaufen.

Papas Einwand, dass eingefärbte Küken in der Regel nicht länger als zwei Tage überlebten, ließen wir nicht gelten.

Wir wollten bitte, bitte, bitte welche haben und damit baaastaaaa!

Angesichts des bevorstehenden langen Heimwegs mit drei nervenden, plärrenden Kindern beschloss Papa schweren Herzens, uns drei Küken zu kaufen. Jeder von uns durfte sich eines aussuchen: Filippo ein rotes, Santina ein grünes und ich ein blaues. Die Vögel wurden in kleine, bunte Schachteln mit winzigen Luftlöchern verpackt und ein jeder von uns durfte seines selbst tragen. Wir konnten es kaum erwarten, endlich nach Hause zu kommen, und waren überglücklich über unsere lebenden Kuscheltiere.

Bis dahin hatten wir außer den erwähnten Goldfischen und einer Schildkröte, die sich alle so gar nicht zum Kuscheln eigneten, keine Haustiere besessen.

Den ganzen Abend waren wir damit beschäftigt, die Küken zu füttern, warm zu halten und herumzutragen, um ihnen ihr neues Zuhause zu zeigen. Wir polsterten eine alte Schuhschachtel, die als Bett für die drei Kleinen fungieren sollte, sorgfältig mit Watte aus. Als Mama und Papa uns ins Bett schickten, waren wir um unsere Schützlinge so besorgt, dass wir gar nicht einschlafen konnten. Wir lagen im Dunkeln und unterhielten uns noch ein bisschen.

»Gigi, glaubst du, dass es die Kleinen bequem haben in der winzigen Kiste?«, fragte Santina.

»Ich glaube schon«, antwortete ich, obwohl ich mir da gar nicht so sicher war.

»Die haben ganz bestimmt noch Hunger«, stellte Filippo fest. »Sie haben ja kaum was gegessen.«

»Das stimmt«, bestätigte ich, »nicht dass sie uns bis morgen früh verhungert sind.«

»Seid jetzt endlich still und schlaft!«, rief Papa aus dem Schlafzimmer.

»Denen ist es bestimmt saukalt«, flüsterte Santina.

»Bestimmt!«, bestätigte Filippo. »Mit der Watte, die wir reingelegt haben, können sie sich nicht einmal zudecken.«

»Warum nicht?«, fragte Santina.

»Na, weil sie keine Hände haben!«, erklärte Filippo. »Hast du schon mal versucht, dich zuzudecken, ohne die Hände zu benutzen?«

»Nein«, sagte Santina, »habe ich nicht.«

173

»Siehst du, das geht nämlich gar nicht«, meinte Filippo zufrieden.

»Aber dann frieren sie bestimmt die ganze Nacht«, erwiderte Santina. »Sollen wir sie noch schnell zudecken?«

»Wenn jetzt nicht sofort Ruhe ist«, erklang Mamas wütende Stimme aus dem Schlafzimmer, »lege ich die Küken zum Aufwärmen in die Pfanne. Dann frieren sie garantiert nicht mehr! Ich will keinen Ton mehr hören, war das deutlich genug?«

Um die Situation nicht eskalieren zu lassen und vor allem um unseren kleinen Freunden die Bekanntschaft mit Mamas Bratpfanne zu ersparen, antworteten wir brav im Chor: »Ja, Mama, wir sind schon still.«

Am nächsten Morgen führte mich mein erster Weg zu der Schuhschachtel, um nach den Küken zu sehen. Meine Geschwister folgten mir auf dem Fuße.

Da bahnte sich auch schon die erste Tragödie an: Filippos Zögling war über Nacht gestorben und lag reglos in seinem Karton. Von jetzt auf gleich spielten sich in unserer Küche richtige Dramen ab. Wir weinten um das arme kleine Tier, als ob wir es seit Jahren gekannt hätten. Mama und Papa versuchten verzweifelt, uns zu beruhigen, was natürlich nicht so einfach war. Schnell organisierten wir ein Begräbnis mit Kerzen, Blumen und einem kleinen Sarg. Gemeinsam gruben wir ein kleines Loch im Hof und bestatteten unseren kleinen Freund feierlich.

Nachdem die Zeremonie vorbei war, kehrten wir zurück zu den Überlebenden und bekamen gleich den nächsten Schlag. Mein blaues Küken hatte es ebenfalls erwischt, und wir sahen fassungslos weinend zu, wie es starb. Als es sich nicht mehr regte, beschlossen wir unter Tränen, es neben seinem Kameraden zu begraben. Wir organisierten das zweite Begräbnis an diesem Tag und rechneten damit, bald auch das grüne Küken zu verlieren, schließlich hatte Papa es vorausgesagt. Also bereiteten wir, da wir ohnehin gerade dabei waren, das Begräbnis für das dritte Küken vor. Wir gruben ein drittes Loch neben den beiden anderen und legten Blumen und eine kleine Schachtel bereit, die als Sarg dienen sollte. Dann gingen wir zurück in die Küche und stellten überrascht fest, dass Santinas Küken noch lebte. Gianni, so hatte sie ihn genannt, war putzmunter und piepste fröhlich vor sich hin.

»Na gut«, sagte Filippo, »dann warten wir eben.«

»Ja«, schlussfolgerte ich, »solange es lebt, brauchen wir es wohl nicht zu begraben.«

»Stimmt«, meinte Filippo, »aber wenigstens haben wir schon das Loch gegraben, dann brauchen wir es später nur noch reinzulegen, Blumen drauf und fertig.«

Santina fing an zu weinen. »Maaamaaa«, schrie sie, »Gigi und Filippo warten nur drauf, dass mein Gianni auch noch stirbt! Bloß weil ihre Küken schon tot sind!«

»Das stimmt überhaupt nicht!«, riefen Filippo und ich. »Wir haben nur schon mal alles vorbereitet, falls Gianni stirbt.«

»Vielleicht stirbt er auch gar nicht«, sagte Mama. »Möglicherweise ist Gianni stärker als die beiden anderen und er überlebt die Farbe.«

»Heißt das, unsere Küken waren zu schwach?«, wollte ich nun genauer wissen.

»Ja, vermutlich hat ihr kleines Herz die Belastung

durch das Einfärben nicht verkraftet«, erklärte uns Mama.

»Warum werden sie denn eingefärbt, wenn die meisten es sowieso nicht überleben?«, fragte Filippo erstaunt.

»Weil sie besser verkauft werden können, wenn sie so schön bunt wie Plüschtiere sind.«

»Die Leute, die so etwas machen, sind alle Verbrecher!«, entschied ich, und alle stimmten mir zu.

Gianni starb nicht. Zwei Wochen später bekam er nach und nach sein weißes Federkleid und wir mussten ihn in Gianna umtaufen. Gianni war nämlich ein Huhn und kein Hahn, wie wir anfänglich vermutet hatten.

Gianna wurde eine tolle Spielkameradin und galt schon bald als echtes Familienmitglied. Kein Wunder, denn sie war so gar nicht wie eine Henne. Ihr Verhalten erinnerte eher an einen Hund oder eine Katze, sie folgte uns nämlich überallhin. Das einzige Problem, das sie uns bereitete, waren die Häufchen, die sie überall hinterließ. Mama hatte nämlich kein Verständnis dafür, dass unsere Henne ausgerechnet IHR Haus als einen einzigen großen Misthaufen ansah.

Nach tagelangen Debatten, ob ein Huhn nun ins Haus gehört oder in einen Stall, gaben wir schließlich nach. Mamas Argument, Gianna in einem mit Tomatensoße gefüllten Kochtopf auf dem heißen Herd einzuquartieren, hatte uns überzeugt. Also bauten wir zusammen mit Papa einen kleinen Hühnerstall neben unserer Haustür und so konnte Gianna den ganzen Tag im Hof herumstolzieren.

Sobald wir aus dem Haus liefen, kam sie angerannt, und wir hatten den Eindruck, als ob sie sich riesig darüber freute, uns zu sehen. Oft strich sie um unsere Beine, so wie es Katzen manchmal tun, wir konnten mit ihr Fangen spielen, und manchmal forderte sie uns, auf ihre eigene unmissverständliche Art, dazu auf, mit ihr zu spielen. Hatte einer von uns etwas Essbares in der Hand, war sie wie der Blitz zur Stelle, um zu schauen, was derjenige da gerade aß und warum sie nichts abbekam.

Immer wenn wir barfuß gingen, stapfte sie mit suchendem Blick zwischen unseren Füßen herum und pickte nach unseren Zehen. Für Gianna waren unsere Zehen wie fette Würmer, die sie zu erwischen versuchte.

Wir lachten uns über ihr Verhalten so manches Mal schief, doch das Faszinierendste an Gianna war, dass sie auf ihren Namen hörte. Wenn man sie rief, kam sie sofort angerannt. Manchmal dauerte es ein paar Minuten, wenn sie weiter weg war, aber sie kam immer. Es dauerte nicht lange und Gianna wurde der Liebling der ganzen Nachbarschaft. Überall war sie willkommen und von jedem bekam sie was zu fressen hingestellt. Mit der Zeit wurde sie zu einem echten Gesprächsthema im Viertel.

Eine Henne, die sich so verhielt, hatte noch niemand gesehen, und wir waren die stolzesten Kinder von ganz Messina.

18. Die Heimkehrer

In der letzten Augustwoche kamen zwei von Papas Schwestern, Tina und Mina, die inzwischen in der Schweiz lebten, mit ihren Männern zu Besuch und ich lernte *zio* Bert kennen. Er war blond, hatte ein markantes Gesicht, blaue Augen und war über zwei Meter groß. Gegen ihn sahen die übrigen Erwachsenen aus wie Kinder und wir Kinder wie kleine Puppen.

Als ich dem Mann meiner Tante Tina zum ersten Mal gegenüberstand, musste ich sofort an die beiden Riesen Mata und Grifone denken, doch das waren nur Statuen – irgendwie ein komisches Gefühl.

Jedenfalls war die Wiedersehensfreude groß und es gab wie immer viel zu erzählen. Unsere Familie hatte sich nämlich im Laufe der Zeit in der ganzen Welt verstreut. Drei von Papas Schwestern lebten in der Schweiz, eine Schwester von *nonna* Maria, von allen nur *zia* Rosa genannt, lebte in London, einen der Brüder von *nonno* Luigi hatte es nach Argentinien verschlagen, manch andere in die Vereinigten Staaten und der große Rest war über ganz Italien verteilt.

Die meisten Auswanderer in unserer Familie kehrten nie wieder in die Heimat zurück oder machten höchstens mal die eine oder andere Stippvisite, um anschließend gleich wieder abzureisen. Diejenigen, die Europa verlassen hatten, habe ich niemals kennen gelernt, der Kontakt zu den im europäischen Raum gebliebenen riss dagegen nicht ab.

Diese enorme Auswanderungswelle, die Ende der 1960er, Anfang der 1970er Jahre auch Italien, vor allem den Süden des Landes, erfasst hatte, war eine Folge der katastrophalen Wirtschaftslage und der damit verbundenen Perspektivlosigkeit.

Papas Schwestern zum Beispiel hatten kurz nach dem Tod ihrer Mutter im Jahr 1961 die Koffer gepackt, allerdings hauptsächlich aus persönlichen Gründen. Nach Omas Tod war nämlich zwischen den vier Geschwistern und *nonno* Luigi ein heftiger Streit entbrannt. Mein Großvater hatte vor dem Tod seiner Santa nämlich eine andere Frau kennen gelernt: die verwitwete Lina. Sie zog nur wenige Monate später mit ihrem Sohn Enno bei *nonno* Luigi ein, was seine Kinder zutiefst empörte.

Wie konnte ihr Vater nur nach so kurzer, ihrem Empfinden nach viel zu kurzer Trauerzeit eine fremde Frau in sein Haus lassen? Wie konnte sie nur bei ihm einziehen? Hatte sie denn überhaupt kein Schamgefühl? Das konnte doch nur ein Flittchen sein!

Nonno Luigi hatte ganz bestimmt schon länger ein Verhältnis mit ihr und damit zum frühzeitigen Ableben der geliebten Mutter beigetragen – so die vorherrschende Meinung. Nach mehreren heftigen Streitigkeiten und Wortgefechten kam es dann schließlich zu Handgreiflichkeiten. Mein Papa ging auf seinen Vater los, weil dieser dem Andenken der Mutter schweren Schaden zugefügt hatte. Während des kleinen Handgemenges vergriff sich Tina, die jüngste Schwester, im Ton und nannte ihren Vater einen *buttanaro*, einen Nuttengänger. Als mein Papa das hörte, ließ er sofort *nonno* Luigi los und stürzte sich auf seine Schwester. Egal was der Vater getan hatte, er war immer noch das Familienoberhaupt und eine solche Respektlosigkeit konnte er seiner Schwester unmöglich durchgehen lassen. Bei dieser kurzen, aber heftigen Auseinandersetzung brach sich Tina einen Arm.

Das war zugleich der Bruch der Familie. Ein paar Wochen später wanderten die drei Schwestern aus.

Der Kontakt riss zuerst vollständig ab, doch allmählich gab es wieder erste Annäherungen. Zeit heilt bekanntlich alle Wunden. Irgendwann, meistens im Sommer, kamen die Schwestern wieder in die Heimat zurück und verbrachten ihren Urlaub in Messina. Sie hatten alle drei in der Schweiz ihre Lebenspartner gefunden, und wie es der Zufall so wollte, waren ihre Männer Italiener. Nur Tina hatte einen Schweizer geheiratet: Bert, diesen Baum von einem Mann.

Und mit ihm war sie jetzt für einige Tage bei uns zu Gast. Ich habe *zio* Bert damals stundenlang belagert und alle seine Gliedmaßen mit den meinen verglichen. Seine Hände waren etwa viermal so lang wie meine, die Füße fünfmal. Allein seine Nase war schon halb so groß wie mein ganzer Kopf. Als er mir eine Hand auf den Scheitel legte, musste er sich vorkommen, als halte er eine Bocciakugel in der Hand. Wenn er mir gegenüberstand, waren seine Kniescheiben für mich auf Augenhöhe – faszinierend!

Die Begegnung mit diesem freundlichen Riesen, der kein Wort Italienisch sprach und uns dennoch verstand, war tatsächlich märchenhaft. Ich war derart beeindruckt von ihm, dass ich ebenfalls so groß werden wollte. Dementsprechend löcherte ich meine Mama mit meinen Fragen.

»Wie konnte *zio* Bert so groß werden, Mama?«

»Hm … keine Ahnung«, sagte sie. »Vielleicht ist er als Kind oft gegossen worden.«

»Gegossen? So wie man Pflanzen gießt?« Ich verstand nicht.

»Ja«, sagte Mama, »gegossen. Seine Eltern haben ihn bestimmt jeden Tag gegossen, haha. Quatsch! Er hat bestimmt viel gegessen und sein Papa ist sicher auch so groß wie er und hat es ihm vererbt.«

»Vererbt? Heißt das, ich könnte nur dann so groß werden, wenn Papa auch so ein Riese wäre?« Meine Hoffnung schwand dahin, Papa ging *zio* Bert gerade mal bis zu den Brustwarzen. So gesehen standen meine Chancen, die Brustwarzenhöhe zu überschreiten, nicht sonderlich gut.

Schade, ich begrub also meine Vorstellung von mir als Riesen-Tarzan.

Zia Mina hatte dagegen einen Italiener geheiratet. Auch er war ein netter Kerl, wenn auch nicht so groß wie Bert. Die beiden wollten uns gleich am frühen Morgen abholen, um mit uns einen Tag am Meer zu verbringen. Einen ganzen Tag am Strand liegen und im Meer planschen, das hörte sich gut an und ich freute mich schon sehr darauf.

Als sie ankamen, ging die übliche Begrüßungszeremonie los und ich hätte mich am liebsten aus dem Staub gemacht. Silvio, der Mann von *zia* Mina, war zwar sehr nett und gab uns freundlich die Hand, doch meine Tante ist eine von den gefürchteten Wangen ziehenden, Luft auspressenden Salvenküsserinnen. Die Gefahr, dauerhaft an Tinnitus zu erkranken, ist angesichts ihres Temperamentes besonders hoch. Deshalb steckte ich mir bei der Begrüßung die Finger in die Ohren und hoffte, dass es im Trubel der allgemeinen Wiedersehensfreude nicht weiter auffiel.

Diesmal hatten Filippo, Santina und ich tatsächlich Glück und nach wenigen Minuten ging es auch schon los. Mit unserem Strandgepäck liefen wir die Treppe hinab zu den parkenden Autos und vor Staunen bekamen wir alle drei den Mund nicht mehr zu. Da stand ein nigelnagelneues, uns völlig fremdes Fahrzeug. So ein Auto hatten wir noch nie gesehen.

Es war rot und alles daran war rund. Die Kotflügel waren in einem perfekten Bogen um die Oberseite der Räder geschwungen, die Motorhaube war gerundet und lief in eine chromblitzende Stoßstange über. Unterhalb der Türen waren schwarze Trittbretter angebracht und die Heckscheibe bestand aus zwei ovalen Glasscheiben. Es sah aus, als ob das Auto eine Brille trüge. Ein tolles Gefährt!

Während wir noch immer sprachlos dastanden und das feuerrote Ding anstarrten, bog Gianni um die Ecke. Als er das Auto sah, klappte auch ihm die Kinnlade herunter.

Seine Augen wurden riesengroß, und er rief begeistert: »Das ist ja Herbie! Das ist Herbie, der Wunderkäfer. Ich habe dieses Auto im Kino gesehen. Es kann fliegen, ist schnell wie eine Rakete, verspritzt auf Knopfdruck Öl und fährt sogar Hauswände hoch. In dem Film hat Herbie mit den Radkappen und den Griffen sogar ein paar Diebe vermöbelt, die ihn stehlen wollten.«

»Echt?«, staunten wir und traten sicherheitshalber einen Schritt zurück. Nicht dass Herbie uns für

Diebe hielt und uns seine Radkappen um die Ohren schlug.

Gianni erzählte uns die unglaublichsten Geschichten über dieses Wunderauto. Es sprudelte nur so aus ihm heraus, und wir, die den Film nicht kannten, starrten Herbie voller Bewunderung an.

Nach einer Weile kam *zio* Silvio auf uns zu. Er lief an uns vorbei, griff in seine Hosentasche, holte einen Schlüsselbund heraus und … schloss die Fahrertür auf. Herbie war *zio* Silvios Auto!

Damit war es nun endgültig um unsere Fassung geschehen.

»IIICHHHH will mitfahren! Ich, ich, ich!«

»Nein, ich, nein, ICH, ICH, ICH!«

»Nein, du nicht, ich hab's zuerst gesehen!«

»Ich hab als Erste gefragt … Maaaaammmmaaaa!«

Das ging so lange, bis Mama ein Machtwort sprach. »Keiner fährt mit, und wenn ihr so weiterschreit, gehen wir nirgendwohin!«

Doch so leicht gaben wir nicht auf. Schließlich hatten wir nicht jeden Tag die Gelegenheit, in einem Wunderauto mitfahren zu dürfen.

Wir änderten unsere Taktik und warfen uns an *zio* Silvios Hosenbeine.

»Bitte nimm uns mit … bitte, *zio*! Bitte, *zio*, bitte! Wir sind auch ganz brav … *ziiioooo*!«

Das starre, leicht verkrampfte Lächeln von Minas Mann zeigte, wie begeistert er von dieser Idee war. Ich konnte seine Gedanken direkt von seinem Gesicht ablesen. Da stand geschrieben, dass er unzweifelhaft lieber ein paar tausend Kakerlaken in sein Auto gekippt hätte, als seine Nerven und die Sitze seines Wagens von einer brüllenden Horde Milchzahnterroristen zertrampeln zu lassen.

Mit zerknirschter Miene willigte er schließlich doch ein, denn er hatte erkannt, dass er diese Autofahrt nur unter Anwendung nackter Gewalt hätte verhindern können.

Allerdings dämpfte Papa unsere lautstarken Dankesbekundungen wirkungsvoll mit einem Satz. »Ich zähle jetzt bis drei, entweder seid ihr dann still oder ihr bleibt zu Hause: EINS ...«

Sofort kehrte Ruhe ein und wir stiegen schweigend in das Auto. Kaum saßen wir auf der Rückbank, begannen wir jedoch, *zio* Silvio mit unseren Fragen zu löchern.

Das Auto stammte aus Deutschland. Er hatte es erst vor kurzem gekauft und war sehr zufrieden damit. Nein, es konnte nicht fliegen. Seine Höchstgeschwindigkeit betrug etwas mehr als 130 Kilometer pro Stunde. Nein, es konnte keine Hauswände hochfahren. Öl verspritzen konnte es auch nicht, und seine Radkappen konnte es zwar verlieren, aber keine Diebe damit verhauen.

Wie enttäuschend!

Trotzdem war es eine wunderschöne Fahrt und der Tag am Meer wurde noch schöner.

Nachdem wir uns ein geeignetes Plätzchen gesucht hatten, erzählte *zio* Silvio uns vom Leben in der Schweiz und in Deutschland. Dort hatte er lange Zeit gelebt, bevor es ihn in die Alpenrepublik verschlagen hatte. Er berichtete von den Menschen, den Sitten, den hohen Bergen, der Kälte und ... Schnee.

Den kannten wir bisher nur von Fotos. *Zio* Silvio erklärte uns, dass er im Winter, wenn sich eine richtig dicke Schneeschicht über die Berge legte, zum Skifahren gehe.

Skifahren ... lautloses Gleiten über herrliche, mit

weicher, weißer Zuckerwatte bestreute Hänge ... und dazu klirrende Kälte.

Bis zu zwanzig Grad unter null konnten die Temperaturen durchaus fallen, so kalt, dass einem beim Atmen die Nase gefriert.

Uah! Das hörte sich ja furchtbar kalt an und mir ging ein kurzer Schauer über den Rücken. Das muss man sich mal vorstellen: Wir saßen am Strand, die Sonne brannte uns fast ein Loch in den Pelz, und wir dachten darüber nach, welche Körperteile bei dieser Kälte als Erste abfallen würden.

»Die Nase! Ganz bestimmt die Nase!«, behauptete Filippo.

»Quatsch, die Ohren natürlich! Die stehen viel weiter vom Körper ab als die Nase. Die fallen garantiert als Erste ab«, widersprach ich heftig.

»*Zio*, was tun die Schweizer, wenn sie dringend pinkeln müssen und es ist keine geheizte Toilette in der Nähe?«, fragte Filippo.

»Hm ... weiß nicht, vielleicht unterdrücken sie es.«

»Ja, glaube ich auch ... bevor ihnen der Schniepel abfällt. Außerdem würde das Pipi doch bestimmt sofort gefrieren, und dann würden überall da, wo jemand hingepinkelt hat, so gelbe Pipisäulen in der Landschaft stehen«, sagte ich.

»Haha, das würde aber ganz schön komisch aussehen«, lachte *zio* Silvio und wollte sich gar nicht mehr beruhigen.

Die Schweizer waren für mich dasselbe wie die Deutschen und von denen hatte ich schon einiges gehört. Viele alte Männer kannten sie schließlich noch vom Krieg.

Sie bewunderten ihren Fleiß ebenso wie Disziplin, Sauberkeit und Ordnung, wovon wir Sizilianer sicher auch gut ein bisschen gebrauchen könnten.

Alle Deutschen waren für mich so groß wie *zio* Bert, blond und blauäugig und sprachen, vielmehr schrien eine harte Sprache. Salvatore und Eduardo aus der Taverne, in der *nonna* Maria arbeitete, hatten auch ein paar Brocken Deutsch auf Lager und brachten sie stolz an, wann immer es eine Geschichte zuließ. Harte, abgehackte, wütende Wortfetzen, die sie in Erinnerung behalten hatten: AAAKKTUNG! SNELL, SNELL! FEUEERRR!

Zio Silvio erzählte wahre Wunderdinge über Deutschland. »Die Straßen dort sind so sauber, dass man vom Boden essen könnte. Nicht wie in Sizilien, wo sich der Müll an jeder Ecke stapelt, weil sich Straßenfeger und Müllmänner an 350 Tagen pro Jahr im Generalstreik befinden.

Arbeitslose und *zalli* gibt es in Deutschland auch nicht, weil dort nämlich für jeden gesorgt wird. Anders als hier bei euch, wo dir finstere Gestalten an fast jeder Straßenkreuzung mit dreckigem Meerwasser und manchmal auch mit vorgehaltener Pistole die Windschutzscheibe putzen wollen.«

Wir staunten und lauschten gebannt seinen immer schneller hervorsprudelnden Worten, denn er redete sich gerade in Rage.

»Und erst das deutsche Gesundheitssystem … vorbildlich! Wenn du krank bist, gehst du zum Arzt und der behandelt dich dann sofort. Ohne Wenn und Aber. In Sizilien stehst du dagegen vor der Praxistür und musst dich von einem Schild belehren lassen, dass du erst dem Arzthelfer ein angemessenes Trinkgeld zahlen musst, bevor du eintreten darfst.«

»Genau«, fügte Papa nickend hinzu. »Und wenn du dem Kerl nicht genug geben kannst, lässt er dich warten, bis du im Wartezimmer an Altersschwäche stirbst.«

»So ist das nun mal hier bei uns«, meinte Mama. »Die sizilianischen Krankenkassen übernehmen nur das Notwendigste an Kosten. Wenn du einen eingewachsenen Zehennagel hast, bezahlen sie zwar die Amputation des Zehs, aber nicht die viel teurere Behandlung.«

»Siehst du«, meinte *zio* Silvio. »In Deutschland dagegen gehst du zum Arzt und sagst ihm, dass du zum Friseur musst. Der sieht dich kurz von der Seite an, diagnostiziert eine dringend notwendige Haarspitzenamputation und gibt dir ein Rezept. Damit gehst du dann zum Friseur und lässt dir die Haare schneiden. Auf Kosten der Krankenkasse!«

»Unglaublich!«, riefen wir im Chor.

»Kriminelle gibt es dort auch nicht, weil die Deutschen äußerst fleißige, effektive Polizisten haben, die mit Deutschen Schäferhunden arbeiten. Jeder, der auch nur an ein Verbrechen denkt, wird sofort verhaftet und in den Knast gesteckt. Unerbittlich! Mafia, Bandenkriege, Verbrecher und übermutige Jugendliche, die alten Frauen die Handtaschen rauben – so etwas gibt es in Deutschland nicht. Die Polizei weiß alles. Sie kommen, holen dich ab, sperren dich weg und gut ist! Nicht wie in Sizilien, wo sich die Polizisten nach der Tat mit den Handtaschenräubern die Beute teilen. In Deutschland kannst du auf der Straße nicht einmal einen Pups lassen, ohne dass es die Polizei erfährt!«

»Huch! Darf man da nicht einmal auf der Straße pupsen?«, fragte ich entsetzt und rechnete schnell aus, wie viele Jahre ich schon im Gefängnis hätte verbringen müssen, wenn das Pupsen in der Öffentlichkeit ein Verbrechen wäre.

»Nein, das ist natürlich nicht verboten«, antwortete *zio* Silvio grinsend. »Ich habe nur gesagt, dass die deutsche Polizei sofort davon erfahren würde.«

»Hm, sie arbeiten also mit Schäferhunden, damit sie immer wissen, wer wann auf der Straße gepupst hat, obwohl es gar nicht verboten ist. Warum?«, wollte nun Gianni erstaunt wissen.

»Aber nicht doch!«, erwiderte *zio* Silvio. »Das sagt man doch nur so. Deutsche Schäferhunde sind sehr intelligente Tiere, deswegen werden sie auch bei der Polizeiarbeit eingesetzt. Sie können Drogen aufspüren, Verbrecher suchen und fangen, und sie riechen sogar, ob ein Mensch gut oder böse ist und ob er eine Straftat begehen will.«

»Echt? Wow!«, staunte ich. Dieses Land war ja wirklich unglaublich. »Da spaziert also einer durch die Gegend und denkt darüber nach, ob er einer *nonna* die Handtasche klauen soll, und schnapp, verbeißt sich ein Schäferhund in seinen Hintern.«

»Wenn wir hier solche Hunde hätten, würde halb Messina mit Bisswunden im Krankenhaus liegen!«, behauptete Mama.

»Haha ... Los, gehen wir ins Wasser, bevor uns die Hitze noch das Gehirn austrocknet!«, meinte *zio* Silvio lachend und beendete das Gespräch.

Das ließen wir uns natürlich nicht zweimal sagen. Mit Geheul stürmten wir ins Wasser und planschten ausgiebig im herrlich kühlen Meer.

19. **Landleben**

Nachdem der Besuch aus der fernen Schweiz wieder abgereist war, wartete bald schon das nächste Abenteuer auf uns Kinder.

Im Spätsommer lud Biagio, ein Freund und Arbeitskollege von Papa, uns fünf zur Weinlese ein. Eine ganze Woche sollten wir ihn und seine Familie besuchen und bei der Lese mithelfen. Er wohnte in einem kleinen Dorf mit dem seltsamen Namen Scaletta, was so viel wie »kleine Treppe« bedeutet.

Meine Eltern sagten spontan zu und so packten wir unsere Sachen, gaben schweren Herzens unsere Henne in *zia* Giannas Obhut und fuhren los.

Scaletta liegt nur knapp zwanzig Kilometer von Messina entfernt, wir waren also nicht sehr lange unterwegs. Eine gut ausgebaute Küstenstraße windet sich in leichten Kurven am Fuße der kargen, spärlich bewachsenen Berge vorbei. Auf der einen Seite, direkt hinter der etwa einen Meter hohen Begrenzungsmauer, lag das Meer, auf der anderen die typische sizilianische Berglandschaft.

Pinien, Olivenbäume und riesige Kakteenfelder wachsen in den an manchen Stellen sehr steilen Hängen. Die überall wild wuchernden Kakteen tragen an ihren großen, blätterförmigen Enden köstlich schmeckende Feigen. Der Kaktusbaum ist mit großen Dornen gespickt, während die Frucht winzige, mit Widerhaken versehene Stacheln besitzt. Der unvorsichtige Griff nach den leckeren Früchten kann daher leicht zu einer sehr schmerzhaften Erfahrung werden – was ich aus eigener Erfahrung bestätigen kann.

Nach meiner ersten Begegnung mit einer Kaktusfeige heulte ich in der Lautstärke einer wild gewordenen Fliegeralarmsirene los und hüpfte von einem Bein auf das andere, während Mama versuchte, mit Lupe und Pinzette die Stacheln zu entfernen. Ihr war deutlich anzumerken, dass sie sich Mühe geben musste, mich einigermaßen freundlich zu behandeln.

Am liebsten hätte sie mich gefesselt und geknebelt in eine Gummizelle geworfen oder mir mit einer Keule eine Vollnarkose verpasst. Tagelang spürte ich die winzigen Stacheln in meiner rechten Hand, denn sie völlig zu entfernen war schier unmöglich. Von manchen steckte nur noch der Widerhaken im Fleisch, mit dem bloßen Auge nicht mehr zu erkennen. Aber jedes Mal wenn ich nach etwas griff, tat es tierisch weh. Alles in allem eine Erfahrung, auf die ich gern verzichtet hätte.

Als ich aus dem Autofenster die Kakteen sah, war mir, als pikte es mich wieder in die Finger, und ich schüttelte automatisch die Hand.

Ich betrachtete die ausgedörrte und trockene Landschaft. Im Spätsommer gibt es in Sizilien nur sehr wenige grüne Inseln, dort, wo Bauern ihre Felder bewässern. Die restlichen Pflanzen müssen mit den spärlichen Regengüssen auskommen.

Als wir ankamen, machte uns ein Straßenschild klar, dass Scaletta aus zwei Dörfern besteht. Scaletta

Marina liegt direkt am Meer: ein kleines, malerisches Dörfchen, weiß gekalkte kleine Häuser mit grün gestrichenen Fensterläden, ein kilometerlanger Sandstrand, wuchtige Klippen vor dem kleinen Hafen und ein paar vor sich hin schaukelnde, bunt bemalte Fischerboote.

Unser Ziel dagegen hieß Scaletta Zanclea. Wir blickten den steilen Hang hinauf, wo das kleine Dorf aus dem Berg ragte. Scaletta Zanclea war mindestens so schön wie Scaletta Marina, und ich fragte mich, wie es die Leute geschafft hatten, ihr Dorf an so einer steilen Stelle zu bauen.

Wir fuhren weiter bis zu einer *piazza*, die von einer alten Steinmauer umgeben war, und da wartete auch schon Biagio mit seinem Sohn Nino auf uns. Biagio, etwa so alt wie mein Papa, trug eine kurze graue Hose und ein weißes Unterhemd. Als Erstes fiel mir seine außerordentlich starke Körperbehaarung auf. Aus den kurzen Hosenbeinen quollen gekräuselte schwarzgraue Haare, die seine Beine wie ein dichtes Fell überzogen, und der Oberkörper sah nicht viel anders aus. Die Arme, die Brust, der Rücken – alles war mit einem dichten Pelz überzogen. Einzig das frisch rasierte Gesicht war haarfrei.

So sehen Werwölfe aus, dachte ich mit einem Schauern und musste an meinen schrecklichen Traum zurückdenken. Santina ging es nicht besser, denn sie hatte offenkundig riesige Angst vor diesem behaarten Mann. Dabei wog Biagios außerordentlich strahlendes Lächeln alles Düstere und Unheimliche auf. Dieser Mann strahlte eine Freundlichkeit aus, die einem nur selten begegnet. Er hatte hellbraune, wache Augen, die ebenfalls lächelten, und eine ruhige, tiefe Stimme.

Sein Sohn Nino war so alt wie ich, und als ich sein freches Lausbubengrinsen sah, mochte ich ihn sofort. Die rabenschwarzen Haare fielen ihm wild ins Gesicht, und er sah aus, als ob er ständig überlegte, was er als Nächstes anstellen könnte. Er war immer zu Späßen aufgelegt, ein richtiger Kumpeltyp, und wir verstanden uns auf Anhieb.

Nachdem wir uns begrüßt hatten, schnappte sich jeder eine Tasche, und wir liefen auf eine etwa zwei Meter breite Treppe zu, die hinauf ins Dorf führte. Nun wussten wir auch, woher dieser Ort seinen Namen hatte: Er war nur über diese lange Treppe zu erreichen. Bei den ersten Häusern verzweigte sie sich dann, und zu jedem Haus führte eine eigene Stiege, jeweils bis zum Hauseingang. Die Haupttreppe führte um das Haus herum zu dem dahinter liegenden Gebäude, so war jedes Haus mit dem nächsten verbunden – ein faszinierendes, unüberschaubares Labyrinth an Stufen.

Etwas Derartiges hatten wir Kinder noch nicht gesehen. Das ganze Dorf bestand aus ineinander verschachtelten Stufen, Treppen und engen Stiegen, die teilweise so steil in den Berg gehauen waren, dass ich mich fragte, wie man den Aufstieg schaffen sollte, wenn man keine Bergziege war. Die letzten Stufen bis zur Haustür unserer Gastgeber legte ich mit am Boden schleifender Zunge und auf allen vieren zurück und meinen Eltern und Geschwistern ging es nicht viel besser. Mama sah aus, als ob sie demnächst aus den Schuhen kippte: knallrot im Gesicht und völlig außer Puste. Auch Filippo, wegen seiner Augenbinde ohnehin benachteiligt, ächzte mit letzter Kraft die Stiegen hoch und Papa und Santina waren ein ganzes Stück zurückgeblieben.

Biagio dagegen machte es offenbar überhaupt nichts aus und Nino drehte extra für uns noch eine Ehrenrunde zum Auto und wieder zurück. Das fing ja gut an!

Nun lernten wir auch Peppina kennen, eine kleingewachsene, sehr gastfreundliche, sympathische Frau. Nach einer kleinen Verschnaufpause, in der wir uns kurz gestärkt hatten, gingen wir Jungs nach draußen, um das Dorf zu erkunden.

Scaletta Zanclea ist ein sehr alter, wirklich schöner Ort; einige der Häuser sind bestimmt schon mehrere hundert Jahre alt. Manche hatten damals nicht mal einen Stromanschluss, dennoch wirkten sie gemütlich.

Den ganzen Vormittag hüpften wir treppauf, treppab von Haus zu Haus, und als wir das Dorf einmal umrundet hatten, konnten wir keinen Schritt mehr gehen, so sehr schmerzten unsere Oberschenkel. Nino machte das Ganze nichts aus, aber er war es ja auch gewohnt. Mein Bruder und ich dagegen waren echte verwöhnte Stadtkinder.

Wieder zurück in Ninos Haus, hatte Peppina schon ein leckeres Mittagessen vorbereitet: hausgemachter Schinken und Salami, drei verschiedene Sorten Käse, weißer, scharf gewürzter Bauchspeck, selbst gebackenes Brot und jede Menge frisches und eingelegtes Gemüse. Die Tomaten, Auberginen, Paprika, Artischocken und Oliven in verschiedenen Farben und Geschmacksrichtungen sahen so lecker aus, dass mir sofort das Wasser im Mund zusammenlief und ich aß, bis mir schlecht wurde.

Nach diesem herrlichen Mittagessen packten wir unsere sieben Sachen zusammen und machten uns auf den Weg in den Weinberg. Wir marschierten über einen Trampelpfad bergauf und machten zwischendurch an kleinen Lichtungen auf alten, verwitterten Holzbänken Rast. Zwischen undurchdringlichen Brombeersträuchern standen neben vereinzelten Mandelbäumen vor allem Orangen-, Nuss- und Mandarinenbäume. Dazu Feigen- und Johannisbrotbäume und solche, die dunkelrote bis dunkelblaue Beeren trugen. Die länglichen, braunschwarzen, bohnenähnlichen Karoben des Johannisbrotbaumes waren nicht unbedingt nach meinem Geschmack, die dunkelblauen Beeren kannte ich dagegen nicht.

Als hätte er meine Gedanken erraten, fragte Nino: »Hast du schon mal Maulbeeren gegessen, Gigi?«

»Nein, aber die sehen sehr lecker aus.«

Als Biagio dies hörte, ließ er sich nicht lange bitten und pflückte uns ein paar sorgfältig ausgesuchte Beeren. »Die roten Früchte sind ungenießbar«, erklärte er uns. »Nur die dunkelblauen sind reif. Allerdings sind sie nur wenige Tage genießbar, danach fangen sie an zu gären und schmecken faulig.«

Andächtig hörte ich ihm zu und steckte mir eine Maulbeere in den Mund, und sie war so köstlich, dass wir sie innerhalb weniger Minuten alle verputzt hatten. Dementsprechend sahen wir auch aus, denn der starke Farbstoff der Früchte hatte unsere Hände, unsere Gesichter, ebenso wie Zähne und Zungen rötlich blau gefärbt. Bevor wir weitergingen, pflückte Biagio einen kleinen Korb voll, den er vorher sorgfältig mit Blättern ausgelegt hatte. »Für heute Abend zum Nachtisch«, betonte er.

Eine halbe Stunde später waren wir am Ziel und bestaunten die herrliche Landschaft. Der Weinberg war terrassenartig angelegt, jede Stufe hatte eine Breite von etwa drei Metern und eine Länge von mehreren hundert Metern. Die Weinreben waren in drei Reihen gepflanzt, gerade so weit auseinander, dass sie von zwei Seiten erreichbar waren. Von jeder Terrasse führte eine schmale, mit wuchtigen Steinbrocken befestigte Treppe auf die darunter liegende.

Auf der obersten, breiteren Stufe stand eine gemauerte Scheune, in der wir die nächsten Tage wohnen sollten, weil der Auf- und Abstieg zu viel Zeit in Anspruch nahm. Als wir eintraten, stellten wir erstaunt fest, dass sie gar nicht so klein war wie vermutet. Es waren drei mittelgroße Zimmer und eine große Küche mit einem alten gemauerten Ofen, auf dem eine große eiserne Herdplatte mit verschiedenen Kocheinsätzen lag. Ein riesiger Holztisch mit sechs geflochtenen Stühlen stand in der Mitte des Raumes. Unter dem Tisch lag eines dieser Holzräder, wie wir es zu Hause auch benutzten, um an kühlen Abenden die Füße zu wärmen.

Betten gab es nicht, sondern mehrere Schlaflager aus mit Stroh gefüllten Matten, auf denen die eigentlichen Matratzen, die traditionell mit gekämmter Schafwolle gefüllt waren, und für jeden dicke Wolldecken lagen. Hier oben gab es keinen Strom und damit auch kein elektrisches Licht, weswegen es in jedem Zimmer kleine verrußte Petroleumlampen gab. Fließendes Wasser gab es auch nicht, nur einen großen gemauerten Wasserspeicher, den eine mit Brettern und Ästen beschwerte Wellblechtafel abdeckte. Gespeist wurde die Zisterne vom Regenwasser und einem kleinen Bach, der in der Nähe des Grundstücks leise vor sich hin plätscherte.

»Das Wasser aus der Zisterne ist nur zum Bewässern der Pflanzen geeignet«, erklärte uns Biagio.

»Warum?«, fragten Filippo und ich neugierig wie aus einem Munde.

Wortlos hob Biagio den Deckel mit einer Holzstange an und wir sahen den Grund: Die Zisterne war nur etwa halb mit Wasser gefüllt, und im hellen Lichtstrahl, der auf die Oberfläche fiel, wimmelte es von Tieren: Eidechsen, Fröschen, Blindschleichen, Mäusen, Ratten. Dazu jede Menge Tausendfüßler, Insekten und Käfer aller Art sowie Spinnen in verschiedenen Größen – ein echtes Biotop. Die meisten Tiere flüchteten vor dem Licht in die dunkleren Bereiche, doch nicht wenige trieben tot an der Oberfläche.

»Iiiih!«, rief Santina und verkroch sich schnell hinter Mama.

»Angsthase!«, sagte ich großspurig, obwohl ich auch am liebsten vor Ekel das Gesicht verzogen hätte. Neugierig sah ich zu, wie Biagio mit einem großen Holzschöpfer, der extra für diesen Zweck bereitstand, die großen, toten Tiere aus der Zisterne holte.

Klatsch, machte es, und eine Ratte, etwa so groß wie eine ausgewachsene Katze, landete neben der Zisterne.

Das war nun endgültig genug für meine Schwester, sie drehte sich auf dem Absatz herum und lief davon.

Als Filippo, Nino und ich das sahen, mussten wir trotz allen Ekels lachen. Santinas Flucht erinnerte mich stark an die Zeichentrickserie *Roadrunner und Coyote* – nur der charakteristische Bee-beep-Schrei hatte gefehlt.

Als Santina um die Ecke der Scheune biegen wollte, raste sie geradewegs gegen einen Johannisbrotbaum. Mit rudernden Armen prallte sie vom Stamm ab und setzte sich verstört auf ihr Hinterteil.

Das Lachen blieb uns im Hals stecken und wir rannten ihr schnellstens hinterher. Papa erreichte sie als Erster und nahm sie auf den Arm. Sie hatte sich an der Schläfe, direkt über dem linken Auge, eine kleine Platzwunde zugezogen, die leicht blutete und verarztet werden musste. Wir übergaben sie in Mamas Obhut und gingen zurück zur Zisterne, wo Biagio weiterschöpfte.

»Das muss ich jeden zweiten, dritten Tag tun«, erzählte er. »Damit das Wasser nicht verdirbt und der Verwesungsgeruch noch mehr Tiere in die Zisterne lockt.«

In der Tat setzte der Gestank, der von den Kadavern ausging, unseren verwöhnten Mägen stark zu, doch beim Anblick dessen, was der nächste Schöpfer zu Tage förderte, standen mir sämtliche Haare zu Berge. Eine lange, vom Wasser aufgedunsene schwarze Schlange lag vor uns auf dem Boden.

Eine Gänsehaut, wie ich sie in dieser Form bisher nicht gekannt hatte, überzog meine ganze Hautoberfläche, und ich sah, wie mein Bruder neben mir ganz weiß im Gesicht wurde.

BEE-BEEP-zziiuuunnggg … unsere Flucht war keineswegs langsamer als die unserer Schwester.

Nino lachte laut auf und rief uns nach: »Halt, kommt zurück, die ist doch tot und kann euch nichts mehr tun!«

Biagio lachte noch immer und fragte: »Was glaubt ihr, warum ich die Zisterne mit einem Stock aufmache?« Die Antwort gab er gleich selbst: »Weil ich nie weiß, was mich anspringen oder beißen wird. Da drin sind schon Hunderte von Schlangen ertrunken und sie waren nicht immer harmlos. Am schlimmsten sind aber die großen Ratten. Die fühlen sich sofort angegriffen, und anstatt sich zu verstecken, springen sie dir ins Gesicht. Aber wenn sie erst mal hier auf dem Haufen liegen, sind sie allesamt harmlos – tot eben.«

»Was machst du denn mit den ganzen Kadavern?«, fragte Papa. »Lässt du die hier liegen?«

»Nein«, antwortete Biagio. »Wir sammeln sie ein und werfen sie auf der anderen Seite des Berges hinunter. Im Haus befinden sich übrigens Wasserflaschen und Kanister. Dort oben, ein paar hundert Meter den Weg entlang, verläuft eine Trinkwasserleitung, die ist aber nur morgens ganz früh für eine Stunde in Betrieb. Danach wird das Wasser wieder abgestellt. – Und jetzt lasst uns mit der Lese anfangen.«

Nino verteilte die Körbe, während Biagio jedem eine Schere in die Hand drückte und uns zeigte, wie man die Trauben richtig liest. Dann ging es ohne weitere Verzögerungen an die Arbeit: Trauben abschneiden, in die Körbe legen und die vollen Körbe in noch größere Körbe kippen. Biagio und Papa leerten diese dann in einen Behälter, der wie ein Waschzuber aussah, aus dem eine dicke Gewindestange ragte.

Irgendwann war der Zuber vollständig mit Trauben gefüllt. Wir hatten volle fünf Stunden gearbeitet und es wurde langsam Abend. Während sich Peppina und Mama um das Abendessen kümmerten, sahen wir zu, wie Biagio aus den Trauben Wein machte.

Dafür schob er erst einen schweren Holzdeckel über die Gewindestange auf den Zuber und darauf eine riesige Mutter. Die drehte er dann bis auf den Deckel und schob zwei dicke Holzstangen in die dafür vorgesehenen Löcher in der Mutter. Gemeinsam mit Papa drehte er nun die Mutter immer weiter nach unten, bis der Druck auf den Deckel so groß wurde, dass er die Trauben zerquetschte. Aus einer Öffnung am unteren Teil des Zubers lief der frisch gepresste Traubensaft in ein bereitgestelltes Holzfass. Schließlich befestigte Biagio die beiden Holzstangen mit Seilen, damit der Druck nicht nachlassen konnte, und wir gingen zurück ins Haus.

Beim Abendessen durften alle von dem frischen Traubensaft probieren und ich war sofort begeistert von diesem unvergleichlichen, geballt süßen Traubengeschmack. Sofort verlangte ich Nachschub, doch Biagio riet uns davon ab.

»Kinder«, sagte er, »meinetwegen könnt ihr das ganze Fass austrinken. Aber die Wahrscheinlichkeit, dass ihr dann die ganze Woche nicht von der Toilette runterkommt, ist sehr hoch.«

Wir waren mittlerweile so müde, dass wir am liebsten sofort ins Bett gefallen wären, aber ein zweites Glas musste sein … ebenso wie die halbe Nacht in dem kleinen Klohäuschen draußen vor der Scheune. Bei nahezu völliger Dunkelheit, abgesehen von dem fahlen, spärlichen Mondschein, saß ich mit dem unguten Gefühl auf dem Balken, dass da hinten gerade mehr rauszischte, als ich in meinem ganzen Leben jemals vorne reingestopft hatte.

Wenn das so weitergeht, verwandele ich mich in dieser Nacht noch in einen flüssigen braunen Haufen, dachte ich und musste trotz meiner bleiernen Müdigkeit lachen. Ich sah mich auf dem Balken sitzen und immer kleiner werden, während der Haufen wuchs und wuchs. Irgendwann kehrte sich dann das Innere nach außen und fiel auf den Haufen. Was würde wohl auf meinem Grabstein stehen?

»Hier liegt Gigi ... er hat sich selber ausgeschissen. Wir werden ihn wohl sehr vermissen.«

Plötzlich musste ich so laut lachen, dass Papa herauskam und mich besorgt fragte, ob alles in Ordnung sei.

20. Jäger und Gejagte

Der nächste Morgen begann früher, als mir lieb war, und mir fielen immer wieder die Augen im Stehen zu, während wir uns im Hof gemeinsam der Morgenwäsche widmeten.

Biagio stand im Vorhof der Scheune mit nacktem Oberkörper vor einer mit Wasser gefüllten, weiß emaillierten Blechschüssel und zeigte uns, wie das ging. Er tauchte beide Hände in das Wasser und schaufelte es sich ins Gesicht, dass es nur so spritzte, und machte dabei auch noch brummende Geräusche.

Ich war schwer beeindruckt und musste es ihm natürlich gleich nachmachen. Das Wasser war eiskalt, und so war ich nicht nur nass bis auf die Unterwäsche, sondern auch schlagartig wach. Ernüchtert beschloss ich, ab morgen wieder die konventionelle Methode anzuwenden: zwei Finger ins Wasser tunken und damit den Schlaf aus den Augen reiben.

Anschließend frühstückten wir ausgiebig und genossen Peppinas selbst gemachte Marmelade und den würzigen Frischkäse, den sie uns vorgesetzt hatte. Dazu tranken wir Kinder eine Tasse frische Ziegenmilch, die ein Hirte in aller Frühe vorbeigebracht hatte. Die Milch war gewöhnungsbedürftig, und ich fand, sie roch, als ob die Ziege ihre Füße darin gewaschen hätte. So schmeckte sie dann auch.

Gleich nach dem Frühstück fuhren wir mit der Weinlese fort und im Laufe des Vormittags kamen noch einige Dorfbewohner hinzu. Alle halfen sich gegenseitig, die Presse war ununterbrochen im Einsatz und wir füllten Fass um Fass.

Wir Kinder hatten nach einer Weile keine Lust mehr, Trauben zu schneiden und Körbe zu schleppen, und die Erwachsenen waren wohl ganz froh darüber, dass wir ihnen aus dem Weg gingen. Filippo und ich kundschafteten das Gelände aus und spielten mit Nino, der sich hier bestens auskannte.

Wir tobten über die Hänge, kletterten auf Bäume, pflückten Maulbeeren, Brombeeren, Feigen und was sonst noch alles wuchs, und spielten Picknick.

Irgendwann gingen wir zu dem nahen Bach, der kaum wenig mehr als ein schmales Rinnsal war, und taten das, was alle Kinder auf der ganzen Welt mit kleinen und größeren Rinnsalen tun: Wir bauten aus Ästen, aufgeschichteten Steinen und Erde einen Staudamm. Nach einer Weile hatte sich auch richtig viel Wasser angestaut und wir schauten stolz auf unser Werk.

Mit einem Mal fing Nino an zu schreien: »*Aranci i ciumi*! Da, guckt, schnell! Schnell!«

Ich wusste gar nicht, wo ich überhaupt hinsehen sollte, da war Nino auch schon in den Bach gesprungen und ich konnte mir aus seinem Geschrei keinen Reim machen. *Aranci i ciumi* ... Orangen der Flüsse ... Flussorangen. Was um Gottes willen waren Flussorangen?

Ich beobachtete Nino, der wie von Sinnen im Wasser herumstapfte und versuchte, etwas zu fangen, was nur er sehen konnte. Auf einmal blieb er reglos stehen, um im nächsten Augenblick pfeilschnell mit ausgestreckten Händen ins Wasser zu fassen.

»Ich hab einen! Ich hab einen!«, rief er, von seinem Fang ganz begeistert. Er drehte sich zu uns um und hielt uns einen roten Stein entgegen. Nein, es war gar kein Stein, es bewegte sich. Das seltsame Tier hatte mehrere Beine und an den beiden vorderen große Scheren. Der Rücken des Panzers war rötlich braun und endete mit zwei Fühlern, an denen sich ausdruckslose schwarze Knopfaugen befanden: ein Flusskrebs.

Filippo und ich hatten zwar noch nie einen lebenden Flusskrebs gesehen, aber musste er deswegen so ein Geschrei veranstalten? Genau das fragte ich ihn auch.

»Ihr habt ja gar keine Ahnung«, antwortete Nino. »Diese Flusskrebse sind die leckersten, die es auf der ganzen Welt gibt. Außerdem sind sie so selten, dass manche Leute sogar einen Mord begehen würden, um so einen mal zwischen die Zähne zu bekommen.«

»Echt?«, staunte ich, davon hatte ich tatsächlich keine Ahnung.

»Ja, ganz echt!«, bekräftigte Nino. »Schnell, ich habe eben noch ein paar gesehen. Wenn wir noch welche fangen, gibt es heute Abend ein Jahrhundertfestessen.«

»Na gut!«, antworteten mein Bruder und ich.

Erst hatte ich keine große Lust, diese seltsam aussehenden Tiere zu jagen, geschweige denn in die Hand zu nehmen, aber dann packte auch mich das Jagdfieber. Die Krebse waren ungemein schnell und perfekt getarnt, und selbst wenn ich sie mit den Augen fixierte, hatte ich das Gefühl, als ob sie sich kurz-

203

zeitig unsichtbar machen könnten, bevor sie ein paar Meter weiter dann plötzlich wieder auftauchten.

Wir jagten geschlagene zwei Stunden nach den Flusskrebsen, waren nass bis auf die Knochen und hatten gerade mal zwei Stück gefangen. Unser spärlicher Fang schwamm in einem Eimer, den Nino aus der Scheune geholt hatte. Wir brauchten wenigstens noch einen Krebs, damit jeder von uns einen essen konnte – obwohl ich mir nicht sicher war, ob ich das überhaupt wollte.

Ich lief also am Ufer entlang und suchte das Wasser nach so einem rötlichen Panzer ab. Plötzlich sah ich einen, einen ziemlich großen sogar. Er kauerte neben einem Stein und versuchte sich zu verstecken.

Sofort duckte ich mich, schlich mich so leise wie möglich heran und sprang schließlich mit ausgestreckter Hand in den Bach.

»Ich hab ihn!«, schrie ich stolz. »Ich hab ihn! Schnell, kommt!« Im gleichen Augenblick spürte ich, wie sich etwas glühend Heißes zwischen Daumen und Zeigefinger meiner rechten Hand bohrte, und ich ließ den Krebs sofort los. Dennoch blieb der Schmerz, und als ich den Arm aus dem Wasser zog, sah ich den Krebs auf meiner Handfläche liegen.

Er hatte *mich*!

Verzweifelt versuchte ich, das Tier loszuwerden, aber je mehr ich schüttelte, desto stärker kniff der Krebs zu und umso heftiger schmerzte meine Hand. Ich geriet immer mehr in Panik, schrie lautstark und hüpfte wie eine wild gewordene Kakerlake im Bach herum. Als mich das Biest immer noch nicht loslassen wollte, rannte ich laut um Hilfe brüllend in Richtung Scheune.

Biagio kam mir als Erster entgegen, und ich wollte

einen Bogen um ihn herum machen, da es mich instinktiv zu meiner Mama zog. Bei starken Schmerzen kann nur Mama helfen. Doch der Winzer streckte schnell den Arm aus und bekam mich an meinem nassen Hosenbund zu fassen. Er bremste mich so heftig herunter, dass ich in der Luft wie ein Taschenmesser zusammenklappte und der Schrei, den ich gerade noch ausgestoßen hatte, in einem Quietschen erstarb.

Biagio packte meine Hand, fuhr mit zwei Fingern zwischen die Scheren des Krebses und drückte sie so weit auseinander, dass ich meine Hand herausziehen konnte.

Ich schrie noch immer wie am Spieß, während Biagio beruhigend auf mich einredete. Als Papa und Mama herbeigelaufen kamen, beruhigte ich mich jedoch ziemlich schnell, vor allem, als Mama mit drohendem Unterton in der Stimme die Frage stellte, warum wir alle so nass und dreckig seien.

»Äh … wir waren auf der Jagd«, sagte ich kleinlaut. »Und zwar nach den besten Krebsen der Welt. Manche würden sogar dafür einen Mord beg…«

»Wer soll das dreckige Zeug denn waschen?«, brüllte Mama ungerührt. »Ich würde jetzt am liebsten auch zwei Morde begehen, aber ganz sicher nicht wegen der Krebse!«

Plötzlich tat meine Hand gar nicht mehr weh und Minuten später saßen wir in einer kleinen Wanne und ließen uns gründlich abschrubben. Mama stieß zwar noch den einen oder anderen Fluch aus, aber dabei blieb es – zum Glück!

Zwei Krebse hatten wir gefangen und einer hatte mich gefangen, weshalb insgesamt drei Tiere im Eimer darauf warteten, zubereitet zu werden. Ich freute mich schon riesig auf unser Festmahl.

Aber nicht lange.

Denn als Peppina einen Topf mit Wasser auf den Herd setzte und die lebenden Flusskrebse in das brodelnde Wasser warf, bereute ich, die Flusskrebse gefangen zu haben. Was für ein grausamer Tod! Nach wenigen Minuten waren die Krebse gar, Peppina fischte sie aus dem Topf und legte sie auf einen Teller, stellte eine Soße aus Olivenöl, ein paar Spritzern Zitronensaft, etwas Knoblauch, Salz und Oregano sowie ein paar Scheiben Brot dazu und sagte: »So, euer Festmahl ist fertig. Haut ordentlich rein.«

»Ich mag nicht mehr«, erwiderte ich.

»Warum denn nicht?«, fragte sie mich völlig entgeistert.

»Du hast sie bei lebendigem Leib gekocht«, antwortete ich vorwurfsvoll.

»Ja, so macht man das«, sagte Peppina ungerührt. »Das muss so sein, sonst verlieren sie den Geschmack und das Fleisch wird zäh.«

»Trotzdem«, antwortete ich trotzig.

Darauf hatte Nino offenbar nur gewartet. »Nicht so schlimm, dann esse ich ihn halt.«

»Nichts da«, sagte Peppina, »Gigi hat ihn gefangen, also darf er ihn auch essen. Wäre doch jammerschade, wenn er so eine außergewöhnliche Köstlichkeit nicht wenigstens probieren würde.«

Inzwischen hatten Nino und Filippo schon angefangen, und ich musste zugeben, es roch fantastisch.

Nino schmatzte und rief ständig »Hmmm!« und »Aaaah!« und »Ist das lecker!«

Also setzte ich mich zu ihnen an den Tisch, schnappte mir meinen Flusskrebs und versuchte den Panzer aufzuknacken. Ich beobachtete, wie Nino es machte, und tat es ihm nach. Der Krebs schmeckte hervorragend, so ähnlich wie Garnelen, nur etwas intensiver und fruchtiger. Jetzt verstand ich auch, warum sie Flussorangen hießen.

Mein schlechtes Gewissen war nach dem ersten Bissen wie weggewischt und ich ließ mir den Krebs mit der leicht säuerlichen, frischen Soße schmecken. Leider war er viel zu klein und viel zu schnell aufgegessen.

Während wir uns noch die Finger leckten, sagte Nino: »Mann, war das gut! Schade, dass es nicht noch mehr gibt.«

»Stimmt«, sagte Filippo. »Sollen wir schnell noch welche fangen gehen?«

»Au ja!«, rief ich begeistert und wollte schon zur Tür hinausrennen. Doch ich hatte die Rechnung ohne Mama gemacht, deren Schrei mich abrupt stoppte.

»Haaaalt! Wohin geht ihr? Dageblieben!«

»Och, Mama, die Krebse schmecken super. Wir wollen nur noch ein paar holen«, erklärte ich.

»Nichts da«, wandte sie ein. »Für heute ist es genug, außerdem habt ihr euch wie die Schweine im Dreck gesuhlt und ich darf das ganze Zeug dann wieder waschen.« Darauf folgte eine heilige Messe an Vorwürfen und Beschimpfungen, ergänzt von einer Grundsatzpredigt über gutes und schlechtes Benehmen sowie ein feierlich verkündeter Strafmaßnahmenkatalog, der mit den Worten: »Ihr geht heute nirgendwo mehr hin!« endete.

»Aber Mama …«, startete ich einen letzten Versuch – vergeblich.

»Nichts aber, ich sagte, ihr bleibt hier, und damit *baaastaaa!*«

»*Uffa!*«, sagten wir im Chor.

Plötzlich veränderte sich Mamas Blick oder vielmehr ihre ganze Mimik. Ihre Augen bekamen einen seltsamen Glanz, der uns ohne Zweifel sagte: Jungs, ihr seid zu weit hinausgerudert und gerade dabei, über den Tellerrand der Welt zu fallen, um am Abgrund zu zerschellen.

Diesen Gesichtsausdruck kannte ich nur zu gut, denn als Mama ihn das letzte Mal aufgesetzt hatte, faltete sie kurz darauf eine Schaukel, ein Dreirad und eine fahrbare Pferdekutsche zusammen – mit einem Vorschlaghammer! Danach waren die Überreste der Spielsachen allerhöchstens noch als Briefbeschwerer zu gebrauchen.

Um die Situation nicht eskalieren zu lassen, sagte ich daher schnell: »Ist schon gut, Mama, wir bleiben hier«, und sie beruhigte sich tatsächlich.

Puh, das war mal wieder knapp gewesen!

21. **Rituale**

Nach dem Abendessen saßen wir dann alle noch ein bisschen um den Tisch. Die Erwachsenen unterhielten sich und tranken eine Flasche Rotwein aus dem letzten Jahrgang, nach Papas Worten einen der besten Landweine, die er je getrunken hatte. Wir Kinder spielten eine Runde Briscola, ein in Sizilien sehr beliebtes Kartenspiel.

Irgendwann holte Biagio eine neue Flasche Wein, und wie schon beim letzten Mal goss er den ersten Schluck in sein Glas, ging nach draußen und kippte den Wein auf den Boden.

»Warum tust du das?«, fragte ich neugierig.

»Das ist eine lange Geschichte«, antwortete Biagio.

»Egal«, sagte ich, »erzähl sie uns«, und legte meine Karten zur Seite, um ihm besser zuhören zu können.

Das ließ er sich nicht zweimal sagen. Er nahm einen tiefen Schluck Wein und begann. »Meine Familie lebt inzwischen schon sehr lange hier und ein jeder kennt jeden. Der beste Freund meines Vaters hieß Turi, die beiden waren wie Brüder, und sein Sohn Nino wurde mein bester Freund. Wir konnten uns blind aufeinander verlassen. Nino war immer für mich da, ganz egal was für Sorgen ich hatte, und das Gleiche galt für ihn. Wir arbeiteten, teilten unseren

Spaß und unsere Sorgen, ebenso wie unser Essen und unseren Hunger.

Eines Morgens kam ich in den Weinberg und sah Nino auf den Stufen der ersten Terrasse sitzen. Ich rief ihn, aber er antwortete nicht. Irgendetwas stimmte nicht mit ihm, das habe ich sofort gespürt. Also lief ich zu ihm hin.

›Nino! Nino, warum antwortest du nicht?‹, fragte ich, als ich mich näherte.

Nino schwieg. Er musste mich doch gehört haben! Ich beugte mich zu ihm herunter und legte ihm eine Hand auf die Schulter. Die Kälte, die meine Finger hinaufkroch, erschreckte mich, und ich zog meine Hand schnell wieder weg.

›Nino! Was ist los mit dir?‹, sprach ich weiter. ›So rede doch mit mir!‹

Die Kälte, die von ihm ausging, war noch einen Meter neben ihm zu spüren. Die Angst hatte mir die Kehle zusammengeschnürt. Mein Herz raste und ich hörte es direkt hinter meinen Schläfen schlagen.

Ninos Augen waren geschlossen, aber er öffnete sie plötzlich, nicht sehr weit, nur ein schmaler Schlitz, und er fing an zu reden. Er redete, aber nicht zu mir: ›*Nonno*‹, sagte er, ›*nonno*, lass mich hier, ich will nicht gehen, noch nicht. Ich bin noch so jung, zu jung.‹

Er verstummte wieder, und ich hatte panische Angst, denn er sprach offensichtlich mit seinem Opa. Der wohnte mit ihm und seinen Eltern in einem Haus und war ein netter alter Mann, den Nino über alles liebte. Und jetzt saß er hier, war kalt wie ein Eiszapfen und sprach mit ihm. Um diese Uhrzeit saß Ninos Opa für gewöhnlich am Frühstückstisch und schlürfte seinen Espresso. Er war schon über achtzig, glaube ich, aber noch sehr rüstig.

›Ich weiß, dass es bei dir schön ist‹, redete Nino weiter. ›Ja, ich liebe dich auch, aber ... was soll aus Mama werden, die wird traurig sein ... und Papa, wer soll ihm helfen? Und Biagio, soll ich nie wieder mit ihm zusammen sein?‹

Hatte ich vorher schon Angst gehabt, so kroch jetzt ein derart beklemmendes Gefühl in mir hoch und umklammerte mein Herz, dass ich unfähig war, auch nur einen Muskel zu bewegen. Ich wollte weglaufen, ich wollte nichts mehr hören, ich wollte Hilfe holen. Ich spürte, dass ich niemals die Kraft hätte, Nino da rauszuhelfen. Ich konnte ihm nur zuhören.

›Ich will dich nicht allein lassen ... das Licht ist schön, ja, ich sehe es auch. Ich werde dich ein Stück weit begleiten, aber dann lässt du mich gehen ... einverstanden, *nonno*? Nein, nicht für immer, *nonno*, ich verspreche es dir, ich werde immer an dich denken und dich ehren. Die ersten Tropfen eines jeden Weins, der von dieser Erde stammt, werde ich ... *ho capito, nonno* – ich habe verstanden.‹

Nino begann zu zittern und nun konnte ich mich endlich wieder bewegen. Ich stürzte mich auf meinen Freund, der schwer atmete, und schleppte ihn hoch in die Scheune. Dort legte ich ihn auf das Bett, redete auf ihn ein und sagte ihm, dass ich Hilfe holen gehe. Ich deckte ihn noch mit zwei Wolldecken zu und rannte zurück ins Dorf, als ob alle Teufel dieser Welt hinter mir her wären.

Ich erreichte unser Haus nach einem halsbrecherischen Lauf und schrie meinem Vater schon auf dem Hof zu, er solle zur Scheune laufen und Nino helfen. Ich muss wie der leibhaftige Tod ausgesehen haben, denn mein Vater stellte mir nicht eine Frage.

Er rief nur zurück: ›Geh und hol Turi!‹

Ich hastete ohne Pause weiter, nahm zwei, drei Stufen auf einmal und versuchte die Treppen bis zu Turis Haus ohne zu stürzen hinter mich zu bringen. Ich wusste, dass mein Vater mindestens eine halbe Stunde brauchte, bis er bei Nino eintraf, und hoffte, dass es nicht zu spät sein würde.

Endlich stand ich vor Ninos Elternhaus und trommelte verzweifelt gegen die Tür. Turi machte verwundert ein Fenster auf, und als sein Gesicht in dem schmalen Rechteck erschien, schrie ich ihn an:

›Schnell, komm! Nino ... irgendetwas stimmt nicht mit ihm! Beeil dich, er liegt in der Scheune!‹

Turis Gesicht verschwand im Innern des Hauses, um eine Sekunde später in der Haustür aufzutauchen. Er war kalkbleich und stammelte: ›*O Dio mio* ... Madonna, was ist das nur für ein Tag! Nicht auch noch Nino ... *No! Madonna mia!*‹

Er stürmte wie eine Furie an mir vorbei und ließ mich einfach stehen. Ich konnte nicht mehr, ich war völlig erschöpft und musste erst mal Luft holen. Da kam Ninos Mutter die Treppe herunter, zog mich ins Haus und rannte hinter Turi her. Ich stand im Hausflur bei Ninos Eltern und schnaufte wie eine alte Dampflokomotive. Allmählich erholte ich mich und bemerkte, dass noch mehr Leute im Haus waren.

Ninos Tante kam auf mich zu, sie war schwarz gekleidet, trug ein schwarzes Kopftuch und hielt einen Rosenkranz in den Händen. Als sie mich sah, brach sie in Tränen aus und sagte: ›Oh Biagio, er ist tot! *Nonno* ist gerade von uns gegangen.‹

Jedes Wort, jede Silbe traf mich wie ein Faustschlag ins Gesicht. Ich taumelte gegen die Haustür und hatte das Gefühl, als ob sich meine Muskeln in eine weiche Masse verwandelt hätten. Ich konnte mich kaum noch auf den Beinen halten.

›*Nonno*, lass mich hier … ich bin noch so jung, zu jung …‹ Ninos Worte drehten in meinem Kopf eine endlose Schleife. Mein Herz krampfte sich zusammen und ich fing an zu beten. Was wird aus Nino, fragte ich mich, was wird aus meinem Freund? Wollte *nonno* ihn auf seine Reise mitnehmen? Ich rappelte mich auf und rannte aus dem Haus.

Noch immer völlig erschöpft, machte ich mich an den beschwerlichen Aufstieg, und meine Lungen brannten wie Feuer. Ich lief den Trampelpfad völlig mechanisch entlang, setzte immer einen Fuß vor den anderen. Zwar hatte ich keine Kraft mehr, doch ich musste wissen, was mit Nino war. Tausend Gedanken schossen mir durch den Kopf. Ninos Opa war tot, was für ein Jammer! Die traurigen Gedanken um den lieben alten Mann wurden von der Sorge um meinen Freund beiseite gedrängt. Ich hatte deutlich gehört, dass sich Nino mit seinem *nonno* unterhalten hatte. Das musste um die Zeit gewesen sein, als sein *nonno* im Sterben gelegen hatte – oder vielleicht schon tot gewesen war. Wie konnte das sein? Wie konnte er sich mit jemandem unterhalten, der ein paar Kilometer entfernt war? Warum war Nino so kalt gewesen? Vor lauter Fragen wurde mir schwindelig und von der Anstrengung bekam ich einen Brechreiz. Lauf langsamer!, befahl ich mir. Wenn du so weitermachst, springt dir noch das Herz aus der Brust und hüpft alleine in die Scheune zurück. Ich verringerte mein Tempo, sah den Hang hinauf und schätzte, dass ich noch ungefähr zehn Minuten zu gehen hatte.

Nach ein paar Metern blieb ich wie angewurzelt stehen.

Nino kam mir entgegen!

Langsam und gemächlich lief er den Weg hinunter, direkt auf mich zu. Ich stand mit offenem Mund da und war völlig sprachlos, gleichzeitig war ich überglücklich, dass es ihm wieder gut ging.

Als er sich weit genug genähert hatte, sprach ich ihn an: ›Nino, mein Freund, geht es wieder? Ist alles in Ordnung mit dir?‹ Doch er sah mich nicht einmal an und mir krampfte sich schon wieder alles zusammen. ›Nino, verdammt noch mal!‹, schrie ich ihn an. ›Ich bin dein bester Freund. Würdest du mir bitte sagen, was mit dir los ist?‹

Während ich brüllte, war Nino einfach an mir vorbeigelaufen. Plötzlich blieb er stehen und sprach mit mir. Seine Stimme klang so kraftlos, als ob er sich jedes Wort aus den Rippen pressen müsste. ›Biagio, mein Freund. Komm mit mir, begleite mich ins Dorf, *nonno* hat nach mir gerufen.‹

›Nino‹, sagte ich, ›das kann nicht sein. Dein *nonno* kann dich nicht gerufen haben. Wo sind deine Eltern? Du musst sie doch gesehen haben. Und mein Vater ist auch zur Scheune hochgelaufen, er muss als Erster bei dir gewesen sein. Wo sind sie alle?‹

›Ach Biagio‹, antwortete er, ›es war niemand da. Ich habe niemanden gesehen und ich wollte auch gar niemanden sehen. Komm mit, lass uns runterlaufen.‹ Er drehte sich um und ging einfach weiter.

Aufgebracht lief ich hinter ihm her. ›Was war mit dir los, als ich dich in der Scheune zurückgelassen habe? Kannst du mir das erklären?‹, fragte ich.

›Es war nichts Besonderes‹, sagte Nino. ›Kein Grund zur Angst, Biagio. Hab keine Angst. *Nonno* hat mich gerufen und ich gehe jetzt zu ihm. Das ist alles. Es gibt Dinge, die man nicht vergessen darf,

Biagio, die ersten Tropfen eines jeden Weins, der von dieser Erde stammt ... den Wein wollen wir nicht, aber dass man unser gedenkt.‹

›Was meinst du damit? Das hast du vorhin schon mal gesagt. Was soll das bedeuten?‹

Jetzt sah Nino mich direkt an. Seine Augen hatten einen Glanz, den ich nie zuvor gesehen hatte, und er lächelte sanft. ›Biagio, mein Freund, du wirst es verstehen, wenn du so weit bist. Lass mich jetzt bitte allein, ich muss jetzt zu *nonno* und werde mich danach ein bisschen ausruhen. Geh jetzt bitte zur Scheune hoch, ich glaube, dein Vater braucht dich. Sag meinen Eltern, dass ich bei *nonno* bin und dass sie sich keine Sorgen machen sollen und du auch nicht. Geh jetzt. *Ciao, amico ... ci vediamo* – wir sehen uns!‹

Er ließ mich einfach stehen und lief weiter.

Ich rief ihm noch lange hinterher: ›Nino, geh nicht! Bitte, geh nicht!‹

In diesem Augenblick habe ich gespürt, dass ich Nino zum letzten Mal gesehen hatte. Ich blieb einfach stehen und beobachtete ihn, bis er nicht mehr zu sehen war. Dann lief ich zur Scheune hoch.

Als ich die Tür aufstieß, schlug mir eine Trauer entgegen, die mir die Luft zum Atmen raubte und körperliche Schmerzen bereitete. Ninos Eltern kauerten neben dem Strohlager und weinten völlig haltlos und meinem Vater liefen die Tränen wie Sturzbäche über die Wangen. Ich drängte mich an ihm vorbei, um Nino anzuschauen.

Als ich den bleichen Körper im Bett liegen sah, brach für mich eine Welt zusammen. Ich konnte mir das alles nicht erklären ... und im Grunde wollte ich es auch gar nicht. Warum sollte ich versuchen, Dinge zu verstehen, für die es keine Erklärungen gibt? Das

Einzige, was zählte, war, dass Nino sich von mir verabschiedet hatte. Ich war der letzte Mensch, an den er gedacht hatte, und ich werde der letzte sein, der ihn vergessen wird. Die ersten Tropfen eines jeden Weins, der von dieser Erde stammt … gehören meinem Freund Nino und seinem Großvater, so lange ich lebe.«

Als Biagio aufhörte zu reden, breitete sich augenblicklich eine tonnenschwere Stille in der gemütlichen Küche aus. Uns allen standen die Tränen in den Augen und die Frage nach dem Warum blieb nicht nur mir im Halse stecken. Vermutlich hätte Biagio sie ohnehin nicht beantworten können.

Es war spät geworden und wir gingen bald darauf ins Bett. Ich brauchte lange, bis ich einschlafen konnte, und die Geschichte wollte mich nicht loslassen. Hatte Ninos Opa seinen Enkel so lieb gehabt, dass er nicht ohne ihn gehen konnte? Wie hatte er das gemacht? Wie konnte ein Toter einen Lebenden einfach mitnehmen? Vor allem, wenn der Lebende noch so jung war! Fragen über Fragen und keine einzige halbwegs befriedigende Antwort.

Irgendwann fiel ich in einen für meine Verhältnisse unruhigen Schlaf. Ich träumte davon, das *nonno* Luigi im Sterben lag und mich mitnehmen wollte. Ich träumte davon, wie ich mit ihm lange Diskussionen führte, um ihn zu überzeugen, alleine zu gehen und mich hier zu lassen. Ich redete und redete, aber ich schaffte es nicht. Er nahm mich an der Hand und führte mich zu einem Blumenstrauß. Je mehr wir uns den Blumen näherten, desto größer wurden sie. Oder wir wurden kleiner. »Das sind die Blumen der Toten«, sagte *nonno* Luigi. »Hier beginnt unser Weg.«

Da öffnete sich eine der Blüten und streckte uns ein leuchtend rotes Blütenblatt entgegen, das wir betraten, um in die Blüte hineinzulaufen. Tief in ihrem Innern strahlte ein helles Licht, es kam langsam auf uns zu und leuchtete uns den Weg.

»Dahin gehen wir«, sagte *nonno* Luigi, »du wirst sehen, es wird dir gefallen.«

Langsam liefen wir dem Licht entgegen, als wir plötzlich ein seltsames Knacken hörten, so als ob man auf Käfer oder Kakerlaken tritt. Gleichzeitig bemerkte ich, wie sich der Lichtstrahl immer schneller näherte. Er wurde größer und größer, strahlte eine unerträgliche Hitze aus und raste mit einer ungeheuren Geschwindigkeit auf uns zu. Weiter vorn begann der Boden sich wie eine große Welle aufzuwerfen, als ob sich ein großes Tier unter der Oberfläche bewegte. Die Welle stieg höher und höher, und kurz bevor sie die Decke berührte, platzte sie lautlos auf und entließ eine riesige Menge kleiner Tiere und Insekten, die sich laut kreischend im ganzen Raum ausbreiteten.

In mir stieg eine nie gekannte Panik hoch, und ich schrie: »Neeeiiin! *Nonno*, ich will nicht mit! Lass mich hier raaauuus!«

Ich fing an zu weinen und wachte auf. Minutenlang war ich wie erschlagen und zitterte wie Espenlaub. Krampfhaft versuchte ich, wach zu bleiben, da ich Angst hatte, weiterzuträumen.

Natürlich schlief ich irgendwann doch ein, und als ich am nächsten Morgen aufwachte, war ich darüber ganz verwundert.

22. **Ciao, Nino!**

Die restlichen Tage vergingen wie im Flug. Wir hatten ja auch nichts anderes zu tun, als zu spielen, diese herrliche Gegend zu erkunden und ab und zu ein paar Weintrauben in einen Korb zu werfen.

Den letzten Tag verbrachten wir im unteren Dorfteil, in Scaletta Marina, am Meer. Badetag war angesagt und wieder mal war es ein unvergessliches Erlebnis. Nino war in der kurzen Zeit ein ganz wunderbarer Freund geworden, wir hatten uns richtig gern und ich genoss die Zeit mit ihm sehr.

An unserem letzten gemeinsamen Tag zeigte Nino mir geduldig, wie ich mich im Wasser verhalten musste, damit ich nicht sofort wie ein Stein unterging. Zunächst hatte ich große Angst, denn ich hatte Anfang des Sommers ein furchtbares Erlebnis, bei dem ich mich bis auf die Haut blamiert hatte – und das alles, weil ich nicht schwimmen konnte.

Eigentlich sollte man annehmen, dass in einer großen Hafenstadt, deren Bevölkerung eine jahrhundertealte Fischfangtradition pflegt und für die das Meer ein zweites Zuhause ist, alle Kinder automatisch mit Schwimmhäuten zwischen den Zehen auf die Welt kommen. Doch dem ist nicht so. Weder Santina noch Filippo oder ich konnten schwimmen, und wir gerieten sofort in Panik, wenn uns ein Erwachsener in tieferes Wasser zerrte.

Dabei meinten es alle nur gut mit uns, schließlich mussten wir es irgendwann mal lernen. Wir weigerten uns jedenfalls standhaft und regelmäßig endeten diese Lehrversuche mit hysterischem Gebrüll. Das ging sogar so weit, dass wir Kinder uns nur dann ins Wasser trauten, wenn kein Erwachsener in der Nähe war.

Während sich also meine Cousins mit ihren Erfolgen als Taucher und Meisterschwimmer schmückten, musste ich meine Heldentaten erfinden.

Seltsamerweise glaubte mir keiner der Jungs, was ich da erzählte. Wahrscheinlich lag es daran, dass ich immer genau dann, wenn wir gemeinsam ans Meer fuhren, urplötzlich keine Lust hatte, tauchen oder schwimmen zu gehen.

Eines Tages bearbeiteten sie mich so lange, bis mir kein Ausweg mehr blieb. Wenn ich all das, was ich so erzählte, tatsächlich gemacht hätte, dann solle ich es ihnen auf der Stelle beweisen, forderten sie und bauten sich vor mir auf. Also mindestens hundert Meter rausschwimmen, die Hälfte der Strecke im Tauchgang. Dann mindestens eine halbe Stunde draußen bleiben und die Fische unter mir beobachten. Besser wäre es natürlich, die Harpune mitzunehmen, einen Riesenfisch zu harpunieren und ihn an Land zu ziehen. Schließlich sei das ja alles nichts Neues für mich.

»Nein, ich mag jetzt nicht. Hab meine Taucherbrille vergessen. – Meine Schwimmflossen sind verschwunden. – Ich habe die falsche Badehose dabei. – Die Harpune ist seit dem letzten Tauchgang kaputt. – Ich habe einen Krampf im großen Zeh und ausgerechnet heute plagt mich eine furchtbar juckende Salzwasserallergie. – Mir ist schlecht. – Ich hab Fieber. – Hab gerade gegessen, und das weiß doch jeder, dass man nach dem Essen nicht ins Wasser darf. – Papa hat mir das Tauchen verboten, weil ... Haie gesichtet worden sind ... Mama und ich unsere Tage haben.«

Ich suchte verzweifelt nach einer gewichtigen Ausrede und starrte in die hämisch grinsenden Gesichter meiner Cousins.

Umberto legte mir seine Taucherbrille und seine Schwimmflossen hin. »Ist doch alles kein Problem«, sagte er. »Du kannst meine haben. Eine Harpune haben wir leider nicht dabei, aber das ist ja nicht so schlimm und dein Papa wird uns schon nicht sehen. Also mach jetzt!«

Panik schoss in mir hoch, hatte ich mich doch mal wieder mit meinem losen Mundwerk um Kopf und Kragen geschwatzt.

Aber was hätte ich erzählen sollen? Die wahre Geschichte etwa? Hätte ich tatsächlich zugeben sollen, dass ich statt durch die reißenden Fluten zu pflügen bäuchlings am Ufer gelegen und durch eine Taucherbrille die nicht mehr als fingergroßen Minifische im seichten Wasser beobachtet hatte? War das eine Heldentat, die man stolz erzählt? Nein, ganz sicher nicht.

Dass die Harpune in Wirklichkeit eine Gabel gewesen war, mit der ich versucht hatte, einen der Minifische aufzuspießen, hörte sich auch nicht gerade gefährlich an. Dass ich beim Zustechen tiefer ins Wasser gerutscht war, mich fürchterlich erschreckt und mindestens drei Liter eklig schmeckendes Meerwasser geschluckt hatte, wollte ich nun auch nicht jedem auf die Nase binden. Und dass ich beim Versuch, aus dem Wasser zu robben, heftig gehustet, um mich geschlagen und dabei mit der Gabel eine alte Fischgräte aufgespießt hatte, war auch kein Stoff, aus dem Legenden gestrickt werden.

Widerwillig packte ich also die Schwimmflossen und stülpte sie mir über die Füße. Das war der erste Fehler. Jemand, der gut schwimmen kann, zieht die Dinger erst an, wenn er im Wasser ist. Dann setzte ich die Taucherbrille auf und watschelte die circa fünfzehn Meter bis zum Wasser wie eine Ente. Nach knapp drei Metern lag ich das erste Mal auf dem glühend heißen Sand. Das Aufstehen mit den Schwimmflossen war gar nicht so einfach, und meine Cousins lachten so laut, dass sie sich den Bauch halten mussten.

Die restliche Strecke lief ich langsam und vorsichtig – rückwärts. Die Jungs sahen aus, als ob sie sich gleich in die Badehose machten, so sehr verhöhnten sie mich. Was für eine Blamage! Und dabei stand mir das Schlimmste ja noch bevor.

Ich setzte mich ins Wasser und versuchte die Panik, die in mir aufstieg, zu unterdrücken. Theoretisch wusste ich ja, wie man schwimmt. Ich hatte es oft genug gesehen und Papa hatte es mir auch oft genug erklärt: heftig mit den Füßen strampeln und mit den Armen abwechselnd rudern, ganz einfach. Ich ignorierte die nächste Panikattacke und sprang todesmutig in die Wellen.

Sofort ging ich wie ein Stein unter. Hektisch strampelte ich mit den Füßen und ruderte mit den Armen, aber ich gelangte nicht mehr an die Oberfläche. Jetzt bekam ich richtige Todesangst. Ich brüllte und hörte unter Wasser dumpf und wie aus weiter

Ferne mein eigenes Geschrei. Verzweifelt kämpfte ich gegen den Drang an, den Mund zum Luftholen aufzureißen. Ich war tatsächlich am Ertrinken. Plötzlich packte mich jemand im Nacken und zerrte mein Gesicht an die Oberfläche. Luft, endlich Luft! Ich hustete um mein Leben und hörte Papa fragen, was ich denn um Gottes willen da mache. Ich stand im Wasser, das mir gerade mal bis kurz über die Knie reichte. Ich war seit meinem Sprung nicht einmal ein paar Zentimeter geschwommen.

Während ich mir immer noch die Innereien aus dem Leib hustete, packte mich Papa am Arm und zog mich hinter sich her. Dabei sagte er diesen einen Satz, der sich in mein Gedächtnis einbrannte: »Du gehörst wohl zu den Leuten, die auch in einem Glas Wasser ertrinken würden, was?«

Gott, wie peinlich! Meine Cousins hatten nur kurz aufgehört zu lachen, als ich geschrien hatte, allerdings wohl mehr aus Furcht, sie könnten hinterher einen Satz kräftiger Ohrfeigen kassieren. Wie konnten sie lachen, wenn ihr Cousin um sein Leben kämpfte! Jetzt, da ich wieder auf dem Trockenen stand, gab es für sie kein Halten mehr.

»Haha ... hundert Meter rausschwimmen, hehe ... mindestens, haha ... die Hälfte tauchen, hihi, und dann riieesige Fische harpunieren, haha, hihi ... am besten einen Hai, haha ... oder einen Wal, hehe ... Ich lach mich tot, ich kann nicht mehr, haha, hihi.«

Zutiefst beleidigt setzte ich mich für den Rest des Tages abseits und schwor mir, nie wieder etwas zu erzählen, was ich nicht jederzeit beweisen konnte. Wohin das andere führte, wusste ich ja nun – mit allen dazugehörigen Peinlichkeiten.

Nino dagegen war ganz anders, ihm musste ich nichts beweisen oder seinetwegen den Helden markieren. Und so wie er es mir zeigte, hatte ich es auch sofort begriffen. Kaum ging ich nicht mehr unter, drückte er mir meine Taucherbrille in die Hand und sagte nur: »Komm mit!«

Mit Schnorchel und Brille führte er mich zu den gewaltigen Steinquadern, die in Ufernähe aus dem Wasser ragten und als Wellenbrecher dienten. Zum ersten Mal in meinem Leben warf ich einen Blick in die herrliche Unterwasserwelt – einfach unbeschreiblich. Obwohl ich zugeben muss, dass ich mir manchmal vor Angst fast in die Badehose gemacht hätte, vor allem, als ich meinen Blick von den Felsen abwendete und für einen kurzen Augenblick ins offene Meer hinaussah.

Diese unendlich scheinende, blaue Wasserwand wirkte damals faszinierend und zugleich zutiefst bedrohlich auf mich. Daher war ich froh, als wir endlich wieder festen Boden unter den Füßen hatten und uns auf den Heimweg machten.

Unser letztes gemeinsames Abendessen stand an und zu meiner großen Freude stand mein absolutes Lieblingsgericht auf der Speisekarte: selbst gemachte Maccheroni mit einer herzhaften Soße aus frischen Tomaten – *alla contadina*.

Während Peppina, Mama und Santina den Teig vorbereiteten, sammelten Biagio, Nino und ich trockene, langstielige Gräser und Papa mit Filippo trockenes Holz für den Grill. Die Grashalme sollten wir an beiden Enden abschneiden, so dass ein langes, gleichmäßig dickes, schmales Röhrchen übrig blieb.

Nun zeigte Peppina uns, wie man Maccheroni dreht. Sie schnitt aus dem sehr dünn ausgerollten

Teig einen schmalen Streifen, wickelte ihn um einen Grashalm, walkte ihn auf der Tischplatte so lange hin und her, bis der Teigstreifen die für Maccheroni typische Röhrenform hatte. Wir taten es ihr nach und legten die fertigen Nudeln auf große weiße Leintücher zum Trocknen in die Sonne.

Da wir alle mithalfen, war innerhalb einer Stunde eine große Fläche mit Maccheroni belegt. Die um diese Jahreszeit noch immer sehr heiße sizilianische Sonne trocknete die Nudeln innerhalb weniger Stunden. Nach dem Trocknen zogen wir die Grashalme heraus und unser Abendessen war fast schon fertig. In der Zwischenzeit hatten Mama und Peppina die Soße vorbereitet. Sie stellten einen großen Topf auf die Herdplatte und gossen duftendes Olivenöl hinein. Dann schnitten sie mehrere Knoblauchzehen in kleine Scheiben und brieten sie goldgelb an. Jetzt kamen die frischen Tomaten dazu, außerdem ein paar Blätter frisches Basilikum, Salz und etwas Pfeffer.

Während die Soße vor sich hin köchelte, zündeten Papa und Biagio den Grill an und holten das Fleisch hervor. Sie hatten Lamm, Rind und frische *salsiccia* gekauft, eine meiner Lieblingsspeisen. Eigentlich ist es eine Frischwurst, die aus grob geschnittenem Rind- oder Schweinefleisch besteht, doch wenn man sie an der Luft trocknet, wird daraus Salami. Die frische Wurst kann man braten, grillen oder kochen. Der typische Geschmack der *salsiccia* kommt von den Gewürzen, Salz, Pfeffer und Samen von wildem Fenchel, und er ist einfach unvergleichlich gut.

Als Nächstes bereiteten wir die Tafel vor, denn Biagio hatte zur Feier des Tages noch ein paar Leute aus dem Dorf eingeladen, die in den vergangenen Tagen tatkräftig bei der Lese geholfen hatten, und wir brauchten entsprechend viel Platz. Also trugen wir den Tisch in den Hof und stellten ihn auf eine freie Fläche zwischen den Bäumen. Biagio holte zwei große Holzplatten aus der Scheune, die er eigens für diesen Zweck hatte anfertigen lassen, und legte sie auf den Tisch, so dass eine ausreichend große Fläche entstand.

Inzwischen waren auch alle Gäste eingetroffen und die Soße samt Maccheroni war ebenfalls fertig. Unter großem Gelächter setzten sich alle an die festliche Tafel, es duftete verführerisch nach der frischen Tomatensoße, und ich konnte es kaum noch abwarten, bis mein Teller vor mir stand.

Endlich kamen Mama und Peppina mit einem riesigen Topf heraus und verteilten die Maccheroni auf die Teller, bevor Peppina von Platz zu Platz ging und auf jeden Teller einen Klecks Soße und ein Blatt Basilikum gab. Da noch nicht alle am Tisch saßen und wir mit dem Essen noch warteten, hypnotisierte ich hungrig meine Maccheroni und kaute sie in Gedanken schon mal durch. Ich hing mit der Nase tief über dem Teller, hatte die Augen geschlossen und saugte wie ein Staubsauger den herrlichen Duft ein.

Als Biagio mich sah, grinste er und sagte: »He, Gigi, wenn du so weitersaugst, hängen dir die Maccheroni gleich quer unter der Nase.«

Ich war so mit meinen Nudeln beschäftigt, dass ich Biagios Scherz gar nicht hörte. Erst als alle zu lachen anfingen, sah ich hoch und merkte, dass alle Blicke auf mich gerichtet waren. Kurzerhand passte sich meine Gesichtsfarbe der Soße an.

Die Maccheroni waren hervorragend, wenn auch ein wenig widerspenstig in der Handhabung, weil man sie nicht wie Spaghetti auf die Gabel drehen konnte. Die Soße spritzte nur so über den Tisch, und nach dem Essen sah ich aus, als ob ich mich mit meinen Nudeln geprügelt hätte. Ich drehte mich zu meinen Geschwistern und Nino um und stellte beruhigt fest, dass es ihnen nicht anders ergangen war. Die Erwachsenen, die das Pech gehabt hatten, neben einem Kind zu sitzen, hatten ebenfalls deutliche Kampfspuren davongetragen. Aber das tat dem einmaligen Geschmack der selbst gedrehten Maccheroni keinen Abbruch.

Als zweiten Gang durfte sich jeder ein Stück Fleisch oder eine *salsiccia* vom Grill holen, und dazu gab es frischen Feldsalat, der wie Unkraut zwischen den Weinreben wuchs. Und als Dessert die Krönung des Essens: gekühlte Maulbeeren mit Schlagsahne. Ich stand kurz vor einer Explosion, aber es war alles so lecker, dass ich unmöglich Nein sagen konnte.

Die ersten Schritte nach diesem Megaessen fielen mir unglaublich schwer, und ich kam mir vor, als ob mir jemand einen zentnerschweren Felsen um den Bauch gebunden hätte. Nino schlug vor, dass wir noch ein paar Krebse fingen, die wir dann mit nach Hause nehmen konnten. Aber er war auch so voll gegessen, dass wir nach ein paar Metern umdrehten und uns unter einen Baum setzten.

»Für die Krebse wären wir jetzt sowieso viel zu langsam«, sagte Nino.

»Ja«, antwortete ich, »das glaube ich auch. Außerdem ... kannst du dir vorstellen, was meine Mama sagen würde, wenn wir mit einem Eimer voll Krebse auftauchen würden?«

»Hmm ... sie würde vor Begeisterung in die Hände klatschen, nur wäre leider dein Gesicht dazwischen«, grinste Nino.

»Vermutlich hast du Recht«, sagte ich, und bei dem Gedanken mussten wir beide lachen.

Nach etwa einer Stunde war es Zeit, sich zu verabschieden, Papa wollte noch am Abend losfahren. Wir hatten eine wunderschöne Woche hier verbracht und waren alle traurig darüber, dass sie so schnell vergangen war. Nino wollte uns nicht gehen lassen, bis wir ihm fest versprachen, ihn ganz bald wieder zu besuchen.

Leider kam alles ganz anders, als wir uns das damals noch vorstellen konnten, und so sahen wir Scaletta Zanclea, das Haus und die Hütte am Weinberg an jenem Tag zum letzten Mal.

23. Straßenalltag

Nun fuhren wir tatsächlich zurück nach Messina, dabei hatte ich noch am Tag davor nicht glauben wollen, dass unsere Zeit bei Nino je vergehen könnte. Als mein Papa in die wunderschöne Küstenstraße einbog, blickte ich ein letztes Mal zurück und sah meinen neuen Freund noch immer winken.

Er würde mir fehlen. Ich starrte aus dem Seitenfenster auf das Meer, das in vielen verschiedenen Blautönen leuchtete, und die Fischerboote, die ab und zu vorbeitrieben. Doch leider konnte ich diesen idyllischen Anblick nicht genießen. Mein Magen war dagegen. Wahrscheinlich hatte er das viele Essen nicht verkraftet oder das Starren aus dem Seitenfenster. Oder beides. Jedenfalls musste Papa auf den Heimweg häufiger anhalten und mich schnell rausspringen lassen. Mir ging es so schlecht, dass ich dachte, ich müsste sterben.

Als wir nach Dutzenden unfreiwilligen Zwischenstopps endlich zu Hause angekommen waren, hatte ich das Gefühl, ein Loch habe sich in meine Körpermitte gebrannt. Was war ich froh, endlich aus dem Auto aussteigen zu können! Kaum hatte ich festen Boden unter den Füßen, ging es mir wieder richtig gut und ich hatte einen Bärenhunger.

Keine zwei Tage später hatte der Alltag Einzug gehalten. Da wir noch knapp eine Woche Ferien hatten, beschloss Mama, am nächsten Morgen mit mir einkaufen zu gehen. Filippo und Santina mussten solange bei *zia* Gianna bleiben, was ihnen nur recht war. Meine Schwester war ohnehin nicht von ihrer Gianna wegzubekommen, den sie unendlich vermisst hatte.

Sie weckte uns also an besagtem Morgen zeitig, und wir beide gingen nach dem Frühstück los in das etwa zwei Kilometer entfernte Provinciale, einem von mehreren Knotenpunkten Messinas, wo der Markt stattfand.

Unterwegs kamen wir an meinem ehemaligen Kindergarten vorbei. Die Eingangstür stand offen, und als ich meine ehemalige Kindergärtnerin entdeckte, hob ich eine Hand zum Gruß. Sie sah herüber und hob in einem ersten Reflex ebenfalls die Hand, um zurückzugrüßen, doch dann erkannte sie mich und das Lächeln in ihrem Gesicht gefror. Offensichtlich hatte sie mir bis heute nicht verziehen; es fehlte nur noch, dass sie ein Kreuz schlug und sich eine Knoblauchkette um den Hals hängte.

Wenige hundert Meter später erreichten wir den Krämerladen von Signora Nanna. Sie stand auf der Straße und lächelte uns mit ihrer typischen süßsauren Miene an, und wie jedes Mal fragte ich mich, ob die gute Frau ständig unter quälenden Magenschmerzen litt. Sie war etwa so klein wie ich, ziemlich dick und um die sechzig Jahre alt, aber sie war nett und sehr geschäftstüchtig.

In ihrem Laden, einem recht kleinen Verkaufsraum, der mit allerlei Waren bis unter die Decke voll gestopft war, gab es außer Salat und Gemüse so gut wie alles zu kaufen. Wenn jemand mal etwas verlangte, was sie nicht im Verkaufsraum hatte, flitzte sie nach hinten in das angrenzende Lager und kam nur Sekunden später mit dem gewünschten Gegenstand zurück. Konnte sie einem mal nicht genau das anbieten, was man gerade wünschte, versuchte sie einem etwas Ähnliches anzudrehen. Und wehe, man sagte zu ihrem Kompromissangebot nicht sofort Ja, dann war sie beleidigt und fing manchmal sogar Streit an. Dabei rief sie dann laut klagend alle ihr bekannten Heiligen an, um sich bei ihnen über die immer verwöhnter werdende Kundschaft zu beschweren. Ein Kunde, der Signora Nannas Laden verließ, ohne etwas zu kaufen, fügte ihr beinahe körperliche Schmerzen zu.

Am glücklichsten war sie um die Mittagszeit herum, wenn die Bauarbeiter und Handwerker aus der Umgebung ihren Laden stürmten, um ihre berühmten *panini* zu kaufen. Die waren wirklich gut und Signora Nanna bereitete sie mit sehr viel Liebe zu. Ihr dabei zuzusehen war schon ein Genuss, bei dem man unweigerlich Lust auf so ein Brötchen bekam. Sie schnitt die länglichen *panini* in der Mitte auf, schöpfte mit einem Löffel in würziges Olivenöl eingelegte getrocknete Tomaten aus einer Stahlwanne und legte zwei Scheiben auf das Brötchen. Anschließend kamen zwei feine Scheiben eines pikanten Provolone-Käses und eine große, fein säuberlich zusammengelegte Scheibe Mortadella darauf. Das Ganze krönte sie mit ein paar entkernten, eingelegten schwarzen Oliven und deckte es mit der zweiten Hälfte des Brötchens zu. Sie wickelte das *panino* in Papier ein und übergab es mit feierlicher Miene ihrem Kunden, der es kaum erwarten konnte, sich das Ding zwischen die Zähne zu schieben. Hungrig drängten sich die Leute um Signora Nannas Tresen und sahen ihr beim Belegen der *panini* zu, wobei sie sich ständig mit der Zunge über die Lippen fuhren und unsichtbare Brötchen schluckten. Dann strahlte die Ladenbesitzerin jedes Mal über beide Wangen; doch kaum war der letzte Kunde bedient, setzte sie ihre magenkranke Miene wieder auf.

Schräg gegenüber von Signora Nannas Laden arbeitete Signor Mazza, ein Tischler, der Möbel aller Art herstellte. Er sang den ganzen Tag neapolitanische und sizilianische Volkslieder oder irgendwelche aktuellen Schlager. Ich war noch nie an seiner Werkstatt vorbeigelaufen, ohne seine kräftige, tiefe, klare Stimme zu hören. Sobald ein Bekannter oder eine Bekannte vorbeilief, improvisierte er und band den täglichen Gruß in das Lied ein, das er gerade schmetterte.

So auch jetzt: »*Voolaaree ... Buongiorno, signora ... oh ooh! Cantaree.*«

Während meine Mama freundlich zurückgrüßte, musste ich wie immer laut loslachen. Er nannte mich deswegen nur noch *riso*. (Das steht für Reiskorn und ist gleichzeitig in der messinisischen Umgangssprache die Abkürzung von *sorriso* – Lächeln. Von jemandem, der ständig lächelt, heißt es auch, er habe zu viel *riso* gegessen.)

Drei Häuser weiter rasierte ein *barbiere* gerade einen Kunden und die beiden politisierten lautstark. Sie waren unterschiedlicher Meinung über den diebischen italienischen Staat, und der *barbiere* machte mit Händen und Füßen deutlich, was er von der aktuellen Regierung hielt. Der Kunde hatte offensichtlich schon mehrmals sein Veto eingelegt, denn der *barbiere* ermahnte ihn lächelnd, besser niemandem zu widersprechen, der ihm ein Rasiermesser an den Hals halte.

Dem Laden gegenüber verrichtete eine Schneiderin ihr Tagewerk und im Haus daneben hämmerte ein Schuhmacher auf einer Schuhsohle herum. In Messina findet das Leben im Sommer auf der Straße statt.

Die schmale, mit großen Steinen gepflasterte Straße, die zu unserem Viertel hinaufführt, verläuft eng an den Häusern. Tagsüber kann man daher in jedes Haus hineinsehen und beobachten, was die Leute gerade so machen. Die Haustüren sind nur selten geschlossen; wenn überhaupt, dann bei Einbruch der Dunkelheit oder bei schlechtem Wetter.

Auch jetzt standen zwei ältere Frauen auf der Straße und unterhielten sich über unsere Köpfe hinweg miteinander, um den neuesten Tratsch auszutauschen.

An uns vorbei führte ein fahrender Händler seinen Eselskarren den Berg hinauf und bot lautstark seine Waren an: Salat, Obst und Gemüse, manche verkauften aber auch Fisch oder Fleisch. Plötzlich kam ihm ein zweiter Eselskarren entgegen, und da die beiden auf dieser engen Straße kaum aneinander vorbeipassten, begann ein wilder Disput. Ich blieb stehen und lauschte gebannt, wie die beiden sich lautstark beschimpften. Endlich entschloss sich einer von ihnen, seinen Karren in eine kleine Seitenstraße zu steuern und den anderen vorbeiziehen zu lassen. Normalerweise konnte das durchaus eine Weile dauern, denn niemand nahm so ein kompliziertes Manöver gerne auf sich. Doch diesmal waren sich die Händler recht schnell einig und Mama trieb mich ungeduldig zum Weitergehen an.

Am Fuße des Berges angekommen, bogen wir links in die durch die ganze Stadt führende Hauptverkehrsstraße ein. Gleich an der Ecke gab es in der Bar Colucci das meiner Meinung nach beste Schokoladeneis von Messina.

Im Vorbeigehen erkannte ich meinen Klassenkameraden Nino, den Sohn des Besitzers, der eine *garzone*-Uniform trug: weiße Jacke, schwarze Hose. Er jonglierte ein mit zwei Tassen Espresso und zwei süßen *brioche* beladenes Tablett über die Straße zu irgendwelchen Kunden. Während der Schulferien half er seinem Vater in der Bar aus.

Als *garzone* konnten Kinder sich in den Sommermonaten ein paar Lire verdienen, indem sie Botengänge für Bars erledigten. Die meisten besserten mit ihrer Arbeit die Einkünfte ihrer Familien auf, und nicht selten war ihr Aushilfsjob die einzige Einkommensquelle. Dann kam es schon mal vor, dass die Eltern das Kind von der Schule nahmen, damit es jeden Tag arbeiten gehen konnte. Ein Brauch, der sich teilweise bis zum heutigen Tag gehalten hat.

Ich wollte Nino grüßen, doch er hatte mich nicht gesehen, und ein paar Minuten später hatten wir den Eingang zum Markt erreicht. Sofort war ich wieder völlig fasziniert von dieser bunten Mischung aus orientalischem Bazar und sizilianischem Geschrei.

Eine Vielzahl an Gerüchen lag in der Luft, eine Mischung aus frischem Fisch und alten, achtlos auf die Straße geworfenen Fischresten, die langsam in der Sonne verwesten, dazu die Mülltüten, die wohl wieder mal tagelang am Straßenrand gestanden hatten – all das sorgte dafür, dass sich an diesem Morgen eine Duftmischung zusammenbraute, die mich sofort an eine Mülldeponie denken ließ.

An guten Tagen ist es anders, da kann man durchaus die verschiedensten Gerüche unterscheiden, und der Duft des Marktes reizt die Sinne und weckt die Neugier. Besonders die Stände mit Gewürzen aus aller Welt verbreiten ein Aroma, das einen ganz benommen macht.

Mama sagte etwas zu mir, doch ich konnte sie kaum verstehen. Die Lautstärke, mit der einige Verkäufer die Kunden an ihre Stände locken wollen, ist fast so ohrenbetäubend wie ein startender Jumbojet. Wir standen gerade neben so einem Verkäufer, der meiner Mama ein paar Tomaten einpackte. Ich beugte mich leicht über den Stand, um in die Tüte sehen zu können, als er unvermittelt losbrüllte, direkt neben meinem Ohr.

»*Poomodori beelli a cento all' uno* – schöne Tomaten, hundert Lire das Kilo.«

Das »*Poo…*« hatte auf mein Trommelfell die gleiche Wirkung wie eine mittelschwere Explosion. Ich zuckte heftig zusammen, hielt mir die Hände gegen die misshandelten Ohren und schrie vor Schmerz auf. Mama fragte den Mann sogleich, ob er noch ganz bei Verstand sei, ihrem Sohn direkt ins Ohr zu brüllen, woraufhin dieser sich entschuldigte und uns noch ein paar schöne Pfirsiche schenkte.

Ein paar Pfirsiche gegen ein fast neues Trommelfell? Ein schlechter Tausch!, dachte ich, und zum Glück kaufte mir Mama noch ein leckeres Zitroneneis als Trostpflaster.

Wir gingen weiter zu den Fischständen, die ich mit Abstand am interessantesten fand. Die Fische lagen in großen Flechtkörben zwischen Eisbrocken, damit sie nicht zu schnell verdarben: Sardinen, Schwertfische, Thunfische, Makrelen – es waren wohl an die hundert Sorten. Die Verkäufer standen meistens hinter einem großen hölzernen Schneideblock und schnitten die Fische in Scheiben. Die Köpfe der fertig zerlegten Tiere warfen sie dann auf und neben die Körbe – kein Anblick für Zartbesaitete.

Ein riesiger Tintenfisch glotzte mich aus großen, trüben, toten Augen an. Er hatte gewaltige Tentakel mit riesigen Saugnäpfen und ich kam aus dem Staunen nicht mehr heraus.

Mama kaufte gerade ein kleineres Exemplar zum Abendessen, da fiel mein Blick auf die Attraktion des Nachbarstandes: ein Hai!

Der Fischer nebenan verstand sein Handwerk und bot eine richtig gute Show. Sobald die Menschenmenge vor seinem Stand kleiner wurde, fing er an zu schreien und riss dem Hai das Maul auseinander, um die Zähne zu präsentieren. Sofort blieb wieder jemand neugierig stehen und auch ich starrte völlig gebannt auf das riesige Tier. Es war viel größer als ich und jeder einzelne Zahn war dicker als einer meiner Finger.

Der Verkäufer machte sich einen Spaß daraus und forderte einen kleinen Jungen neben mir auf, eine Hand in das Maul des Hais zu legen. Langsam wagte er sich vor und wollte gerade vorsichtig die Hand nach dem Tier ausstrecken, als der Fischer aufschrie und so tat, als ob der Hai zuschnappen würde. Es bereitete ihm sichtlich Vergnügen, zu sehen, wie der kleine Hosenscheißer weiß im Gesicht wurde und »Maamaaa!« brüllte, während die meisten Erwachsenen ringsum in schallendes Gelächter ausbrachen.

Ich beschloss, dass ich den Mann auf gar keinen Fall leiden konnte, und als er mich ansprach, verdrehte ich die Augen, streckte ihm die Zunge heraus und ging hinter dem Rock meiner Mama in Deckung. Doch leider half es mir nicht.

»Was für eine hässliche Zunge!«, schrie der Fischer jetzt und griff nach einem riesigen Messer. »Komm her, mein Junge!«, fuhr er fort. »Ich kann doch nicht zulassen, dass so ein hübscher Bengel so eine hässliche Zunge mit sich rumträgt. Wir schneiden sie ab, vielleicht wächst eine schönere nach. Ha!«

»*Ma tu sei pazzo* – du bist ja verrückt!«, brüllte ich angsterfüllt zurück und zerrte an Mamas Rock, damit wir endlich von diesem Stand wegkamen.

»*Dove vai* – wohin gehst du? Komm gefälligst zurück!«, brüllte mir der Fischer feixend hinterher und hieb das große Messer in seinen Schneideblock, dass es zitternd stecken blieb. Dann wandte er sich übergangslos der nächsten Kundin zu, die darauf wartete, bedient zu werden.

Wir liefen über den ganzen Marktplatz, an etlichen Kleider-, Schuh-, Spielzeug-, Gewürz-, Lebensmittel- und sonstigen Ständen entlang, bis Mama endlich alles eingekauft hatte. Ich bekam noch ein paar Artischocken, die ich so gerne mochte, und wir machten uns schwer beladen auf den Rückweg.

Der hatte es ganz schön in sich. Ich trug zwei leichte Tüten und Mama vier weitere, die etwas schwerer waren. Unterwegs kauften wir noch eine *ciambella* – ein ringförmiges Brot – beim Bäcker, und als wir in die steile Gasse zu unserem Viertel abbogen, wurden die Tüten immer schwerer. Nach ein paar hundert Metern keuchte ich vor Anstrengung und hatte das Gefühl, als ob die Tüten in meinen Händen dreimal so viel wogen wie vorher.

»Gigi, lass die Tüten nicht am Boden schleifen!«, mahnte Mama.

»Jaahaa. Ich krieg sie nicht hoch, ich glaube, meine Arme sind länger geworden«, klagte ich.

»Dann lauf eben wieder aufrecht!«, erwiderte Mama genervt. »Wenn die Tüten reißen, kannst du was erleben!«

»Ich sterbe sowieso gleich vor Erschöpfung«, röchelte ich, »und dann kannst du auch noch meine Leiche hochtragen.«

»Übertreib nicht so«, sagte Mama nur. »Ich laufe diese Strecke jeden zweiten Tag hoch und lebe auch noch.«

»Geeelaaatiii! Graaanitaaa!«, ertönte die Stimme eines Eisverkäufers hinter uns – welch ein wundervoller Klang.

»Okay«, sagte ich zu Mama, »ich versuche, nicht zu sterben, du musst mich nicht tragen, und dafür bekomme ich ein Schokoeis. Abgemacht?«

»Nichts da«, antwortete sie. »Du hattest schon eins und du wirst die Tüten auch so hochtragen.«

»Aber das war für mein kaputtes Trommelfell, jetzt geht es um Tod durch Erschöpfung. Wenn ich ein Eis kriege, schweige ich wie ein Grab, bis wir zu Hause sind.«

»Und wer trägt die Tüten?«, fragte Mama.

»Ich! Ich nehme sie beide in eine Hand, ja?«

»Da hast du hundert Lire und jetzt will ich keinen Ton mehr hören«, sagte Mama.

Während ich mir die Tüten über die Schulter warf und genüsslich mein Eis verdrückte, schüttelte Mama immer wieder kichernd den Kopf. Aber da ich geschworen hatte, zu schweigen, fragte ich sie nicht nach dem Grund.

Erwachsene waren manchmal schon seltsam.

24. Jagdmethoden

In jenen Tagen, kurz bevor die Schule wieder anfing, entwickelte ich eine neue Leidenschaft: Comics lesen. Am liebsten mochte ich *Topolino* und *Paperino*, die italienische Ausgabe von *Mickymaus* und *Donald Duck*.

Da *zio* Baldo ein leidenschaftlicher Sammler von Comics aller Art war, stand mir jederzeit eine schier unerschöpfliche Quelle an Lesefutter zur Verfügung. Ich musste nur bei meinem Leben schwören, die Comics wie meinen Augapfel zu behandeln.

Stundenlang saß ich reglos auf einem Fleck und las, bis *nonno* Luigi meinem neuen Hobby ein Ende setzte. Er konnte das »Elend« nämlich nicht mit ansehen, denn er war der Meinung, dass ein junger Bursche wie ich ständig in Bewegung sein müsse. Also bat er meinen Papa, mich mit auf die Jagd zu nehmen, was dieser auch sofort tat.

Widerwillig zog ich wie befohlen meine Schuhe an, obwohl ich doch am liebsten barfuß herumlief, und eine von *nonnos* Mützen sollte ich auch noch aufsetzen. Die war mir zwar viel zu groß, aber sie schütze mich gegen die Sonne, behauptete *nonno* Luigi. Er trug immer eine Mütze und hatte bestimmt Dutzende davon, allerdings nicht nur wegen der glühend heißen sizilianischen Sonne, sondern weil er bis auf einen kleinen Kranz am Hinterkopf keine Haare mehr hatte.

Mein Großvater machte immer den Eindruck, als ob er über wichtige Dinge nachdenke. Es musste schon einen triftigen Grund geben, wenn er sich mal zu Wort meldete, und da er keinen Widerspruch duldete, konnte er dann sehr laut werden. Dass er so war, hatte natürlich einen Grund, und zwar folgenden:

Irgendwann während des Zweiten Weltkriegs hatte eine Fliegerbombe das Haus seiner Eltern getroffen. Im Moment des Einschlags befanden sich neun Personen im Haus: seine Eltern, sechs seiner Geschwister und eine Schwägerin, für die es kein Entrinnen gab. Das Haus stürzte ein und begrub alles und jeden unter sich. *Nonno* Luigi war wenig später zur Stelle und hatte die entsetzliche Aufgabe, die in Stücke gerissenen Toten auszugraben und die durch die Wucht der Explosion verstreuten Einzelteile einzusammeln.

Vom Blutgeruch angezogen, tauchten von überall her streunende Hunde auf und schleppten einzelne Körperteile davon. Während ein paar eilig herbeigerufene Nachbarn die Leichen bewachten, verfolgte *nonno* Luigi die Hunde, nahm ihnen die Beute ab und trug sie zum Ort des Geschehens zurück.

Mit Stöcken und Steinen versuchte er, die Tiere fern zu halten, doch hungrig, wie sie waren, rotteten sie sich immer wieder zusammen und griffen ihn an, und der Kampf dauerte die halbe Nacht. Ein besonders großer, vor Hunger fast tollwütiger Hund ließ sich von ein paar Steinen nicht beeindrucken und sprang meinen Opa knurrend an. Im Sturz, als er sich praktisch schon verloren glaubte, ertastete *nonno*

Luigi eine schwere Eisenstange und erschlug den Hund.

Als am nächsten Morgen die Leichen abgeholt wurden, war mein Opa, trotz aller Trauer um seine Familie, heilfroh, die Nacht überstanden zu haben. Doch aus diesem Grund mochte er weder einsame Nächte noch Hunde.

»Die Biester sind verräterisch«, sagte er immer. »Sie lecken dir so lange die Hand, bis sie erkennen, dass du zu schwach bist, dich zu wehren. Dann beißen sie zu.«

Nach diesem Erlebnis hatte er ein übergroßes Bedürfnis, zu leben, und obwohl er damals bereits verheiratet war und sechs Kinder hatte, zog er nicht selten mit einer Ziehharmonika im Gepäck um die Häuser und feierte mit Freunden rauschende Feste. Dass sich hier und da auch mal die eine oder andere Affäre ergab, gehörte wohl dazu.

Einige seiner so genannten Freunde berichteten, dass er in manchen Nächten unter den Fenstern verschiedener Damen *Na serenata* gesungen hatte. Sein Hang zu Liebesständchen war damit stadtbekannt, der Rest bleibt sein Geheimnis. Ein Kavalier genießt und schweigt, lautete sein Motto.

Als seine Frau ihn einmal auf der Straße in Begleitung einer fremden Dame erwischte, beschimpfte sie ihn lautstark und bewarf ihn mit Steinen. Die andere nahm schreiend Reißaus, und als *nonno* Luigi, von mehreren Steinen getroffen, merkte, dass seine Frau nicht zu beruhigen war, flüchtete er ebenfalls. *Nonna* Santa lief hinter ihm her, bis sie nicht mehr konnte, dann blieb sie erschöpft stehen und warf einen letzten Stein. Der traf meinen Opa mit voller Wucht am Hinterkopf, er stolperte und fiel ohnmächtig in ein tiefes Loch neben der Straße, während *nonna* Santa wütend und traurig nach Hause lief.

Als *nonno* Luigi nach ein paar Minuten wieder zu sich kam, stellte er fest, dass das Loch viel zu tief und er zu benebelt war, um alleine herauszugelangen. Er schrie um Hilfe und wartete, bis ein paar Spaziergänger vorbeikamen, um ihn zu retten.

Nur wenig später erkrankte *nonna* Santa schwer und starb – an gebrochenem Herzen, hieß es. Für jeden war klar, das *nonno* Luigi durch sein Verhalten die Schuld daran trug, und dabei wollte er, der auf brutalste Art mit dem Tod konfrontiert worden war, doch nur ein bisschen leben.

Nonno Luigi nahm mich bei der Hand, und wir stiegen auf das Dach seines Hauses, von wo aus wir die krummen Stufen einer steilen Holzleiter erklommen und über eine Begrenzungsmauer stiegen.

Dahinter erstreckte sich ein terrassenartig bebauter Hang mit verschiedenen Bäumen und wildem Gestrüpp, an dessen Fuß kaum sichtbar ein kleines Häuschen zwischen dem Grün stand: das Haus und das Grundstück von Signor Altamasio. Er war ein älterer Herr, den ich in meinem ganzen Leben nur ein einziges Mal gesehen hatte. Viele im Viertel behaupteten, er sei ein recht seltsamer Mann, denn er war immer allein, hatte niemals Besuch und hielt sich angeblich ein paar blutrünstige Wachhunde im Vorgarten.

Wir liefen die angelegten Terrassen, die seitlich mit steilen, aus großen Steinen und Felsbrocken befestigten Treppen verbunden waren, hinauf bis zum Gipfel des Hangs. Oben angekommen, ließ ich den Blick über die große, ebene Fläche schweifen. In weiter Ferne waren einige Häuser zu sehen, ansonsten war das Land sehr spärlich bewachsen, hier und da ein paar Bäume, sonst nur gelbes, trockenes Gras und verdorrte Büsche.

»Das hier ist der beste Platz zum Jagen«, sagte *nonno* Luigi.

Ich war gespannt, was wir jagen würden, denn er hatte außer einer alten Stofftasche nichts dabei, doch als ich ihn fragte, sagte er nur, dass ich es gleich sehen würde.

Er öffnete seine Tasche und holte eine Blechdose und einen Metallspachtel hervor. Danach ging er zu einem kleinen Baum hinüber, der kaum mehr Blätter hatte, und begann den Inhalt der Dose auf mehreren Ästen zu verteilen.

»Was ist das?«, erkundigte ich mich.

»Vogelleim«, sagte *nonno* Luigi knapp. »Du streichst ihn auf die Äste und wartest, bis sich ein Vogel draufsetzt. Dann klebt er am Ast fest und du kannst ihn bequem fangen. Ich bin gleich fertig, dann verstecken wir uns in Sichtweite. Solange wir hier sind, wird sich kein Vogel blicken lassen.«

Als er den letzten Ast bestrichen hatte, gingen wir ein paar Meter weiter zu einem großen Busch und setzten uns in dessen Schatten ins Gras.

Tolle Jagd, dachte ich mir. Rumsitzen und warten, bis sich ein Vogel auf seinen Leim setzt. Da hätte ich ebenso gut meine Comics weiterlesen können. Ich hatte mir ausgemalt, dass wir mit einem Gewehr jagen würden oder wenigstens mit Pfeil und Bogen wie Robin Hood. Tatsächlich dauerte es aber nicht lange, bis unsere ersten Opfer festsaßen.

Schnell liefen wir zu dem Baum hinüber und *nonno* Luigi pflückte die kleinen Vögel wie reife Mandarinen von den Ästen. Mit einer kaum sichtbaren Drehung von Daumen und Zeigefinger brach er den Vögeln das Genick und packte sie in die Stofftasche. Anschließend liefen wir zu dem Busch zurück, wo ich unsere erste Beute begutachtete. Fünf winzige Vögel waren uns auf den Leim gegangen, alles Spatzen und verwandte Arten. Jetzt begriff ich auch, warum wir nicht mit dem Gewehr jagten; da wäre ja die Kugel größer als die Beute gewesen. Ich schaute mir die Tiere an, und wie sie da so vor mir lagen, taten sie mir furchtbar Leid. Ich wollte auf gar keinen Fall später etwas davon essen!

Auch konnte ich mir beim besten Willen nicht vorstellen, dass von den Vögeln, wenn sie erst mal gerupft waren, noch viel übrig blieb. Womöglich musste man sie mit Federn und Knochen essen … bestimmt schön knusprig.

»*Nonno*«, sagte ich, »die Vögel sind so klein, dass du mindestens hundert Stück fangen musst, um satt zu werden, oder?«

»Nein«, sagte er, »hundert nicht, aber fünfzehn bis zwanzig sollten es schon sein.«

»Also für mich brauchst du keine zu fangen«, fügte ich schnell hinzu. »Ich esse lieber Hähnchen, da ist wenigstens was dran.«

»Ja, das ist schon etwas anderes«, sagte *nonno* Luigi. »Diese Vögel hier schmecken ganz anders als Hähnchen.«

In diesem Augenblick sah ich aus den Augenwinkeln, wie sich etwas zwischen den Grashalmen bewegte, und etwas Langes, Schwarzes kam lautlos auf uns zugekrochen.

»Eine Schlange!«, rief ich aufgeregt, und während mein Schatten noch unter dem Busch saß, befand ich mich schon auf der Flucht.

Nonno Luigi schrie mir sofort hinterher, woraufhin ich mich zwar zu ihm umdrehte, aber in sicherer Entfernung stehen blieb. Ich sah, wie mein Opa sich bückte, und einen Augenblick später wickelte sich die Schlange um seinen Unterarm. Ich stand da und staunte Bauklötze. *Nonno* Luigi, der Mann, der mir mit seinen Schlangengeschichten die größte Angst vor diesen Tieren eingeflößt hatte, hatte die Schlange mit einem Griff gepackt. Das konnte ich kaum glauben, und mit Schaudern dachte ich an all die Schauermärchen, die er mir erzählt hatte: Allein die Boa constrictor, die Kinder am Stück runterschlucken konnte, hatte mir zwei schlaflose Nächte bereitet und mich bei unzähligen abendlichen Botengängen in Panik versetzt. Die Melkerschlangen, die sich des Nachts an die Euter von Kühen hängen, um ihnen Milch abzusaugen, hatten mich ebenfalls mehrere Tage beschäftigt, da er mir einredete, die bösartigen Tiere injizierten den armen Rindern dabei kleine Mengen an Gift. Aber das alles war noch gar nichts gegen die unglaublichste aller Geschichten, die er am liebsten mochte und die mir genau in diesem Moment wieder einfiel.

25. **Schlangen und Geister**

Nonno Luigi und sein Freund Giacomo waren mit einer Pferdekutsche unterwegs zu einem Bauern. Beide saßen die ganze Fahrt über auf dem Kutschbock und unterhielten sich. Als sie an ihrem Ziel angekommen waren, wendete sein Freund die Kutsche und hielt an. Sie rauchten eine Zigarette, redeten und warteten auf den Bauern, den sie abholen wollten. Plötzlich entdeckten sie in der Wiese, die sich links neben dem Feldweg erstreckte, zwei Schlangen, die sich äußerst seltsam benahmen.

Beide waren etwa zwei Meter lang, dunkelbraun und hatten schwarze und graue Linien auf dem Rücken. Sie krochen aufeinander zu, schlängelten sich ineinander und bildeten ein sich wild windendes Knäuel. Nach einer Weile ließen sie voneinander ab und richteten sich zu ihrer vollen Größe auf. Ihre Köpfe wippten in einem lautlosen Rhythmus von einer Seite zur anderen, und es sah aus, als ob sie miteinander tanzten. Belustigt betrachtete *nonno* Luigi den Paarungstanz der beiden Schlangen und sagte schließlich zu seinem Freund: »Haha, wie der Mönch mit seiner Lieblingsnonne!«

Was auch immer dieser Satz zu bedeuten hatte, jedenfalls hielten die Schlangen abrupt inne, wandten die Köpfe zu den Männern auf dem Kutschbock und stießen ein lautes, bedrohliches Zischen aus.

Nun überschlugen sich die Ereignisse: Das Pferd stieg und versuchte durchzugehen. Während Giacomo an den Zügeln zerrte, um das Tier wieder unter Kontrolle zu bringen, bewegten die Schlangen sich rasend schnell auf die Kutsche zu. Eine der beiden wickelte sich um einen Vorderlauf des Pferdes und biss zu, woraufhin das Tier vollends in Panik geriet und davonjagte. Der Schwanz der Schlange geriet unter einen Huf, wodurch das umwickelte Vorderbein zurückgerissen wurde und das Pferd aus vollem Lauf stürzte. Ross und Kutsche überschlugen sich und die beiden Männer wurden im hohen Bogen heruntergeschleudert.

Die zweite Schlange hatte nur knapp Giacomos Bein verfehlt und sich in eine hölzerne Stufe knapp darunter verbissen. Als sich die Kutsche nun überschlug, geriet sie in das Vorderrad und wurde bei dem Aufprall zerquetscht.

Nonno Luigi und Giacomo landeten hart auf dem Feldweg und standen so unter Schock, dass sie nach der Landung sofort auf die Füße sprangen und um ihr Leben rannten. Erst nachdem sie sich mehrere Male umgedreht und festgestellt hatten, dass die Schlangen sie nicht verfolgten, trauten sie sich, stehen zu bleiben und nach Luft zu schnappen.

»Was war das denn?«, fragte Giacomo.

»Keine Ahnung«, antwortete *nonno* Luigi. »Die Viecher müssen verrückt oder tollwütig sein!«

»*O Dio mio*!«, rief sein Freund aus. »Zwei verrückte Schlangen, das hat mir gerade noch gefehlt. Bist du verletzt?«

Nonno Luigi zog sein zerrissenes Hosenbein hoch,

sah sich die Wunde an seinem Schienbein an und sagte: »Ich bin am Kutschbock hängen geblieben, aber es sieht schlimmer aus, als es ist.«

»Gut«, antwortete Giacomo, »ich bin so weit auch in Ordnung. Hoffentlich hat es das Pferd nicht so schlimm erwischt.«

Langsam und sich nach allen Seiten umsehend, liefen sie zurück zur Kutsche, wo das Pferd noch immer auf dem Boden lag und sich nicht rührte.

»*Madonna mia*!«, rief Giacomo. »Das sieht nicht gut aus!«

»Nein«, antwortete *nonno* Luigi, »beim besten Willen nicht.«

Das Pferd war tot; es hatte sich bei dem Sturz das Genick gebrochen. Ein Stück der Schlange war noch immer um das Vorderbein gewickelt, das andere Ende lag einige Meter daneben. Bald darauf entdeckten die beiden Männer unter der Kutsche die leblose zweite Schlange.

Nonno Luigi und sein Freund setzten sich schweigend neben das tote Pferd und konnten nicht fassen, was geschehen war.

Jedes Mal wenn er die Geschichte erzählte, gab es jemanden, der meinte, Schlangen verhielten sich niemals so, doch mein Opa sagte nie was dazu. Manchmal krempelte er sein Hosenbein hoch und zeigte dem Zweifler die zehn Zentimeter lange und einen Zentimeter breite Narbe, die sein Schienbein zierte.

»Meinst du immer noch, dass es nicht sein kann?«, fragte er dann.

Und jetzt stand er vor mir und hatte sich die Schlange wie einen Stauchband um sein Handgelenk gewickelt.

»Komm her!«, rief er mich. »Komm ruhig näher, die ist völlig harmlos. Sie hat mehr Angst vor dir als du vor ihr.«

»Bist du dir da sicher?«, fragte ich zögerlich.

»Ja, sie kann dir nichts tun«, versicherte er mir. »Sie ist nicht giftig.«

Ich ging langsam zurück und *nonno* Luigi führte mir die Schlange vor. Anfassen wollte ich sie jedoch nicht, das wäre zu viel auf einmal gewesen.

»Du kommst aber gar nicht nach deinem Papa«, stellte *nonno* Luigi verwundert fest.

»Warum?«, fragte ich verwirrt.

»Als dein Vater so alt war wie du, hat er in einer Wasserzisterne eine große Schlange entdeckt. Er hatte kein bisschen Angst und das Tier mit einem Prügel erschlagen. Das war aber nicht so ein kleines Ding wie die hier, die war über zwei Meter lang. Als sich die Schlange nicht mehr rührte, fischte er sie aus dem Wasser, hängte sie sich um den Hals und lief damit nach Hause. Beim Anblick des Tiers bekam *nonna* Santa einen Schreikrampf und jagte deinen Papa aus dem Haus. Er war noch nicht einmal richtig draußen, da wachte die Schlange, die nur bewusstlos gewesen war, wieder auf, wickelte sich um seinen Hals und schnürte ihm die Luft ab. Er griff nach der Schlange und wollte sie wegziehen, aber je mehr er zerrte, desto fester wurde die Schlinge um seinen Hals. Er suchte den Kopf der Schlange, und als er ihn sah, griff er zu, warf sich zu Boden, hob mit der freien Hand einen Stein auf und schmetterte ihn dem Tier so lange auf den Kopf, bis es sich nicht mehr rührte.«

»Echt?«, staunte ich. »Hat er denn überhaupt keine Angst gehabt?«

»Kein bisschen«, antwortete *nonno* Luigi. »Dein Papa hat mich so manches Mal überrascht.«

»Wann denn?«, wollte ich wissen.

»Im Angelo-Viertel, wo wir früher gewohnt haben, gab es einen kleinen Feldweg, der führte an den Zitronenplantagen vorbei zum Santo-Viertel. Nach Einbruch der Dunkelheit benutzte niemand diesen Weg, an dessen Ende ein alter Olivenbaum steht mit Ästen, die über den ganzen Feldweg ragen. An diesem Baum hat sich mal ein Ziegenhirte erhängt, und noch Monate später berichteten mehrere Leute, sie hätten einen Erhängten am Baum gesehen.

Als sie sich näherten, pfiff er laut und schrill, so wie es Ziegenhirten tun, wenn sie nach ihren Tieren rufen, und auf einmal löste er sich in Rauch auf. Nachdem es zu einigen Zwischenfällen dieser Art gekommen war, bekamen es die Leute mit der Angst zu tun und nahmen, wenn es dunkel wurde, lieber den längeren Weg über die Hauptstraße.

Alle, bis auf deinen Papa. Der steckte die Hände in die Hosentaschen, pfiff ein Liedchen und marschierte jeden Abend seelenruhig über den Feldweg. Die Leute fragten ihn immer ganz erstaunt, wie er sich das zutraute, wo doch jeder wüsste, dass da ein unruhiger Geist sein Unwesen treibt.

Er sagte immer: ›Mir ist das egal, ich tue ihm nichts und er tut mir nichts. Ich pfeife mein Liedchen und er soll seins pfeifen. Außerdem habe ich ihn noch nie gesehen.‹

Die Leute aus dem Viertel konnten das gar nicht nachvollziehen, ich übrigens auch nicht. Normalerweise fürchte ich mich vor gar nichts, aber vor Geistern habe ich großen Respekt.«

»Papa ist echt mutig«, sagte ich voller Bewunderung. »Ich hab natürlich auch vor nichts Angst, außer vor Schlangen und Spinnen … und Geistern … und Riesentausendfüßlern … und Haien … und Monstern, die nachts unter meinem Bett liegen … und … hast du schon mal einen Geist gesehen, *nonno*?«

»Ja … das habe ich!«, antwortete *nonno* Luigi.

»Echt? Wann und wo? Los, erzähl!«, forderte ich ihn auf.

»Ich glaube nicht, dass diese Geschichte für Kinder geeignet ist«, wandte *nonno* Luigi ein.

»Ach bitte!«, flehte ich. »Ich habe schon so viele Geistergeschichten gehört und es macht mir gar nichts aus.«

»Jetzt sehen wir erst mal nach unseren Vögeln«, antwortete er ausweichend.

Er wickelte sich die Schlange vom Arm und warf sie ein paar Meter weiter ins Gras. Das Tier schlich sofort davon und war nach wenigen Sekunden nicht mehr zu sehen.

Mittlerweile klebten schon wieder ein paar Vögel an den Ästen fest, und *nonno* Luigi freute sich schon auf ein leckeres Abendessen, denn in seiner Stofftasche warteten jetzt schon elf winzige Vögel.

Ich wurde langsam ungeduldig und hoffte, die Jagd – oder was immer das hier sein sollte – würde nicht mehr allzu lange dauern. Doch wir setzten uns wieder ins Gras, und *nonno* Luigi fragte mich, ob ich Lust auf eine Zuckerzitrone hätte.

»Klar, immer!«, freute ich mich, und meine Laune stieg wieder.

Er holte eine Zitrone und ein Taschenmesser aus seiner Hosentasche und begann, die Frucht zu schälen.

Süßigkeiten bekamen wir nur selten, und wenn es

mal etwas Süßes sein musste, dann gab es eine von *nonno* Luigis Zuckerzitronen – und die waren köstlich. Auf seinem Baum wuchsen nämlich die besten Zitronen von ganz Messina. *Nonno* Luigi hatte in seinem Hof einen veredelten Orangenbaum, dem er vor vielen Jahren einen großen Ast abgeschnitten hatte, um auf die Schnittstelle den Ast eines Zitronenbaumes aufzupropfen.

Im Laufe der Zeit wuchs der neue Ast mit dem alten Baum zusammen, und nun hatte *nonno* Luigi einen Orangenbaum, auf dem auch Zitronen wuchsen. Die schmeckten viel fruchtiger und waren weniger sauer als gewöhnliche Zitronen und ich aß sie für mein Leben gern.

Als *nonno* Luigi die Zitrone fertig geschält hatte, schnitt er sie in der Mitte durch und gab mir eine Hälfte, um nun aus der anderen Hosentasche eine kleine Blechdose mit Zucker herauszuholen. Wir saßen im Gras, tunkten abwechselnd unsere Zitronenscheiben in die Zuckerdose und genossen den herrlich fruchtigen Geschmack.

»Hast du denn schon mal einen Geist gesehen? Oder jemanden, den du richtig unheimlich fandest?«, fragte er mich unvermittelt.

»Nein«, antwortete ich, »noch nicht. Aber in der Barackensiedlung oberhalb der Schule kannst du die unheimlichsten Gestalten beobachten. Mann, da treiben sich Typen rum, die könnten ungeschminkt Frankensteins Monster oder Graf Dracula spielen!«

»Das meinte ich eigentlich nicht«, lachte er. »Wenn jemand hässlich ist, dann kann er nichts dafür, ich meinte etwas anderes.«

»Ahh …«, sagte ich. »Ich weiß schon. Papas Freund Biagio hat sich mit seinem Freund unterhalten, und dann hat sich rausgestellt, dass der in Wirklichkeit schon tot war. Das war echt unheimlich!«

»Ja, stimmt«, sagte er. »Wenn dir jemand eine Geschichte erzählt von Leuten, die du nicht kennst, ist es allerdings gar nicht so schlimm, sondern spannend und höchstens ein bisschen unheimlich. Aber wenn du so etwas selbst erlebst und es sind Leute beteiligt, die du gern hast, dann tut es richtig weh. Erinnerst du dich an den Tag, als du dir die Finger in den Klappstuhl eingeklemmt hast?«

»Huu ... da habe ich mir zwei Fingernägel ausgerissen und wäre vor Schmerzen fast gestorben. Das vergesse ich niemals«, sagte ich. »Wenn ich nur daran denke, rollen sich mir heute noch die Ohren ein.«

»Genau!«, stimmte er zu. »Oder als du dir den glühenden Ast auf den Schuh gestellt hast, der sich bis zu deinem Fuß durchgebrannt hat.«

»Au! Das hat auch ganz schön wehgetan!«, erwiderte ich, und plötzlich war die Erinnerung wieder lebendig. Ich hatte damals völlig vergessen, dass ich den Stock, mit dem ich spielte, aus dem Feuer geholt hatte. Nach einer Weile stellte ich ihn mit der glühenden Spitze auf meinen Schuh, stemmte Hände und Kinn drauf und sah ins Feuer. Als ich die höllischen Schmerzen in meinem Fuß spürte, kam ich erst gar nicht auf die Idee, dass es an dem Stock liegen könnte, doch dann flitzte ich nur noch schreiend in der Gegend herum.

»Wie ein gefüllter Luftballon, wenn man keinen Knoten reinmacht«, lachte *nonno* Luigi. »Ich weiß noch, wie wir versucht haben, dich einzufangen, um nachzusehen, was überhaupt los war. Der Stock hatte dir ein Riesenloch in den Fuß gebrannt. Genau das meine ich: Wenn dir selbst so etwas passiert, dann ist es nicht nur eine Geschichte. Das geht viel tiefer und kann dir stärkere Schmerzen bereiten als ausgerissene Fingernägel oder ein Loch im Fuß. Es kann dir sogar so große Schmerzen bereiten, dass du nie wieder daran erinnert werden und auch nicht mehr davon sprechen willst. Niemals wieder.«

»Stärkere Schmerzen als ausgerissene Fingernägel«, wunderte ich mich, »geht das überhaupt?«

»Oh ja!«, versicherte *nonno* Luigi ernst. »Und ob das geht.« Er stand auf, packte die Zuckerdose wieder ein, klappte sein Taschenmesser zusammen und schob beides zurück in die Hosentasche. Dann warf er einen Blick auf den Baum mit den Leimfallen und setzte sich zurück ins Gras.

»Deine *nonna* Maria hat mal so eine Geschichte erlebt«, begann er zu erzählen, und wie immer lauschte ich ihm gebannt.

26. Giuseppes Jacke

»*Nonna* Marias jüngerer Bruder Giuseppe war damals vierundzwanzig Jahre alt und hatte noch zwei Tage Militärdienst zu verrichten. Er fühlte sich nicht gut und klagte über Bauchschmerzen, trat aber an jenem Tag ganz normal seinen Dienst an. Im Laufe des Tages wurden die Schmerzen immer schlimmer und er suchte den diensthabenden Stabsarzt auf.

Da der Arzt nichts Ungewöhnliches feststellen konnte, ging er danach wieder seinem Dienst nach und versuchte, sich keine Gedanken über die Bauchschmerzen zu machen. Das war leichter gedacht als getan, denn die Schmerzen wurden in der darauffolgenden Nacht immer heftiger und er konnte kein Auge zutun.

Am Morgen seiner Entlassung wurden er und seine Kameraden verabschiedet und sie verließen die Kaserne. Auf dem Heimweg wurden die Schmerzen so stark, dass er keinen Schritt mehr gehen konnte und zusammenbrach. Im Krankenhaus, in das man ihn eilig brachte, wurde er sofort operiert.

Während die eilig informierten Angehörigen, Ciccio, Teresa und deine *nonna* Maria, die sehr an ihrem kleinen Bruder hing, draußen warteten, kämpften die Ärzte bereits um das Leben des Kranken.

Nach langen bangen Stunden überbrachte ihnen ein Arzt die traurige Nachricht, dass ein Magengeschwür durchgebrochen und es für einen erfolgreichen Eingriff leider schon zu spät gewesen sei. Giuseppe war während der Operation gestorben.

Der Schock saß tief. Ciccio und Teresa hatten einen weiteren Sohn verloren, Maria ihren Bruder. In der Nacht vor der Beerdigung konnte deine *nonna* nicht schlafen, so groß war der Schmerz über den Verlust. Sie saß in ihrem Bett, dachte zurück an die schönen Tage, die sie mit ihrem Bruder erlebt hatte, und weinte sich in einen kurzen, unruhigen Schlaf. Bis jemand sie rief.

›Maria, Maria, hörst du mich?‹

›Ja, ich höre dich‹, antwortete sie im Schlaf.

›Maria, mir ist kalt! Furchtbar kalt. Meine Jacke, die haben mir meine Jacke nicht angezogen. Bitte zieh mir meine Jacke an. Lass mich nicht frieren. Komm bitte sofort. Mir ist so kalt, ich halt das nicht mehr aus. Maria, bitte! Vergiss mich nicht.‹

In dem Moment wachte deine *nonna* auf. Da es schon früh am Morgen war, zog sie sich an und eilte zur Leichenhalle, wo die Toten vor der Beerdigung aufgebahrt lagen. Sie ging auf einen Beschäftigten zu und fragte ihn ganz offen, warum ihr Bruder nicht vollständig angezogen worden sei.

Der Mann war ganz erstaunt. ›Woher wissen Sie das?‹, fragte er.

›Ich weiß es eben‹, antwortete deine *nonna*, ›das muss reichen.‹

Der Mann versuchte sich zu rechtfertigen. ›Es tut mir sehr Leid‹, begann er, ›aber der Körper war so steif, dass wir nicht in der Lage waren, ihm die Jacke überzustreifen. Dazu hätten wir ihm die Arme brechen müssen und das kann niemand von uns verlangen.‹

›Ich verstehe‹, sagte *nonna* Maria. ›Aber jetzt bin ich da und werde ihm die Jacke selbst anziehen. Ich wäre Ihnen dankbar, wenn Sie mir den Sarg öffnen würden.‹

›Selbstverständlich werde ich Ihnen dabei behilflich sein‹, sagte der Mann und ging zu Giuseppes Sarg hinüber.

Als Maria ihren Bruder so daliegen sah, brach sie wieder in Tränen aus. Dennoch ließ sie sich die Jacke geben, bückte sich über ihren Bruder und hob sanft eine Hand an. Zu ihrem Erstaunen konnte sie die Hand widerstandslos bewegen, ebenso wie der ganze Arm. Deine *nonna* zog also ihrem Bruder die Jacke an, bedankte sich bei dem erstaunten Mann für seine Hilfe und ging nach Hause.

In der Nacht nach der Beerdigung rief jemand abermals ihren Namen: ›Maria! Hörst du mich?‹

›Ja, ich höre dich‹, antwortete sie.

›Mach die Augen auf‹, befahl die Stimme.

Sie öffnete wie geheißen die Augen und sah ihren Bruder vor ihrem Bett stehen.

Giuseppe hatte seine Jacke an und lächelte. ›Ich will dir danken, Maria‹, sagte er. »Dafür, dass du mir meine Jacke gebracht hast und ich nicht mehr friere. Aber jetzt muss ich gehen, Maria. Sei nicht traurig und vergiss mich nicht. Ciao, *sorella mia* – meine Schwester.‹

›Ich … ich werde dich niemals vergessen, *fratello mio* – mein Bruder. Niemals, bis wir uns wiedersehen.‹

›Wir werden uns wiedersehen‹, antwortete Giuseppe und war von einer Sekunde auf die andere verschwunden.«

»Huah«, sagte ich, das war aber eine echt unheimliche Geschichte. *Nonna* Maria hat mir bestimmt schon Hunderte erzählt, aber von dieser hatte ich keine Ahnung.«

»Ja«, sagte *nonno* Luigi, »sie hat bestimmt ihre Gründe dafür. Und jetzt lass uns nach den Vögeln sehen!«

Wir standen auf und liefen zu dem Baum hinüber. Von weitem konnten wir schon erkennen, das mindestens sechs Vögel festsaßen und darauf warteten, in unserer Stofftasche zu verschwinden.

Mit routinierten Handgriffen pflückte *nonno* Luigi die Vögel von den Ästen. »Ich glaube«, stellte er mit einem Blick auf die gefüllte Tasche fest, »das reicht für heute.«

Er holte den Spachtel und die Leimdose aus der Tasche, kratzte den Leim wieder von den Ästen und schmierte ihn in die Dose zurück. Dann rieb er, damit keine weiteren Vögel kleben blieben, die Reste an den Ästen mit Sand ein.

Wir stiegen den Berg wieder hinab und wollten gerade über die Mauer klettern, als es dicht hinter uns laut und wütend knurrte. *Nonno* Luigi und ich blieben wie angewurzelt stehen, als mich auch schon ein riesiges schwarzes Wesen ansprang und mich mit voller Wucht gegen die Mauer schleuderte. Völlig schockiert starrte ich auf einen bedrohlich knurrenden Hund, der mich mit seinen Pfoten gegen die Wand drückte und keine zwei Zentimeter von meiner Nase entfernt seine langen, spitzen Zähne fletschte. *Nonno* Luigi versuchte reflexartig meine Hand zu nehmen und den Hund wegzudrücken, als plötzlich ein zweiter vor ihm auftauchte und ebenfalls knurrend die Zähne fletschte.

»Madonna!«, hörte ich *nonno* Luigi sagen. »Gigi, beweg dich bloß nicht!«

Bewegen? Ich war zu einer Marmorstatue erstarrt! Das Einzige, was sich bewegte, noch dazu unbeabsichtigt, waren meine zitternden Beine. Die aber schlugen alle Rekorde.

Schmerzhaft gruben sich die Krallen des Hundes in meine Schultern, gleichzeitig pustete er mir unentwegt seinen stinkenden Atem ins Gesicht. Ich hatte seine Fangzähne noch immer direkt vor Augen, hörte das dunkle Grollen, das tief aus seiner Kehle drang, und spürte, wie mir dabei kalter Schweiß den Rücken entlanglief. Ich hatte Todesangst!

»Hunde, die bellen, beißen nicht!«, sagte Nonno Luigi und redete beruhigend auf mich ein, während er gleichzeitig versuchte, die Köter zu verscheuchen, indem er irgendwelche Kommandos brüllte. Nebenbei hatte er sein Taschenmesser aus der Hosentasche gezogen und machte sich bereit, den Hund, der mich an der Wand gefangen hielt, damit anzugreifen.

Sehr witzig, dachte ich noch, die Hunde haben gar nicht gebellt. Da ertönte ein lauter, schriller Pfiff, gefolgt von einer heiseren, verärgert klingenden Stimme.

»Bruto! Max! Hierher!«

Der Hund über mir drehte den Kopf von meinem Gesicht weg, stieß sich ab, setzte sich einen Meter vor mir hin und starrte mich böse an. Mir fiel, im wahrsten Sinne des Wortes, eine tonnenschwere Last von der Brust.

»Keine Angst!«, hörte ich jemanden rufen, als auch schon ein kleiner, hagerer alter Mann mit weißen Haaren die letzten Stufen hinaufkam: Signor Altamasio!

Die Geschichten, die über diesen Mann die Runde

machten, waren also wahr. Er war seltsam, er hielt blutrünstige Wachhunde und bekam offenbar nicht umsonst niemals Besuch.

Als er mich ansah, lächelte er freundlich. »Die fressen dich nicht«, sagte er, kam auf mich zu und versuchte meine Hand zu nehmen, die ich ihm jedoch verweigerte. »Ich bitte vielmals um Entschuldigung, ich wusste nicht, dass ihr hier seid, sonst hätte ich die Hunde niemals aus dem Zwinger gelassen. Die beiden sehen nur böse aus, sie sind eben Wachhunde.«

Nonno Luigi antwortete in ruhigem Ton: »Wir sind trotzdem zu Tode erschrocken, und wenn Sie nicht in letzter Sekunde gekommen wären, hätte ich denjenigen, der meinen Enkel bedroht hat, kurzerhand abgestochen.«

Signor Altamasio wirkte bestürzt und lud uns spontan zu einem Glas Wein und eine *granita* ein.

Nonno Luigi sah mich an, sagte: »Also gut!«, und wir stiegen gemeinsam mit dem Signore zu seinem Haus hinab, wobei die Hunde mehrfach den Hang hinunter- und wieder hinaufjagten, bis wir in einem kleinen Hof standen. Signor Altamasio bot uns zwei geflochtene Stühle an und verschwand kurz im Haus.

Der betonierte Hof war wirklich schön, und besonders gut gefiel mir ein Mandarinenbaum, der so beschnitten war, dass sich seine Krone wie ein Regenschirm über den Hof spannte. Unzählige unreife Mandarinen hingen an den Zweigen und verströmten ihren fruchtigen Geruch. An einer anderen Stelle wuchs ein kräftiger, mit Trauben überladener Weinstock, der sich auf gespannten Drähten rankte und eine gewachsene Wand bildete. Auf der anderen Seite verlief eine Mauer, etwas mehr als einen Meter hoch und mit einem niedrigen gemauerten Podest davor.

Darauf standen etliche Topfpflanzen in Reih und Glied, was sehr gemütlich und liebevoll gepflegt aussah.

Ich war zutiefst überrascht, denn all das passte so gar nicht zum Bild des seltsamen alten Mannes, der in den Geschichten vorkam.

Die beiden Hunde lagen langgestreckt unter einem Tisch, der eine kaute auf einem alten Gummiball, der andere hatte den Kopf auf die Pfoten gelegt und sah aus, als könne er kein Wässerchen trüben. Unglaublich!

Nach wenigen Minuten kam Signor Altamasio mit einer Flasche Wein, zwei Gläsern und einer ganzen Schüssel leckerer Zitronen-Granita heraus; wie sich Sekunden später herausstellte, das beste Wassereis, das ich je gegessen hatte.

Begeistert fragte ich Signor Altamasio, wo er die Granita gekauft habe.

»Die habe ich selbst gemacht«, antwortete er. »Ich habe hier so viele Zitronenbäume ... warum sollte ich da welche kaufen?«

»Echt?«, staunte ich » Wenn Sie die verkaufen würden, wären Sie bestimmt bald Millionär!«

»Millionär? Weshalb denn? Ich habe alles, was ich brauche, und um alles andere kümmere ich mich nicht. Aber wenn du meine Granita so magst, kannst du gerne hin und wieder auf eine Schüssel vorbeischauen.«

»Gerne!«, sagte ich begeistert, wenn auch mit einem skeptischen Blick auf die beiden Hunde.

Signor Altamasio entging er nicht. »Keine Sorge, die beiden tun dir jetzt nichts mehr, denn sie wissen, dass du uns nichts Böses willst. Wenn du das nächste Mal kommst, werden sie sich freuen, dass du da bist.«

»Sicher?«

»Ganz sicher!«, sagte Signor Altamasio.

Er und *nonno* Luigi unterhielten sich noch ein Weilchen, und Signor Altamasio versprach schließlich, die Hunde in Zukunft nicht aus den Augen zu lassen, bevor er sich nicht vergewissert hatte, dass sich niemand in der Nähe befand.

Währenddessen war einer der beiden Hunde aufgestanden und setzte sich vor mich hin. Ich zuckte sofort zurück, schließlich hatte der Köter mich vorher angefallen, und bekam es gleich wieder mit der Angst zu tun. Aber der Hund roch nur an der Schüssel in meinen Händen und legte dann den Kopf auf meine vor Angst wie versteinerten Oberschenkel.

»Er will, dass du ihm den Kopf kraulst«, erklärte Signor Altamasio. »Das liebt er über alles.«

Ich saß immer noch stocksteif in meinem Stuhl und wagte es nicht, mich zu rühren. Nach zweimaliger Aufforderung konnte ich mich dann doch dazu überwinden, den Hund zu kraulen, was dieser sichtlich genoss. Wie er nun so vor mir saß und vor Wohlbehagen sabberte, hatte er so gar nichts Blutrünstiges mehr.

Als wir uns kurz darauf verabschiedeten, begleiteten uns Bruto und Max noch schwanzwedelnd bis zur Mauer, bevor sie wieder in Richtung Haus verschwanden.

»So schlimm sind die gar nicht«, sagte ich,

»Nein, wirklich nicht«, antwortete *nonno* Luigi. »Nur kann man sich leider nicht darauf verlassen, dass sie es auch bleiben.«

Zu Hause angekommen, machte sich *nonno* Luigi gleich daran, die Vögel zuzubereiten, während ich meinen Geschwistern aufgeregt erzählte, was am

Nachmittag passiert war. Natürlich sagten sie, dass ich übertreibe, aber als ich mein T-Shirt hob und jedem, der es sehen wollte, die deutlichen Krallenspuren auf meinen Schultern zeigte, waren sie doch alle froh, dass die Sache so glimpflich ausgegangen war.

So ausgefallen wie das von *nonno* Luigi war unser Abendessen zwar nicht, aber dafür schmeckte es super. Statt Schlegel, so dünn wie Zahnstocher, und Flügel von der Dicke eines Streichholzes gab es Spaghetti mit Brokkoli – einfach, aber lecker!

Anschließend schlenderte ich zu *nonno* Luigi hinüber, schließlich war ich neugierig auf sein Wildvögelragout. Es roch fantastisch und die Soße schmeckte hervorragend, aber die Vögel probierte ich trotzdem nicht.

In jener Nacht träumte ich von Hunden mit riesigen Zähnen, die mich mit Leimfallen jagten, und der Traum war so grausam, dass ich irgendwann schweißgebadet hochschreckte und mich nach den Resten des Klebstoffes abtastete, mit dem die Hunde mich hatten fangen wollen – um mich anschließend in aller Seelenruhe zu zerlegen, durchzukauen und auszuspucken ...

27. Autogeschichten

»*Femminuccia*!«, brüllte Mama ihrem Kontrahenten entgegen.

»Wer, ich? Ich soll ein kleines Mädchen sein?«, brüllte Signor D'Angelo zurück. »Ihr Balg da hat nur Unsinn im Kopf und Sie beschimpfen mich als Mädchen? *Ma signora, per favore*!«

Mama war nicht gerade zimperlich, wenn sie ihren Nachwuchs verteidigen musste. Und Signor D'Angelo, wie er so dastand in seinem dunkelblauen Morgenmantel, hätte einen durchaus an ein Mädchen erinnern können, wenn er nicht gerade den dicksten Oberlippenbart des ganzen Viertels gehabt hätte. Aus der Entfernung betrachtet sah man zuerst den Bart und erst nach und nach zeigte sich der mittelgroße Mann mit pechschwarzen Haaren, Grübchen im Kinn und Lachfalten um die Mundwinkel.

Signor D'Angelo war an diesem letzten Ferientag, bevor die Schule wieder anfing, sehr über mich verärgert, weswegen er mich noch vor wenigen Sekunden von seinem Balkon aus ziemlich derb beschimpft hatte. Bis meine Mama, von dem Geschrei angelockt, mit wehender Schürze aus dem Haus gerannt kam und gleich zum Gegenangriff überging.

Nun stand ich neben Mama und setzte meine unschuldigste Unschuldsmiene auf – dagegen sah selbst das an der Brust der heiligen Madonna saugende Jesuskind wie ein Mafioso aus.

Dabei war ich diesmal gar nicht sooo unschuldig.

Mama hatte mich mit ein paar hundert Lire und einer Einkaufstüte Brötchen kaufen geschickt. Ich sollte auf dem schnellsten Weg zu Signora Nanna laufen und sofort zurückkommen. Also rannte ich die lange Treppe hinab, stieg über die Begrenzungsmauer und rutschte einen kleinen Hang herunter bis zu dem großen Hof, der von allen als Parkplatz benutzt wurde. Die schmale, ungepflasterte Gasse, die von der Straße aus hineinführte, war eine wunderbare Abkürzung, und ich sollte mich schließlich beeilen.

Doch daraus wurde nichts, denn ich hatte auf dem Boden etwas Glitzerndes entdeckt und bückte mich, um den Gegenstand aufzuheben. Es war ein blanker Stahlnagel.

Mit dem Nagel in der Hand lief ich weiter und überlegte mir, was ich damit machen sollte. Eine Hütte bauen? Dazu war ein einziger Nagel zu wenig. Ich könnte ihn wie mein Cousin Gianni zu einem Ring biegen lassen und als Schlüsselanhänger benutzen. Aber ich besaß gar keinen Schlüssel, was sollte ich also mit einem Anhänger?

Kurzerhand griff ich mir einen Stein und schlug den Nagel in den Vorderreifen eines kleinen, weißen Fiat Cinquecento. Mit drei wuchtigen Schlägen hatte ich ihn so weit in das Gummi getrieben, dass nur noch der Kopf herausschaute. Ich ging in die Hocke und beobachtete gespannt, ob der Überdruck im Reifen den Nagel herauspusten würde. Ich wartete … und wartete … aber es passierte: nichts!

Der Reifen verlor nicht einmal Luft. Also beschloss ich, den Nagel langsam wieder herauszuziehen, was zunächst alles andere als einfach war. Als ich ihn etwa halb herausgezogen hatte, ging es plötzlich ganz schnell. Es machte flupp – der Nagel kam mir entgegen und die Luft entwich mit einem lauten Zischen aus dem Reifen. Es dauerte keine zwei Sekunden und das Auto verneigte sich vor mir.

Wow! So etwas hatte ich noch nie gesehen. Begeistert stand ich mit dem Nagel in der Hand da und bewunderte mein Kunstwerk, bis sich ganz allmählich in meinem Kleinhirn der Gedanke formte, wem der Wagen wohl gehörte. Nachdem dieser Punkt geklärt war, fragte ich mich, wie Signor D'Angelo wohl reagieren würde, wenn er mich mit einem Nagel und einem Stein in der Hand neben seinem Auto sehen würde – einem Auto, das auch noch ganz zufällig einen platten Reifen hatte.

Nun, es gab zwei Möglichkeiten: Signor D'Angelo wäre überglücklich und würde mich bitten, meine Initialen in die Motorhaube zu kratzen, um mein Kunstwerk zu vollenden. Oder, die wahrscheinlichere: Er würde mir mit dem Nagel ebenfalls die Luft rauslassen und mir seine Initialen auf den Hintern tätowieren.

Plötzlich stand ich stocksteif da, denn mir war siedend heiß eingefallen, dass Signor D'Angelo von seinem Balkon aus den gesamten Platz überblicken konnte. Langsam drehte ich den Kopf nach rechts und schielte nach dem Balkon: keiner da. Nun drehte ich den Kopf nach links, die Gasse runter, und schätzte die Entfernung ab, die mich von der nächsten Biegung trennte. Es waren etwa fünfzig Meter. Wenn ich so schnell wie möglich die Biegung erreichen würde, könnte niemand aus meiner Anwesenheit die falschen … richtigen Schlüsse ziehen. Aus dem Stand beschleunigte ich auf Schallgeschwindigkeit und raste die Gasse entlang. Nachdem ich abgebogen war, fühlte ich mich in Sicherheit und schlenderte gemütlich zu Signora Nanna.

Auf dem Heimweg nahm ich vorsichtshalber den Umweg über die Hauptstraße und stieg anschließend die Stufen zu unserem Viertel hoch. Noch konnte ich den Balkon von Signor D'Angelo nicht sehen, dennoch musste ich daran vorbeilaufen und betete, dass er nichts bemerkt hatte. Stufe um Stufe näherte ich mich dem Haus, während ich versuchte, ein Lied zu pfeifen. Jetzt konnte ich schon das grün gestrichene Balkongeländer erkennen und … einen kleinen Zipfel eines dunkelblauen Morgenmantels. Auweia! Signor D'Angelo stand draußen!

Mein Herz übersprang ein paar Schläge, und mein unmelodisches Gepfeife wurde so hektisch, dass ich mich nur noch pusten hörte. Nur nicht nach oben schauen!, befahl ich mir und stieg zügig die Treppen hoch, denn Rennen hätte mehr als verdächtig gewirkt. Plötzlich ertönte ein lauter Schrei, etwas Eiskaltes stürzte auf mich herab, und ehe ich mich's versah, war ich pitschnass.

»Ahh … *cunnutu ti pignai* – hab ich dich, du gehörnter Idiot!«

Signor D'Angelo stand über mir und hielt noch die große Schüssel in den Händen, die er gerade über mir ausgekippt hatte. Ich war schockiert und schnappte nach Luft, während Signor D'Angelo auf mich einschrie.

»Du kleine Ratte! Warum hast du mir meinen Reifen zerstochen?«

»Ich … ich war's nicht«, bibberte ich stocksteif vor Angst.

»Lüg nicht! Ich habe doch gesehen, wie du in der Gasse um die Ecke gebogen bist.«

Mist!, dachte ich nur und setzte mich wieder in Bewegung. Nicht dass er noch auf die Idee kam, zu mir herunterzukommen.

»Ich habe gar nichts zerstochen!«, rief ich.

»Was hast du dann gemacht?«, brüllte er nun.

Ich war in der Zwischenzeit oben angekommen, wo das Tor zu *zio* Paolos Hof noch offen stand. Rasch schlüpfte ich hindurch, schlug es zu und schrie ihm meine Antwort entgegen: »Ich habe den Nagel nur herausgezogen und plötzlich war der Reifen platt!«

Oh nein! Was hatte ich denn jetzt gesagt? Böser Fehler! Ich bereute es auf der Stelle, denn Signor D'Angelo hatte ein großes Repertoire an wüstesten Beschimpfungen auf Lager, die er mir nun im Sekundentakt um die Ohren schlug.

Just in dem Moment trat Mama auf den Plan, von dem lautstarken Geschrei angezogen.

Die Schlacht dauerte eine knappe Viertelstunde. Zwar hatte Signor D'Angelo Recht, aber das wusste Mama nicht, außerdem hatte sie eindeutig die besseren Stimmbänder. Der Kampf stand unentschieden, und Signor D'Angelo zog sich schon vom Schlachtfeld zurück, als ich den zweiten kapitalen Fehler an diesem Tag beging: Ich fragte meine Mama, ob alles okay sei.

Das hätte ich lieber nicht tun sollen, denn nun explodierte sie. »Was hast du getan?«, schrie sie mich an. »Du hättest doch nur Brötchen holen sollen.«

Ich bekam nicht einmal die Zeit, ihre Frage zu beantworten, schon hatte sie mich an einem Ohr geschnappt und zerrte mich hinter sich her. Der Weg bis ins Haus zog sich ins Unendliche und meine linke Ohrmuschel war in der Zwischenzeit schon drei Nummern größer als die rechte. Damit konnte ich mich heute Nacht bestimmt zudecken.

Mama pfefferte mich auf einen Stuhl und begann mich zu verhören. Es fehlten nur noch die starke Lampe, die mich blendete, und jemand, der den guten Bullen spielte. Sie verlangte, dass ich alles erzählte. Haargenau. Das tat ich auch. Ich ließ nur die Stelle weg, als ich den Nagel in den Reifen eingeschlagen hatte. Aber allein die Tatsache, dass ich dafür gesorgt hatte, dass dem Reifen die Luft ausgegangen war, reichte schon vollkommen aus.

Nach Mamas Sonderbehandlung konnte ich auf meinem Hintern Steaks grillen … und vermutlich hätte die Restwärme auch noch für eine ordentliche Portion Pommes gereicht.

Meine Autogeschichten waren damit allerdings noch nicht zu Ende. Eine Zeit lang machte ich mir einen Spaß daraus, meinem Papa vorzugaukeln, dass jemand ohne sein Wissen mit seinem grünen Fiat Seicento fuhr.

Da der Parkplatz leicht abschüssig war, fuhr Papa immer ganz hinauf, um das Auto zu wenden und es anschließend in Ausgangsrichtung abzustellen. Damit der Fußweg nicht zu lang wurde, parkte er natürlich möglichst weit oben.

Irgendwann hatte ich beim Spielen entdeckt, dass die Seitenscheibe an der Fahrertür defekt war und ich sie einen Spaltbreit herunterdrücken konnte. Mit ein wenig Anstrengung kam ich an den Verriegelungsknopf und konnte die Tür problemlos öffnen.

Ich kniete mich auf den Fahrersitz, löste die Handbremse und ließ das Auto bis zum Ende der Gasse rollen. Großartig lenken musste ich dabei nicht, denn ich schlich mich meistens morgens raus und da standen nur noch wenige Fahrzeuge im Hof. Unten angekommen, zog ich die Handbremse wieder an, kurbelte die Scheibe hoch, verriegelte die Tür und … lachte mich innerlich halb tot, wenn ich an Papas erstauntes Gesicht dachte.

Er war tatsächlich überrascht, sein Auto nicht dort vorzufinden, wo er es abgestellt hatte. Während Papa und Mama noch rätselten, wer einen Zweitschlüssel für das Auto besitzen oder wie der Wagen sonst an seinen neuen Standort gekommen sein könnte, hatte ich größte Mühe, einen Lachanfall zu unterdrücken und mir dabei nicht in die kurzen Hosen zu machen.

Ich hatte so großen Spaß, dass ich das Spielchen in unregelmäßigen Abständen wiederholte – bis zu jenem verhängnisvollen Tag, als der kleine Fiat Cinquecento von Signor D'Angelo ein paar Meter vor Papas Auto stand. Statt auf meinen Streich zu verzichten, beschloss ich, den Wagen um den unseres Nachbarn herumrollen zu lassen.

Anfangs klappte alles wunderbar, bis das Auto plötzlich stehen blieb. Es hatte die Parklücke gerade mal so weit verlassen, dass es mitten auf der Straße stand. Ich stieg aus und sah, dass der linke Vorderreifen von einem großen Stein blockiert wurde. Also zog ich die Handbremse an, rollte den Stein weg, kniete mich wieder auf den Fahrersitz, löste die Handbremse und hoffte, dass sich das Auto von alleine wieder in Bewegung setzte.

Niente! Der Wagen rührte sich keinen Meter.

Da hatte ich mich mal wieder in eine richtig dumme Situation hineinmanövriert und überlegte fieberhaft, was ich jetzt tun könnte. Ich stieg aus, schloss die Tür, ergriff durch die geöffnete Seitenscheibe das Lenkrad und versuchte, das Auto zu schieben. Ich schuftete wie ein Esel, doch der Fiat rührte sich nicht vom Fleck. Irgendwann ließ ich das Lenkrad los, lehnte die Schulter gegen den Türrahmen und stemmte mich mit aller Kraft gegen das Fahrzeug: Es bewegte sich.

Jetzt musste ich nur noch gegenlenken, bevor das Auto zu nah an die Wand fuhr. Ich wollte die Fahrertür öffnen, um auf den Sitz zu springen, doch sie klemmte, und als ich sie nach mehreren verzweifelten Versuchen endlich aufbekam und mein Bein in den Türspalt schieben wollte, überrollte das Hinterrad meinen Fuß.

Das Auto blieb abrupt stehen. Mein Fuß steckte in einer schmalen, durch Regenwasser ausgewaschenen, natürlichen Regenrinne und das Rad saß direkt auf meinem Fußrücken!

Ich schrie auf. Obwohl die Regenrinne einen Teil des Gewichts auffing, tat es unglaublich weh. Wenn mich Papa oder Mama in dieser Lage erwischten, war ich geliefert. Ich setzte mich auf den Boden, lehnte mich mit dem Rücken gegen die Wand und überlegte mir trotz der schier unerträglich werdenden Schmerzen, wie ich mich – möglichst alleine – aus dieser Lage befreien könnte. Mein Fuß pochte wie wild, ich fing an zu weinen und zunächst leise um Hilfe zu rufen. Vielleicht hörte mich jemand auf der anderen Seite des Wohnviertels und ich konnte die Geschichte doch noch irgendwie vertuschen. Aber dem war nicht so. Als mir schwarz vor Augen wurde, geriet ich in

Panik und brüllte lautstark los: »*Aaaiiiuuutoooooo*!
Zu Hilfe!«

Sekunden später waren meine Eltern zur Stelle
und zusammen mit einigen Nachbarn schoben sie
das Auto auf die Seite. Mama zog mir den Schuh aus
und ich konnte meinen blauen, geschwollenen Fuß
betrachten. Es dauerte nicht lange und es hagelte eimerweise Vorwürfe. In Anbetracht der Tatsache, dass
ich ganz ohne Zweifel mehr Glück als Verstand gehabt hatte, waren die Vorwürfe durchaus angebracht.
Körperliche Strafen brauchte ich diesmal nicht zu
befürchten, die Schmerzen in meinem Fuß waren
mehr als ausreichend. Obwohl nichts gebrochen war,
dauerte es mehrere Wochen, bis ich wieder richtig
laufen konnte, und der Schulweg war alles andere als
angenehm.

28. **Zurück in der Schule**

Die vierte Klasse hatte begonnen, und das, wovor wir uns alle während der Ferien gefürchtet hatten, wurde Gewissheit:

Unser neuer Lehrer hieß *professore* Giannelli.

Keiner von uns hatte ihn je gesehen, aber ein jeder in der Schule kannte mindestens eine der zahlreichen Geschichten, die über seine grausamen Bestrafungsmethoden existierten.

So soll er mal einen Schüler bis zur Bewusstlosigkeit gewürgt haben, weil er angeblich eine Matheaufgabe falsch gerechnet hatte. Dass er Hand anlegte, geschah jedoch äußerst selten, denn Giannellis Lieblingsdisziplin war das Werfen mit Gegenständen. Seinen Schlüsselbund schleuderte er so hart und präzise durchs Klassenzimmer, dass er einer Fliege im Flug die Spucke aus dem Rüssel schießen konnte. In den meisten Fällen warf er aber nur einen nassen Schwamm. Der war allerdings so voll gesogen, dass man sich bei einem Kopftreffer die Nase zuhalten musste, um nicht zu ertrinken. Einem Schüler soll er mal ein Buch so brutal auf den Schädel gehauen haben, dass dem armen Kerl der Kopf zwischen die Schulterblätter gerutscht war. Von dem Moment an hieß der Junge nur noch »Gaetano der Halslose«.

Den kannte jeder in der Schule und sein Kopf saß tatsächlich ohne Hals auf den Schultern. Allerdings hatte ich nicht gewusst, dass *professore* Giannelli ihm das angetan hatte. Ich war der festen Überzeugung gewesen, dass Gaetanos Halslosigkeit ein Geburtsfehler sei.

Vor Beginn der ersten Stunde redeten wir alle vierundzwanzig wild durcheinander und ein jeder hörte verängstigt den neuesten Berichten über Giannellis Gräueltaten zu, und allen stand die gleiche angstvolle Frage ins Gesicht geschrieben:

Wie überlebe ich dieses Schuljahr, wenn der Lehrer Spaß am Töten hat?

Als ein riesiger Schatten die Türöffnung verdunkelte, wurde es schlagartig totenstill, alle hielten den Atem an und verfolgten den immer länger werdenden Schatten, bis er auf die gegenüberliegende Wand traf.

Gebannt lauschten wir den klackenden Absätzen, die hart auf den Steinboden schlugen und sich schnell und zielstrebig näherten, während wir diesem übermenschlich großen Schatten nachstarrten. Darüber hätten wir beinahe den kleinen Mann im grauen Anzug übersehen, der dem Schatten folgte. *Professore* Giannelli war ganze sechseinhalb Meter kleiner als der Schatten, den er geworfen hatte, und sah auch alles andere als Furcht erregend aus. Mit seinen etwa einen Meter sechzig und dem schütteren Haarkranz erinnerte er mich ein bisschen an *nonno* Luigi. Allerdings war unser neuer Lehrer dicker, hatte kleine, hinterlistig funkelnde Augen, ein rundes, weiches Gesicht mit hängenden Wangen und großen Ohren.

Er musterte uns von der Tür her und verzog seine Mundwinkel zu einem spöttischen Grinsen, bevor er eintrat und zackig die Tür hinter sich zuzog. Mit einer befehlsgewohnten, wenn auch piepsig hohen Stimme begrüßte er uns: »*Buongiorno, scolari*!«

Wir traten neben unsere Schulbänke und antworteten wie gewohnt im Chor: »*Buongiorno, signor maestro*!«

»*Bene, bene*!«, freute er sich. »Ich sehe schon, ihr seid ein gut erzogener Haufen. Das wollen wir in Zukunft noch ein bisschen vertiefen. Dann ratterte er mit strenger Stimme seine Regeln herunter und schloss mit den Worten: »Irgendwelche Fragen? Ich denke, wir werden die nächsten zwei Jahre gut miteinander auskommen, und wenn nicht, werde ich schon dafür sorgen!«

In Wirklichkeit war er gar nicht so schlimm. Er hatte zwar seine Macken, aber sonst machte sein Unterricht richtig Spaß, denn er gestaltete ihn wie ein Frage-und-Antwort-Spiel.

Seine größte Freude bestand darin, zu bestimmten Fragen genau die Schüler aufzurufen, von denen er sicher wusste, dass sie nur mit den Schultern zucken würden, und sich anschließend über sie lustig zu machen.

»*O Dio mio*, Mario! Ich habe schon Weinbergschnecken gegessen, die intelligenter waren als du«, war einer von seinen Lieblingssätzen, genau wie: »*O Gesú*, Nino! Wenn dein Kopf nur so groß wäre wie dein Verstand, hättest du eine Olive auf dem Hals sitzen« oder aber: »*Per la Madonna*, Andrea! Sogar mein Goldfisch könnte diese Frage beantworten. Schwimm du im Aquarium rum und lass lieber ihn deine Prüfungen machen.« Dabei setzte er jedes Mal einen verzweifelten Gesichtsausdruck auf, rollte mit den Augen, faltete die Hände wie zum Gebet und wandte sich an den lieben Gott persönlich. Während dieses Monologs streckte er mehrmals seinen Zeigefinger gegen die Decke, und hätte der liebe Gott tatsächlich von oben zugesehen, so hätte Giannelli ihm vermutlich ein Auge ausgestochen.

Einige Schüler in unserer Klasse konnten seine Fragen jedoch mühelos beantworten, darunter auch ich, nur rief er mich niemals auf. Irgendwann fing ich an, nicht mehr darauf zu warten, dass ich an die Reihe kam, und gab die Antworten einfach so. Nachdem ich ihm mit meiner Taktik aber offenbar die ganze Freude am Unterricht verdarb, versetzte er mir eine schallende Ohrfeige und zischte: »Du antwortest nur dann, wenn du gefragt wirst, und sonst nicht, verstanden?«

Die Demütigung saß tief, ich schwieg den ganzen Vormittag und beschloss, Mama später nichts zu erzählen. Es klänge auch ziemlich unglaubwürdig, wenn ich sagte: »Mama, *professore* Giannelli hat mir eine eingeschenkt, weil ich seine Frage zwar richtig beantwortet habe, aber zum falschen Zeitpunkt, und weil er mich nicht gefragt hatte und weil ich ihn sein tägliches Drama nicht aufführen ließ und weil er die Fragen eigentlich gar nicht beantwortet haben will.«

Doch so weit kam es gar nicht, denn nach dem Unterricht nahm er mich zur Seite und entschuldigte sich für sein Verhalten. Überglücklich machte ich mich auf den Heimweg und von da an hatten wir ein richtig gutes Verhältnis zueinander.

Am Nachmittag saß ich in der Küche und machte Hausaufgaben, als mein Blick auf meine Schwester fiel, die Streichhölzer in der Hand hielt und damit an einer Steckdose herumspielte.

Ich stand auf und sagte ihr, sie solle das sofort lassen. »Sonst kommt da der Blitz raus und erschlägt dich«, belehrte ich sie. Ich hatte von solchen Dingen genauso wenig Ahnung wie Santina, aber das behaupteten immer die Erwachsenen ... und die mussten es eigentlich wissen.

Ich bückte mich, schaute in die kleinen Öffnungen der Steckdose und sah, dass Santina sich bereits daran zu schaffen gemacht hatte. In einer Öffnung steckte ein kleines Stück Streichholz.

»Mist!«, rief ich. »Santina! Wenn Mama sieht, dass du die Steckdose verstopft hast, dann ist aber was los!«

»Dann hole ich es halt wieder raus«, erwiderte meine Schwester ungerührt und versuchte, das winzige Stück Holz zu ergreifen. Aber es war zu klein, und sie hatte bloß erreicht, dass das Ding noch ein Stück tiefer hineingerutscht war.

»Komm, lass mich mal versuchen«, sagte ich.

Mit den Fingern ging es nicht, das hatte ich bereits gesehen. Ich brauchte irgendetwas Feines, Spitzes, um das Holz aufspießen zu können, und so griff ich in meine Hosentasche und holte meinen blitzblanken Nagel heraus, den ich selbstverständlich aufgehoben hatte.

Schon der erste Versuch war ein voller Erfolg!

Die Wucht des Blitzes schleuderte mich quer durchs Wohnzimmer und klatschte mich wie ein rohes Stück Fleisch an die Wand des Flures. Ganze sieben Meter hatte ich zurückgelegt. Mit nur einem Sprung. Als Papa aus der Küche gerannt kam, um nachzusehen, wer da so gequietscht hatte, rutschte ich gerade die Wand hinab. Ich hielt den Nagel mit der verbrannten Spitze noch fest in der Hand.

Dieses Ding war auf dem besten Weg, mein ganz persönlicher Glücksnagel zu werden.

Ich saß noch immer fassungslos auf dem Fußboden, mit einer Frisur, die ganz stark an eine explodierte Klobürste erinnerte, und starrte hasserfüllt meine Finger an.

Papa schüttelte mich und sprach mit mir, was ich allein daran erkannte, dass sich seine Lippen bewegten. Aber ich verstand ihn nicht und sprechen konnte ich auch nicht. Ich starrte den Nagel so lange an, bis Papa ihn mir aus der verkrampften Hand hebelte. Mann, war das ein Schlag gewesen! Meine Hand war Stunden später noch taub. Den Blitz hatte ich zwar nicht genau gesehen, aber gespürt hatte ich ihn ziemlich deutlich.

Ganze zwei Tage später saß mein Bruder Filippo in der Küche vor dem Fenster, das zu *nonno* Luigis Bad führte. Diesmal spielte *er* mit den Streichhölzern. Mama war draußen im Hof und unterhielt sich gerade mit *zia* Anna, die uns mal wieder besuchte.

Filippo versuchte ein Streichholz anzuzünden, indem er es gegen die raue Reibfläche der Schachtel drückte.

»Weißt du nicht einmal, wie man ein Streichholz anzündet?«, fragte ich.

»Natürlich weiß ich das«, antwortete Filippo und drückte das Streichholz noch stärker gegen die Schachtel.

Ich beobachtete grinsend, wie er sich abmühte, und lachte in mich hinein. »So geht das nicht, du musst das Streichholz reiben. Drücken und reiben.«

»Das mache ich doch!«, antwortete Filippo.

»Nein, eben nicht! Du drückst nur, du musst es aber gleichzeitig bewegen«, erwiderte ich.

Das Streichholz brach und Filippo holte ein anderes aus der vollen Schachtel. Erneut versuchte er sein Glück, aber er schaffte es einfach nicht, und bald zerbrach auch das zweite Streichholz.

»Gib mir mal, ich zeige dir, wie es geht, und du guckst genau zu. Dann kannst du es auch.«

Filippo übergab mir die Schachtel; ich holte ein weiteres Streichholz heraus und drückte den roten Zündkopf exakt senkrecht gegen die Reibfläche. Damit mein Bruder es besser sehen konnte, hielt ich das Streichholz ziemlich weit am anderen Ende.

»Du musst das Streichholz immer von dir weg reiben«, belehrte ich ihn. »Falls es abbricht, fliegt es dann nicht auf dich drauf. Jetzt pass genau auf!«

Mit spitzen Fingern rieb ich das Streichholz über die Schachtel und es klappte auf Anhieb. Noch während ich rieb, hörten wir das typische Zischen, und als der Zündkopf das Ende der Reibfläche erreicht hatte, spürte ich ein leichtes Zucken in den Fingern und sah, wie der kleine, glühende Feuerball aus meinen Fingern geschnippt wurde. Er flog in hohem Bogen an Filippo vorbei und landete punktgenau in dem feinmaschigen Vorhang, der vor dem Fenster hing.

Es schien, als hätte der Vorhang nur darauf gewartet, denn die kleine Flamme fauchte wie eine verängstigte Katze und fraß sich innerhalb von Sekunden den Stoff hinauf.

Filippo schrie und sprang von der Arbeitsfläche herunter, auf der er gesessen hatte. Verwundert starrte ich abwechselnd auf die Streichhölzer in meiner Hand und den Vorhang, der inzwischen lichterloh brannte.

Die Flammen hatten ihn völlig eingehüllt und jetzt erst konnte ich reagieren. Ich schrie auf, warf die Schachtel weg, griff mir ein Wasserglas und schleuderte den Inhalt gegen den Vorhang. Ein Tropfen auf den heißen Stein! Ich füllte das Glas erneut ... es ging alles viel zu langsam und längst hatten die Flammen die gelben Übervorhänge erreicht und setzten diese ebenfalls in Brand. Glühende Funken schwebten durch den Raum und ein schwarzer, übel riechender, beißender Qualm breitete sich aus. Ich schleuderte das zweite Wasserglas gegen den Vorhang, doch genauso gut hätte ich ihn auch anspucken oder anpinkeln können.

Verzweifelt schrie ich um Hilfe: »*Aiuutooo! Al fuoco* – Hilfe, es brennt!«

Plötzlich spürte ich eine eisenharte Klammer um meinen Nacken, die mich aus der Küche zerrte und in den Flur schob. Mama und *zia* Anna waren herbeigeeilt, rissen mit ein paar schnellen Handgriffen die brennenden Vorhänge herunter und stopften sie in das Spülbecken, wo der laufende Wasserhahn sie sofort löschte. Die unerreichbaren Reste, die oben an der Schiene vor sich hin loderten, schlug Mama mit einem nassen Handtuch aus. Das Feuer war besiegt, es war vorbei.

Doch für mich und meinen Bruder fing es gerade erst an.

»Maamaa! Das war ein Unfall!«, jammerte ich noch.

»Ein Unfall?«, brüllte *zia* »Old Schmetterhand« Anna zurück. »Ich zeig euch gleich, wie ein echter Unfall aussieht!«, schrie sie weiter und hielt, wie durch Zauberei, einen riesigen Kochlöffel in der Hand. Es wurde ein langwieriger, schwerer Unfall und in jener Nacht konnten wir nur in Bauchlage schlafen. Unsere Hinterteile glühten so sehr, dass wir unser gesamtes Viertel taghell hätten ausleuchten können.

Was für ein Pech, dass dieses Missgeschick ausgerechnet dann passiert war, als die für ihre harte Hand berüchtigte *zia* Anna bei uns weilte.

Dass der verhasste Kochlöffel den Unfall nicht überlebt hatte, war nur ein kurzer Trost. Mama deckte sich gleich am nächsten Morgen mit einer frischen Batterie ein.

29. **Loredana**

Bald hatte der Schulalltag mich wieder eingeholt und ich hatte einen neuen Freund gefunden. Vittorio wohnte direkt neben meinem ehemaligen »Kindergarten«, und wir beschlossen, in Zukunft zusammen zur Schule zu gehen.

Wie immer lief ich auch an diesem Mittwochmorgen die Treppe hinunter, kletterte über die niedrige Begrenzungsmauer und sprang in den Hof, der auf die Hauptstraße führte. Der weiße Fiat Cinquecento von Signor D'Angelo parkte an derselben Stelle wie an dem Tag, als ich ihm den Nagel in den Reifen geschlagen hatte. Jedes Mal wenn ich an diesem Auto vorbeikam, musste ich an die kalte Dusche und die wüsten Beschimpfungen denken, die er mir in seinem berechtigten Zorn ins Gesicht gebrüllt hatte.

Ich lief zügig daran vorbei und erreichte innerhalb weniger Minuten Vittorios Haus. Vor dem hellgrün gestrichenen hohen Blechtor, das wie jeden Morgen offen stand, blieb ich stehen, rief Vittorios Namen und hörte kurz darauf von oben aus dem Haus ein: »Moment, ich komme gleich!«

»Okay, ich warte!«, rief ich zurück und sah mich derweil ein bisschen im Hof um. Da standen ein Tisch mit Stühlen drum herum, ein paar Topfpflanzen und alte Gerätschaften – nichts Interessantes oder Bemerkenswertes.

Plötzlich entdeckte ich ein paar weiße, hell glänzende Lackschuhe, die in weiße kurze Söckchen übergingen. In den Söckchen steckten zwei zierliche hellbraune Beinchen.

Ich verfolgte die Beinchen bis oberhalb der Kniescheiben, die zur Hälfte von einer weißen Schuluniform bedeckt waren. Mein Blick wanderte weiter hinauf, an einer schmalen Taille entlang, streifte eine seidig glänzende rosa Schleife und blieb an langen, gelockten, dunkelbraunen, fast schwarzen Haaren hängen, die sich um ein engelsgleiches Gesicht schmiegten. Über einer süßen Stupsnase erwarteten mich zwei große grünblaue Augen, in die ich augenblicklich versank.

Das zauberhafte Wesen lächelte mich an, und ich grinste verlegen zurück. Plötzlich hörte ich einen Vogel zwitschern, und zu meiner grenzenlosen Verwunderung konnte ich verstehen, was er sagte.

»Chiiep, chiiep ... Ich heiße ... chiiep ... Loredana ... chiep ... und du?«

Ich antwortete erst mal nicht, denn ich konnte nicht glauben, dass mich gerade allen Ernstes ein Vogel namens Loredana gefragt hatte, wie ich hieß. Stattdessen starrte ich wie versteinert auf den Engel, der noch immer vor mir stand und seine Flügel, warum auch immer, gegen eine sizilianische Schuluniform getauscht hatte.

Wieder zwitscherte eine süße Vogelstimme in meinen Ohren: »Chiiep, chiiep ... hallo! Warum ... chiiep antwortest du nicht? Bist du ... chiiep ... taub?«

Wie niedlich, der Vogel fragte mich, ob ich taub sei ... warum sollte ich taub sein? Ich hatte ihn doch deutlich gehört. Aber ... warum sollte ich einem Vogel antworten?

Als der Engel an mir vorbeischwebte, sah es so aus, als ob seine weißen Lackschuhe den Boden nicht berührten.

Automatisch zog ich die Beine an, schwebte mit geschlossenen Augen lautlos hinter ihr her und schnupperte an ihren Haaren. Zumindest so lange, bis das leise Knurren eines Pitbull-Terriers zu mir durchdrang, das unvermittelt in ein lautes, wütendes Bellen überging.

»Grrr ... wuff, was starrst du ... grrr ... wuff ... meine Schwester so an?«

Augenblicklich erwachte ich aus meinem Tagtraum und stürzte zurück auf den harten Boden der Realität.

Vittorio stand mit geballten Fäusten vor mir und funkelte mich wütend an.

»Huh ... Vittorio! *Ciao*! Starren? Ich? *No!* Auf gar keinen Fall! Ist das deine Schwester? Wow! Ich meine ... die ist aber nett!«

»Lass sie bloß in Ruhe, ich warne dich!«, ermahnte er mich.

»Ich ... deine Schwester? Ich tue ihr doch gar nichts, habe sie doch heute zum ersten Mal gesehen.«

»Gesehen? Angestarrt hast du sie!«, behauptete Vittorio empört.

»Ist ja gut«, antwortete ich. »Ich tue deiner ... wie hieß sie gleich noch mal? ... Schwester ganz sicher nichts.«

»Das will ich dir auch geraten haben!«, drohte Vittorio noch einmal.

Es war eindeutig an der Zeit, vom Thema abzulenken, bevor Vittorio mir doch noch seine Faust auf die Nase donnerte.

Wenn es um ihre Schwestern geht, verstehen sizilianische Brüder nämlich keinen Spaß. Schließlich geht es dabei um die Ehre der gesamten Familie.

Wir liefen gerade aus dem Hof hinaus die Straße hoch, als ein Auto aus einer Parklücke herausfuhr. Ich schaute in das Fahrzeug und sah, wie Loredana uns zuwinkte, also hob ich vorsichtig die Hand und winkte zurück. Zum Glück bemerkte Vittorio nichts davon, sonst hätte er bestimmt wieder angefangen, mir zu drohen. Für mich stand fest: Loredana war das hübscheste Mädchen, das ich je gesehen hatte ... schöner als eine große Pfanne frisch gebratener Garnelen – und das sollte etwas heißen. Sie war das Mädchen, das ich einmal heiraten würde.

Ich würde arbeiten gehen, während sie sich um den Haushalt kümmerte, und irgendwann würde ich mir das ominöse Brötchen besorgen, damit wir uns danach gemeinsam auf die Suche nach unseren Kindern machen konnten. Mit etwas Glück würden wir vielleicht bald schon eine hübsche Tochter und einen starken Sohn finden.

Ja, ich kannte mich aus, Mama hatte mir nämlich erst vor kurzem genau erklärt, wie das mit dem Heiraten und dem Kinderkriegen funktionierte. Eigentlich war alles ganz einfach: Zuerst musste ein Mann sich eine hübsche Frau suchen und sie heiraten. Dann tunkte der Mann sein Brötchen ein und danach kamen die Kinder. Ich weiß noch genau, wie ich mucksmäuschenstill ihren Ausführungen gelauscht und sie anschließend mit meinen Fragen gelöchert hatte.

»Mama, was heißt das, der Mann muss sein Brötchen eintunken?«

»Na ja, du nimmst dein Brötchen, tunkst es in die Schüssel und fertig!«

»In was für eine Schüssel? Was ist in der Schüssel drin? Und was für ein Brötchen muss man da reintunken?«, bohrte ich nach, denn ich verstand den Sinn dieses ganzen Rituals nicht.

»Das wirst du schon noch rechtzeitig erfahren«, antwortete Mama. »Wichtig ist nur, dass du das Brötchen erst dann eintunkst, wenn du verheiratet bist. Sonst hast du nämlich einen Haufen Ärger und große Probleme am Hals!«

»Haben du und Papa denn auch Brötchen tunken müssen, bevor ihr uns gefunden habt?«, hakte ich nach.

»Na klar! Sonst hätten wir euch erst gar nicht suchen brauchen.«

Den Rest der Geschichte kannte ich schon, denn Mama hatte sie mir mehrmals erzählt, weil ich sie so gerne hörte: Meine Mama hatte mich unter einem Salatblatt gefunden! Und ich hatte großes Glück, dass sie mich gesehen hatte, bevor sie sich die Gabel mit dem Salatblatt darauf in den Mund steckte. Sonst hätte ich vermutlich nur den Verdauungstrakt meiner Mutter kennen gelernt.

Meinen Bruder Filippo dagegen fanden meine Eltern beim Schneckensammeln unter einem Stein. Auch er hatte Glück, dass er nicht zusammen mit den anderen Schnecken in der Pfanne gelandet war. Santina hatte es dagegen richtig gut: Sie hatte man in einem Osterei entdeckt, wohlig warm von Schokolade umgeben. Deshalb hatte sich Mama auch riesig über ihr Schokokind gefreut, natürlich auch, weil sie ein Mädchen war.

Kinder konnte man an allen möglichen und unmöglichen Orten finden, deshalb musste man auch immer genau Acht geben. Es wurden schon Kinder in Waschmittelkartons, Mülleimern, DDT-Dosen und den Schalen von Miesmuscheln gefunden. Manche wuchsen sogar auf Bäumen; gerade von Oliven-, Orangen- und Zitronenbäumen hatten die Erwachsenen schon etliche Kinder gepflückt.

Den ersten Schritt, ein hübsches Mädchen zu finden, hatte ich also bereits getan. Jetzt musste ich bloß noch ein paar Jahre warten, bis wir beide alt genug waren, dass wir heiraten durften. Und bis dahin musste ich eigentlich nur darauf achten, dass Vittorio mein Freund blieb und mir nicht irgendwann wegen seiner Schwester seine Faust aufs Auge drückte.

Die einzige Aufgabe, die ein sizilianischer Knirps bereits in jungen Jahren auferlegt bekommt, ist die, wie ein Wachhund auf seine Schwestern aufzupassen. Kleine sizilianische Mädchen dürfen nämlich, bis sie erwachsen und verheiratet sind, keinen unbewachten Fuß vor die Tür setzen. Wenn sie dann verheiratet sind, ist es die Aufgabe des Ehemannes, über die Tugend und den Ruf seiner Ehefrau zu wachen.

Und der war in jenen Tagen oft schnell ruiniert. Eine öffentlich gerauchte Zigarette, ein zu rot geschminkter Mund, ein unbemerkt verrutschter Rocksaum oder ein etwas zu tief ausgeschnittener Pullover – ein jeder für sich war ein ausreichender Grund, ein Familiendrama auszulösen. Als *nonna* Maria meine Mama einmal, und da war sie bereits verheiratet und hatte drei Kinder, auf der Straße rauchen sah, schlug sie ihr die Zigarette aus dem Mund und beschimpfte sie.

»So läufst du mir nicht herum. Mit deinem angemalten Mund und der Zigarette siehst du aus wie eine Hure!«

Die Geschichte zog damals weite Kreise, weil in einer Großfamilie ständig ein jeder seinen Senf zu allem dazugeben muss. Die meisten Verwandten hielten *nonna* Marias Reaktion für richtig und schlossen sich den Vorwürfen an.

Bis Papa ein Machtwort sprach und den Onkeln, Tanten und sonstigen Familienangehörigen verbot, sich weiter den Mund über unsere Mama zu zerreißen. Wenn seine Frau rauchen und sich den Mund anmalen wollte, dann sei es ihre und seine Sache und nicht Sache der Familie, darüber zu urteilen.

Mit seiner Meinung stand er allerdings ziemlich einsam da, denn die meisten waren der Ansicht, dass ein solches Verhalten den Ruf der gesamten Familie schädigte und nicht nur seinen.

Heute lachen wir über solche Geschichten, aber damals war das Leben noch sehr stark von Traditionen bestimmt und die durften nun mal nicht aufgeweicht werden und schon gar nicht brach man mit ihnen.

Der Ruf der Familie stand stets im Vordergrund und jeder hatte sich danach zu richten.

Hier unterscheiden sich die Rollen der Geschlechter allerdings gravierend. Während ein Junge in gewisser Weise tun und lassen kann, was er will, hat ein Mädchen hauptsächlich die Pflicht, keine Schande über die Familie zu bringen.

Und genau darin liegt die Verlogenheit dieser Doppelmoral. Weil nämlich genau die Jungen, die sich ständig und überall ihre Männlichkeit beweisen müssen, indem sie ihr Brötchen möglichst oft eintunken, niemals etwas anderes als eine Jungfrau heiraten würden. Wenn so eine Hure es nun schon vor der Hochzeit mit ihnen treibt, dann tut sie es bestimmt auch mit anderen, und so etwas heiratet man nicht.

Mit das Schlimmste, was einem Mädchen aus einer traditionsbewussten Familie damals passieren konnte, war, dass es am Tag seiner Hochzeit keine Jungfrau mehr war.

Übertroffen werden konnte dieser Supergau eigentlich nur durch eine voreheliche Schwangerschaft. Ein uneheliches Kind galt damals als die größte Schande überhaupt, die schlimmste aller Sünden. Das Kind, sofern es geboren wurde, war nichts als ein rechtloser Bastard, eine Brandmarkung, die es sein ganzes Leben lang begleitete. Die Entehrung der Familie konnte im Grunde nur mit Blut reingewaschen werden ... oder durch eine Zwangshochzeit. Dabei hatte der betroffene Mann die Wahl zwischen genau zwei Möglichkeiten: Entweder er erklärte sich bereit, die Schwangere zu heiraten, oder er starb einen gewaltsamen Tod. Vorzugsweise durch einen oder mehrere Schüsse aus einer *lupara*, einem sizilianischen Schrotgewehr.

Bis Anfang der achtziger Jahre genoss der Mord aus »Ehrengründen« sogar noch einen besonderen Status und der Mörder hatte durchaus gute Chancen auf eine verhältnismäßig milde Strafe. In manchen Fällen ging er sogar straffrei aus.

Nicht selten führten diese Familienfehden zu blutigen Auseinandersetzungen. Wenn sich eine Familie in ihrer Ehre so verletzt fühlte, dass sie der gegnerischen Familie ewige Blutrache schwor, setzte sie eine gnadenlose Gewaltspirale in Gang. So eine Blutrache konnte sich durchaus über mehrere Generationen hinziehen und führte nicht wenige Familien an den Rand der Ausrottung. Ein hoher Preis für ein paar außerehelich eingetunkte Brötchen, fand ich, aber in den meisten Fällen fiel es den Betroffenen nicht sonderlich schwer, sich für die schmerzlosere Variante zu entscheiden. Ich muss noch heute schmunzeln, wenn ich an die Geschichte denke, die *nonna* Maria uns über das Zustandekommen der Ehe ihres Bruders Turi erzählt hatte.

Turi war, als gerade mal Achtzehnjähriger, nach Kalabrien gezogen, um dort zu arbeiten. Bald lernte er ein Mädchen kennen, mit dem er sich gut verstand, und sie verlobten sich.

Nach drei Jahren hatte er so viele Brötchen getunkt, dass der Dorfbäcker jenen Tag, an dem Turi heimlich, still und leise verschwand, zu seinem persönlichen »Trauertag« erklärt hatte. Turi hatte einfach genug gehabt und war nach Messina zurückgekehrt.

Damit waren die vier Brüder seiner Verlobten jedoch nicht einverstanden, sie reisten ihm nach und spürten ihn auf. Und so kam es, dass sich Turi unvermittelt überzeugen ließ, dass es gesünder für ihn sei, nach Kalabrien zurückzugehen und seine Exverlobte zu heiraten. Eigentlich war er von dieser Idee nicht sonderlich begeistert, aber der kalte Pistolenlauf an seiner Stirn und die versprochene heiße Kugel in seinem Kopf waren gute Argumente.

Ein paar Tage später stand er schon vor dem Traualtar, und als der Priester ihm die alles entscheidende Frage stellte, zögerte er seine Antwort nur kurz hinaus. Gerade mal so kurz, um zu erkennen, wie einer der Brüder mit einem grimmigen Blick die Hand zum Hosenbund führte. Er stieß ein überzeugtes »Ja!« hervor, war aber so wütend, dass er die Hostie, die ihm der Priester in den Mund schob, mit wenigen

Bissen zerkaute, auf den Boden spie und mit den Füßen zertrampelte.

Ganz so unglücklich, schloss *nonna* Maria, sei er mit seiner Enza aber nicht geworden. Immerhin tunkten die zwei noch so viele Brötchen, dass sie am Ende elf Kinder hatten.

Von solchen Geschichten war ich natürlich weit entfernt, dennoch wollte ich vorsichtig sein – gerade bei Loredana.

Sie hatte es mir jedenfalls schwer angetan, und ich lief jeden Tag ein bisschen früher los, damit ich sie noch kurz sehen konnte, bevor ihr Vater sie in die Schule fuhr.

Jedes Mal wenn sie mich anlächelte und mich mit ihrer Vögelchenstimme begrüßte, hatte ich das Gefühl, zu schweben. Doch in Wirklichkeit wurde ich knallrot und brachte kaum ihren Namen über die Lippen.

»Cici-ao … Lo-Lore-da-da-na!«

»Ciao … chiiep … Gigi! Du bist heute aber … chiiep … früh dran!«

»Ja … ich äh … brauche k-k-einen Schlaf … immer wach und so …«

»Echt? Schläfst du denn … chiiep … nie?«

»Wer, ich? Nee! Sch-schlafen ist nur für K-kinder und W-Weicheier.«

»Ciao, Gigi! Lass uns los!«

»Huch! Ciao, Vittorio, schon fertig?«

Schlafen ist nur für Kinder und Weicheier – wie kam ich nur auf so einen Schwachsinn? Auf dem Weg zur Schule ärgerte ich mich maßlos über das Gestammel, das ich von mir gab. Sobald Loredana mich ansprach, sank meine Intelligenz auf das Niveau einer eingelegten Artischocke.

Normalerweise war ich nicht auf den Mund gefallen und auch niemals um eine Antwort verlegen, aber ein Blick in Loredanas Augen – und schwupp, verwandelte ich mich in ein sprechendes Salamibrötchen. So konnte das nicht weitergehen, ich musste unbedingt lockerer und cooler werden.

Ich sah mich das grüne Blechtor öffnen, und gleich dahinter stand Loredana, die mich strahlend anlächelte.

Ich grinste männlich cool zurück und begrüßte sie, ohne zu stammeln. »Hi, Baby! Alles klar?«

»Ciao, Gigi! Chiiep … wie machst du das nur … chiiep … trotz Schlaflosigkeit chiieep … so frisch auszusehen?«

Nein, so wurde das nichts.

Ich spulte die Szene zurück, öffnete erneut das Tor, Loredana lächelte immer noch, ich lächelte zurück und rief überschwänglich: »Hallo, Süße, wie geht's dir denn so?« Dabei ging ich auf sie zu, nahm sie in die Arme und drückte ihr einen Kuss auf die Wange.

Ach du Schreck, ich hatte sie berührt! Durfte ich das überhaupt? Nein, ich glaube nicht … Loredana war wie eine schöne Seifenblase – sie zu berühren hieß: sie für immer zerstören. Das ging auch nicht.

Erneut spulte ich die Szene zurück, öffnete das Tor, sah Loredanas gefrorenes Lächeln und sagte gelangweilt: »Hallo, ist dein Bruder fertig?«, lief an ihr vorbei, ließ sie also einfach stehen und wartete, bis sie mir bettelnd nachlief.

»Gigi, bitte … chiiep … rede mit mir … bitte!«

Das war auch nichts. Die Wahrscheinlichkeit, dass Loredana mich für einen Idioten hielt und nie wieder grüßte, war einfach zu groß.

Als ich die Szene gerade zum vierten Mal zurückspulte, erklang Vittorios Stimme, noch bevor ich das Tor öffnen konnte.

»Sag mal, schläfst du? Ich rede und rede und du antwortest nicht!«

»Entschuldige, was hast du gerade gesagt?«

»Nicht so wichtig, wir sind eh schon da.«

Völlig überrascht stellte ich fest, dass wir die Schule bereits erreicht hatten, dabei konnte ich mich beim besten Willen nicht erinnern, auch nur einen Schritt gelaufen zu sein. Seltsam!

Nach der Schule lief ich schnurstracks nach Hause und zog mich nach dem Mittagessen gleich wieder in meine Gedankenwelt zurück. Ich spielte jede erdenkliche Situation durch, so dass mich kein Satz, keine Geste und vor allem kein Lächeln aus der Bahn werfen konnte.

Derart gewappnet, marschierte ich am nächsten Morgen zu Vittorio hinunter. Das Tor stand offen und ich sah Loredana auf einem Tisch sitzen, ihre Mama stand mit einer Haarbürste in der Hand hinter ihr. Sie setzte die Bürste an Loredanas Stirn an und fuhr damit nach hinten durch ihr glänzendes Haar.

Die Welt schien plötzlich stillzustehen, und ich näherte mich in Zeitlupe, um die unwirklich scheinende Szene zu beobachten. Ich sah, wie Loredanas Beine hin und her schwangen, wie ihre Mutter ihre Haare auseinander fächerte, wie Loredana die Augen schloss, mir ihr wunderschönes Gesicht zuwandte. Nach einer Weile öffnete sie ganz langsam die Augen, die sich nun wie zwei Scheinwerfer aus der Dunkelheit heraus auf mich richteten.

Ich sah in ihre Augen, die mein gesamtes Blickfeld einnahmen, und hörte auf zu atmen. Als mich ihr fröhliches »Hallo … chiep … Gigi!« erreichte, hatte ich bereits Atemnot und konnte nicht antworten.

Ich spürte, wie mir eine heiße Blutfontäne ins Gesicht schoss, wurde rot wie eine Paprikaschote, holte pfeifend Luft und ärgerte mich über mein Verhalten. Als mich Loredanas Mutter begrüßte, hätte ich mich am liebsten unter einem Pflasterstein verkrochen.

»Ciao, Gigi, geht's dir nicht gut? Du hast eine ziemlich ungesunde Gesichtsfarbe.«

»Gigi sieht immer so aus«, sagte Loredana daraufhin.

Auch das noch! Für die Frau meiner Träume war ich also ein rotgesichtiger, stotternder Idiot, der keine zwei zusammenhängende Wörter sprechen konnte.

Hatte bei mir etwa schon die Verwandlung eingesetzt, von der Mama erzählt hatte? War das der Anfang dessen, was mit Keule, Höhle und Kannibalismus endete?

Ich machte auf dem Absatz kehrt, rief hastig: »Ha-hab was ve-vergessen!«, und lief davon.

Was für eine blamable Vorstellung!

30. Ganoven

Noch Wochen danach wurde ich puterrot, sobald ich an dieses peinliche Erlebnis zurückdachte, so wie jetzt auch. Mama und ich saßen an einem Mittwochnachmittag im Bus und waren auf dem Rückweg von *zia* Maria, die wir besucht hatten.

Wenn Papa arbeitete, legte Mama weitere Strecken entweder zu Fuß oder mit dem Bus zurück. Die Busverbindungen innerhalb der Stadt funktionierten so gut wie reibungslos und waren zudem sehr günstig. Eine Fahrkarte kostete damals gerade mal hundert Lire, etwa fünf Cent, und wir konnten dafür von *zia* Maria bis zu uns nach Hause, also von einem Ende der Stadt bis zum anderen, fahren.

Wie üblich hatten die Fahrgäste den Bus an der Haltestelle an der *piazza* Cairoli regelrecht gestürmt; nichts für schwache Nerven und kleine Kinder. Ein jeder drückte, schob, zerrte, fluchte, schrie – ein wildes Durcheinander. Alle versuchten, eine der wenigen noch freien Sitzgelegenheiten zu ergattern oder zumindest einen Platz an einer Haltestange, damit sie nicht umherfielen.

Aber da der Bus bereits hoffnungslos überfüllt war, standen viele in dem breiten Gang und ließen sich von den nachströmenden Fahrgästen noch enger zusammenquetschen. Irgendwann, als auch der Busfahrer erkannte, dass der Bus zum Bersten voll war, schloss er die Türen, besser gesagt, er versuchte es. Denn das war gar nicht so einfach, weil die noch an der Haltestelle stehenden Fahrgäste nicht einsehen wollten, dass ausgerechnet sie auf den nächsten Bus warten sollten.

Bis die vielen Köpfe, Arme, Beine und Hintern endlich aus dem Schwenkbereich der Türen verschwanden und der Bus abfahrbereit war, vergingen noch etliche Minuten. Endlich setzte sich die motorisierte Sardinenbüchse in Bewegung. Innerhalb weniger Sekunden war die Luft zum Schneiden dick, und es braute sich eine eklige, undefinierbare Duftmischung zusammen, die mir die Tränen in die Augen und zugleich die Luft aus den Lungen trieb: Schweiß, kalter, abgestandener Zigarettenrauch, ungewaschene Füße und dazu ein Wirrwarr aus verschiedenen Parfümsorten.

Jeder versuchte sich an irgendetwas festzuhalten und ein paar – vorwiegend männliche – Hände landeten bei der scheinbar blinden Suche nach etwas Greifbarem wie zufällig an bestimmten weiblichen Körperteilen. Natürlich beschwerten die in der Menge verkeilten jungen, aber auch älteren Frauen sich augenblicklich und lautstark über die Grapscher und entsprechend war der Lärmpegel recht hoch.

Mama und ich waren schon zwei Stationen vorher eingestiegen und konnten das Chaos von unseren Plätzen im hinteren Teil des Busses überblicken. Zum Glück, denn ich konnte mir nichts Schlimmeres vorstellen, als zwischen zwei mir fremden Bäuchen flachgebügelt zu werden.

Als der Bus ruckartig anfuhr, wurde die Menschenmenge ordentlich durcheinander gewirbelt, und diejenigen, die sich nicht richtig festhalten konnten, versuchten auf den Füßen zu bleiben, indem sie ihr Gewicht verlagerten, was nicht allen gelang – wie ich am eigenen Leib erfahren durfte.

Eine ältere, recht beleibte Dame machte einen Ausfallschritt, stieß dabei mit dem Fuß gegen die Halterung meines Sitzes und wäre beinahe auf mich draufgeplumpst. Mit ihrem mächtigen Hintern presste sie kurzzeitig mein Gesicht gegen die Rückenlehne. Schnell drückte ich meine Arme dazwischen und schob die Dame von mir weg. Puh ... das war gerade noch mal gut gegangen! Die durchgeschüttelte Frau drehte sich zu mir um, lächelte mich gequält an und entschuldigte sich.

Nach einem knappen Kilometer fuhr der Bus die nächste Haltestelle an, und kaum waren die Türen geöffnet, drängelten alle in die entgegengesetzte Richtung. Einen Stopp später bekamen alle verbliebenen Fahrgäste einen Sitzplatz, bis auf drei junge Männer, die im Bus verteilt standen und sich an den Haltestangen festhielten – einer ganz vorne, einer etwa in der Mitte und einer im Bereich der hinteren Türen, nur wenige Meter von mir entfernt.

Ich betrachtete ihn ganz genau. Er war groß, kräftig und – hässlich! Geradezu Furcht erregend hässlich. Sein Gesicht war mit Narben überzogen und voller eitriger Pickel, die halblangen, pechschwarzen Haare so fettig, dass sie ihm am Kopf klebten, bis auf eine Strähne, die ihm quer über das rechte Auge hing und es fast völlig verdeckte.

Seine muskulösen Arme waren mit mehreren seltsamen Tätowierungen verziert und so dreckig, als ob er sie mit rußigem Altöl eingerieben hätte. So ähnlich sahen auch seine Kleider aus: Die Hose, in Höhe der Knie fransig abgeschnitten, war sicher irgendwann mal blau gewesen, aber genau ließ sich das nicht sagen, weil große schwarze und graue, ölige Flecken sich mit der ursprünglichen Farbe vermischt hatten. Das galt auch für sein Unterhemd, das in besseren Tagen bestimmt einmal weiß gewesen war und aussah, als ob er es schon mehrere Tage als Handtuch benutzt hätte. Das offene braune Hemd passte sich dem Gesamtbild fugenlos an.

Er hing an einer Haltestange, fixierte mit seinen kleinen, hinterhältig wirkenden schwarzen Augen die Fahrgäste und grinste dreckig in die Runde. Unwillkürlich schaute ich auf seinen Mund und musterte die Reihe gelbgrauer Zähne, die vermutlich noch nie eine Zahnbürste zu spüren bekommen hatten.

Plötzlich fing er an zu singen: »*Una festa sui prati, siamo tutti buon amici. Panini, vino e un sacco di risate ...*«

Adriano Celentano hatte ja schon eine raue Stimme, aber im Vergleich zu diesem Sänger klang er eher wie ein kleines Mädchen. Es hörte sich an, als ob er die Töne aus einer dunklen Höhle herausgekratzt hätte.

Die meisten der Fahrgäste starrten ihn irritiert an, eine junge Frau senkte den Kopf und klammerte sich an ihrer Tasche fest. Man merkte ihr deutlich an, wie unwohl sie sich fühlte.

Der Sänger verstummte und suchte provozierend den Blickkontakt zu den Fahrgästen.

An der nächsten Haltestelle hoffte ich inständig, dass der vor Dreck starrende Kerl ausstieg, doch leider blieb es nur ein frommer Wunsch. Er jagte mir regelrecht Angst ein, und nicht nur mir. Mama hatte ihren Arm um mich gelegt und fühlte sich ebenso unbehaglich wie die übrigen Fahrgäste.

Die beiden jungen Männer weiter vorne im Bus hatten sich inzwischen ebenfalls hingesetzt und so stand nur noch der Hässliche im Gang. An einer Haltestange entlang hangelte er sich zu einer Frau, musterte sie grinsend und sprach sie mit seiner rauen, angsteinflößenden Stimme an: »Wie heißt du?«

Die Frau schaute weg und tat so, als ob sie nichts gehört hätte, wohl in der Hoffnung, dass er sie in Ruhe ließe, wenn sie nicht reagierte. Doch diesen Gefallen tat er ihr nicht.

»*Avanti, rispondi* – los, antworte!«, forderte er sie auf.

Die Frau rutschte unbehaglich auf ihrem Sitz herum und ignorierte die Aufforderung.

Unvermittelt brach der Dreckige in schallendes Gelächter aus, das eher wie ein Grunzen klang. Die Angst, die er verursacht hatte, schien ihn königlich zu amüsieren. Er hielt sich an einer zweiten Haltestange fest und begann im Gang herumzuturnen. Dabei starrte er mich und meine Mama an, lehnte sich dann lässig gegen einen Sitz und grinste wölfisch.

»Wie heißt du?«, fragte er nun Mama.

Ich spürte, wie sie erstarrte. Aber statt ihn ebenfalls zu ignorieren, sagte Mama auf eine übertrieben höfliche und dennoch spöttische Art: »Das geht Sie nichts an.«

Mir blieb förmlich das Herz stehen. Wie konnte sie diesem Geisteskranken so antworten?!

Auch der Hässliche war im ersten Moment irritiert, denn für ein paar Sekunden verschwand das Grinsen aus seinem Gesicht. Seine Augen verengten sich zu Schlitzen, und er öffnete gerade den Mund, um etwas zu sagen, als der Bus mitten auf der Strecke anhielt. Die vorderen Türen gingen auf und ein Fahrkarten-kontrolleur in blauer Uniform stieg ein.

Der Hässliche verschluckte sich fast an seinem un-ausgesprochenen Satz und starrte in den vorderen Teil des Busses. Dort hatte der Kontrolleur schon mit seiner Arbeit begonnen, sprach mit den Fahrgästen und ließ sich deren Fahrkarten zeigen. Irgendjemand musste den Kontrolleur auf den Störenfried auf-merksam gemacht haben, denn der Mann unterbrach seine Arbeit und ging zielstrebig auf ihn zu.

Zwei Schritte vor dem Hässlichen blieb er stehen, baute sich vor ihm auf und sagte freundlich, aber be-stimmt: »Ihre Fahrkarte bitte!«

Der Hässliche grinste noch breiter, wandte dem Kontrolleur, der größer und breiter war als er, den Rücken zu, starrte einen Jugendlichen an und rief: »Du! Bezahl mir die Fahrkarte!«

Der Junge versank fast in seinem Sitz, lief rot an und wandte sich ab.

»Los, bezahl meine Fahrkarte!«, rief der Hässliche noch einmal. Seine Augen machten sich auf die Su-che nach anderen Fahrgästen und nun schrie er meh-rere Leute nacheinander an.

Natürlich machte niemand Anstalten, seiner Auf-forderung nachzukommen, und er wurde immer wü-tender. Hasserfüllt starrte er Mama an, grinste wie-der dreckig und verlangte von ihr eine Fahrkarte.

Mama antwortete: »Wie kommen Sie denn auf so einen Blödsinn? Bezahlen Sie Ihre Karte selbst, oder verlassen Sie den Bus und legen Sie sich unter das nächste Auto. Es wird Sie keiner vermissen!«

Mein Herz übersprang hundert Schläge, nur um sie ein paar Sekunden später alle wieder nachzuholen – wie eine Maschinengewehrsalve. Der Hässliche würde uns jetzt ganz bestimmt so viele Arschtritte verpassen, dass uns die Knabberleiste aus dem Mund flog. Starr blickte ich auf meinen Sitz, um nachzusehen, ob ich nicht schon in einer Pfütze saß, und bereitete mich schon mal seelisch darauf vor, den Rest des Heimwegs breitbeinig und mit nasser Unterhose fortzusetzen.

Stattdessen wurde der Mann rot im Gesicht und holte pfeifend Luft. Mit so einer Antwort hatte er nicht gerechnet. Bevor er wieder zu sich kam, reagierte der Kontrolleur. Er bat den Fahrer, den Bus anzuhalten und die Türen zu öffnen. Dann wandte er sich an den noch immer verdutzten Randalierer und forderte ihn auf, keinen weiteren Ärger zu machen und das Fahrzeug sofort zu verlassen.

Inzwischen war eine Polizeistreife auf den außerhalb der Haltestelle haltenden Bus aufmerksam geworden. Die Beamten schalteten das Blaulicht ein und näherten sich.

Das war das Startzeichen. Der Hässliche erkannte, dass er den Bus jetzt besser verlassen sollte.

Er brach ein letztes Mal in schallendes Gelächter aus und rief in breitestem Sizilianisch: »*Amuninni* – gehen wir!«

Fünf weitere junge Männer standen von ihren Sitzen auf und verließen gemeinsam mit dem Hässlichen den Bus.

In diesem Augenblick fiel mir ein ganzer Steinbruch vom Herzen – wie ein nasser Waschlappen plumpste ich in meinen Sitz zurück und sah sie laut lachend davonlaufen. Es war eine ganze Bande gewe-

300

sen! Wir hatten Glück gehabt, denn wer wusste schon, was die sechs vorgehabt hatten.

Solche Situationen sind zwar nicht an der Tagesordnung, denn Messina ist im Vergleich zu anderen sizilianischen Städten verhältnismäßig ruhig und friedlich. Trotzdem gab es gewisse Grundregeln, die Mama und Papa uns beinahe täglich vorbeteten.

»Wie lautet Regel Nummer eins?«, fragte Papa dann immer.

»Auf der Straße unauffällig benehmen!«, rief Filippo.

»Und weiter?«

»Wertgegenstände nicht offen tragen, Geld auf mehrere Taschen verteilen und nie zeigen, wie viel man dabei hat«, ergänzte ich.

»Sehr gut. Was noch?«

»Taschen immer auf der Seite über die Schulter hängen, die von der Straße aus nicht erreichbar ist.« Ich konnte sie inzwischen wirklich im Schlaf herunterbeten. Die anderen beiden waren: Weder auf Streit oder irgendwelche Handgemenge einlassen sowie immer flache, feste Schuhe tragen, damit man im Notfall schnell davonrennen kann.

Diese Vorsichtsmaßnahmen hatten durchaus ihre Berechtigung, denn die schwache Wirtschaft zwang so manchen unehrenhaften Mitbürger, sich nach neuen Verdienstquellen umzuschauen. So ein Raubüberfall war meist recht einträglich, relativ schnell und einfach durchführbar und mit wenig Risiken verbunden. Außerdem hatte man flexible Arbeitszeiten: wenn es gut lief, eine Sechs- bis Zehnstundenwoche bei vollem Lohnausgleich, und wenn es mal schlecht lief, mehrere Monate Urlaub auf Staatskosten.

Wegen der kurzen, praxisnahen Ausbildung, die keine besonderen geistigen Fähigkeiten erforderte, und der überdurchschnittlichen Verdienstmöglichkeiten fühlten sich viele jugendliche Berufseinsteiger von diesem Geschäftszweig geradezu magisch angezogen. Ganze Banden schlossen sich zusammen und kämmten mit ihren frisierten Vespas systematisch Viertel für Viertel durch.

Die Vorgehensweise war immer die gleiche: Zu zweit auf der Vespa fuhren sie möglichst unauffällig eine Straße entlang und hielten Ausschau nach einem geeigneten Opfer. Der Rest ging rasend schnell: Vollgas geben und möglichst nah an die Zielperson heranfahren. Dann brauchte der Beifahrer nur noch die Hand auszustrecken und nach der Tasche zu greifen. Hatte er sie erst einmal in der Hand, ließ er sie nicht mehr los, und nicht selten schleiften sie die Opfer noch mehrere Meter mit oder fuhren sie gleich über den Haufen.

Diese motorisierten Raubüberfälle nahmen irgendwann so drastisch zu, dass jeder Vespafahrer als potenzieller Verbrecher galt, und allein das Geräusch einer beschleunigenden Vespa reichte aus, um eine mittelschwere Panik auszulösen.

Eine Haltestelle weiter stiegen Mama und ich aus und liefen den Berg hoch nach Hause.

Ich konnte immer noch nicht glauben, dass sie sich getraut hatte, den Hässlichen so zu provozieren, und ich sprach sie darauf an.

»Natürlich hatte ich Angst«, antwortete Mama. »Aber der Typ hätte uns auch dann nicht in Ruhe gelassen, wenn ich nichts gesagt hätte. Außerdem saßen noch viele andere Leute im Bus und die hätten uns dann schon geholfen.«

»Glaubst du das wirklich?«, fragte ich.

»Hm … ja, schon.«

Als Papa von der Arbeit kam und sich den Zementstaub aus dem Gesicht wusch, erzählten wir ihm und meinen Geschwistern, was vorgefallen war, und er hörte uns mit besorgter Miene zu. Das Busfahren war seiner Ansicht nach nicht sicher genug, und bei den vielen Verbrechern, die sich in Messina herumtrieben, wäre es ihm lieber, Mama würde den Bus nicht mehr benutzen.

»In ein paar Monaten fahre ich sowieso nach Deutschland, dann steht das Auto nur rum. Am besten, wir fangen morgen mit der Fahrschule an und dann nimmst du in Zukunft den Wagen.«.

Ich spitzte die Ohren. Papa ging nach Deutschland? Das war ja mal eine Überraschung! Davon hatten wir Kinder nichts gewusst. Neugierig bestürmten wir unsere Eltern mit Fragen, und sie erklärten uns, dass sie beschlossen hatten, für eine Weile in Deutschland zu leben.

Filippos Augen wurden nämlich immer schlechter, und in Deutschland gab es eine Klinik, die sich auf Augenleiden spezialisiert hatte. Die Ärzte in Tübingen würden seine Augen bestimmt wieder in Ordnung bringen. Papa wollte zuerst allein gehen und sich eine Arbeit und eine Wohnung suchen. Sobald er genügend Geld beisammen hätte, plante er zurückzukommen und uns nachzuholen.

Wir waren schockiert, denn damit hatten wir nun wirklich nicht gerechnet. Was war mit unserer Familie? Den vielen Verwandten? Der Gedanke, unsere Cousins, Tanten und Onkel nicht mehr sehen zu können, machte uns traurig.

»Wir bleiben allerhöchstens zwei bis drei Jahre

dort«, erklärte uns Papa. »Gerade so lange, bis Filippos Augen wieder gesund sind und wir genügend Geld verdient haben, um die Behandlung zu bezahlen. Außerdem dauert es noch eine ganze Weile, bis ich euch nachholen kann.« Damit war das Thema für Papa erledigt.

Natürlich waren wir furchtbar aufgeregt, als wir an jenem Abend ins Bett gingen. Die Angst mischte sich mit Neugier, schließlich hatten wir schon so viel über Deutschland gehört, und eines war sicher: Wir würden dann endlich mal echten Schnee sehen!

Aber unsere Ansichten spielten sowieso keine Rolle. Die Entscheidung war bereits gefallen!

31. **Fahrstunden**

Papa setzte seinen Plan, Mama das Autofahren beizubringen, nur wenige Tage später in die Tat um. Damit hatten wir nicht gerechnet, am allerwenigsten Mama.

In Sizilien konnte man auch ohne Führerschein Auto fahren, solange der Beifahrer eine Fahrerlaubnis hatte und aufpasste. Das Ganze nannte sich dann Fahrschule, sofern die Beteiligten sich anmeldeten. Papa hatte uns das alles genau erklärt: Sobald Mama einigermaßen passabel Auto fuhr, konnte sie an der theoretischen Prüfung teilnehmen, und wenn sie die bestanden hatte, durfte sie die praktische ablegen. Unterricht gab es keinen, ein jeder musste sich die Lehrmittel selbst kaufen und den Stoff auswendig lernen.

Papa fuhr auf einen großen Parkplatz und tauschte mit Mama den Sitzplatz. Meine Geschwister und ich saßen auf der Rückbank. Mamas erste Autofahrt, das durften wir nicht verpassen. Ich studierte das Lehrbuch für Fahranfänger, um Mama bei Bedarf zu erklären, was die Schilder bedeuteten.

Am Nachmittag nach dem Einkaufen setzte sich Papa also auf den Beifahrersitz und erklärte Mama, was sie als Nächstes tun sollte.

»Erster Gang rein, Kupplung langsam kommen lassen und dann vorsichtig Gas geben.«

»Und das Stoppschild nicht überfahren und da vorne hat der andere Vorfahrt und …«, legte ich los.

»Gigi, sei ruhig, wir sind noch nicht mal losgefahren, außerdem habt ihr da hinten still zu sein oder ich fahre euch heim. Verstanden?«

»Ja, Papa«, antwortete ich und sah beleidigt aus dem Fenster.

Mama tat wie geheißen, woraufhin der Fiat einen Bocksprung nach vorne machte und dann abrupt stehen blieb.

»Kein Problem!«, sagte Papa. »Du musst nur die Kupplung etwas langsamer kommen lassen.«

Mama startete den Motor noch einmal, legte den Gang ein und wieder blieb der Wagen nach einem Bocksprung stehen. Das Ganze wiederholte sich noch mindestens zehn Mal und dann hatte Mama keine Lust mehr.

Papa sprach beruhigend auf sie ein und überredete sie, es noch ein paar Mal zu versuchen. Nach fünf weiteren Bocksprüngen rollte der Fiat endlich im Schritttempo über den leeren Parkplatz. Mama machte die ersten Lenkversuche und steuerte den Wagen in weiten Kreisen über den holprigen Belag.

»So, jetzt gibst du mal ein bisschen mehr Gas, gehst dann vom Pedal runter und schaltest in den zweiten Gang!«, forderte Papa.

Mama gab ein bisschen mehr Gas, sah hinunter auf den Schaltknüppel und suchte den zweiten Gang. Inzwischen rollte der Fiat auf eine Hauswand zu, und Papa griff schnell ins Lenkrad, um einen Aufprall zu verhindern. Inzwischen hatte Mama den zweiten Gang gefunden und übernahm wieder das Steuer.

Jetzt fuhren wir merklich flotter im Kreis herum, und nach wenigen Runden rief Santina: »Mama, mir ist schlecht!«

»Mir auch!«, sagte ich.

»Mir noch nicht ... aber bald!«, meldete sich Filippo.

»*Uffa*! Wir halten ja gleich an«, antwortete Mama und konzentrierte sich wieder aufs Lenken.

Woher der große braune Hund plötzlich gekommen war, konnte niemand mehr sagen, er stand auf einmal direkt vor unserem Wagen und starrte uns ungläubig an.

Mama schrie laut auf, und anstatt zu bremsen, schlug sie die Hände vors Gesicht. Papa zog verzweifelt die Handbremse, wir hörten ein verzweifeltes Jaulen und das Auto blieb mit einem Ruck stehen.

Mit einem Mal war es ruhig, und in dieser unnatürlichen Stille schluchzte Mama eine erste Frage:

»*U mazzai* – habe ich ihn getötet?«

Zu Tode erschrocken, stiegen wir aus und gingen um den Wagen herum. Der Hund war verschwunden!

Wir sahen überall nach, sogar unter dem Auto, doch keine Spur von dem Hund.

Dabei hatten wir ihn eben noch deutlich jaulen gehört. Für uns Kinder stand die Antwort fest: Mama hatte den Hund nicht nur überfahren, sie hatte ihn desintegriert!

Das hatten wir mal im Fernsehen gesehen: Ein riesiger Roboter war aus einem Raumschiff gestiegen und hatte mit einer seltsamen Strahlenwaffe geschossen, woraufhin die Leute sich einfach in Luft aufgelöst hatten.

»Nichts passiert«, beruhigte uns Papa. »Der Hund

ist ausgewichen und hat dann sofort das Weite gesucht.«

So ganz überzeugt von seiner Theorie waren wir allerdings nicht. Wortlos setzte Mama sich auf den Beifahrersitz und brach damit ihre erste Fahrstunde kurzerhand ab.

»Für heute ist es genug«, erklärte sie. »Außerdem muss ich noch für Peppi nähen.«

Mama hatte angefangen, für ihren Neffen Peppi zu arbeiten. Der hatte vor kurzem als Schneider ausgelernt und war gerade dabei, sich selbstständig zu machen. Er kaufte Tierfelle ein und schneiderte daraus hochwertige Pelzmäntel. Den ersten Fabrikationsraum hatte er kurzerhand im Wohnzimmer seiner Mutter, *zia* Gianna, eingerichtet, wo auch seine erste Nähmaschine stand. Da Mama Näherin gelernt hatte, half sie ihm, so gut sie konnte. Nicht wenige meinten damals, dass es leichter sei, Kühlschränke am Nordpol zu verkaufen als Pelzmäntel in Sizilien. Doch Peppi setzte sich souverän über den ersten Spott hinweg und die Kritiker sollten sich allesamt täuschen. Die Pelzmäntel waren, trotz ihrer astronomischen Preise, bald ein echter Verkaufsschlager und Peppi verdiente damit eine Menge Geld.

Mama dagegen tat ihren Dienst natürlich fast ohne Entlohnung. Das gehörte sich so und alle erwarteten es irgendwo auch, schließlich hatte ein jeder die Pflicht, einem Familienangehörigen unter die Arme zu greifen.

Gleich am folgenden Tag fand die nächste Fahrstunde statt. Auf dem Parkplatz tauschten Mama und Papa wieder die Plätze und diesmal ging es sogar ziemlich flott voran. Nach ein paar gelungenen

Runden schlug Papa vor, jetzt mal auf die Straße hinauszufahren. Mama protestierte zwar kurz, doch Papa überzeugte sie davon, dass es sinnlos war, immer nur im Kreis herumzufahren, bis uns allen wieder schlecht wurde. Also schlich Mama auf die Straße, sie sah erst nach links, dann nach rechts: Die Straße war fast menschenleer, bis auf einen Postboten, der in weiter Ferne mit einer schweren Tasche beladen seine Sendungen zustellte.

Mama drehte vorsichtig am Lenkrad und steuerte den Wagen auf die Straße.

»So ist es gut!«, lobte Papa. »Jetzt gibst du leicht Gas, schaltest in den zweiten Gang und lässt es einfach rollen.«

Mama schaltete und ließ es rollen. Es sah kinderleicht aus, doch ihre angespannte Haltung und die weiß hervortretenden Knöchel verrieten, dass sie extrem unter Spannung stand. Sie umklammerte das Lenkrad so fest, als müsste sie es erwürgen.

Langsam rollte der Wagen die leicht abschüssige Straße entlang, und Papa forderte Mama auf, in den dritten Gang zu schalten. Mama trat das Kupplungspedal durch und rührte mit dem Schalthebel im Getriebe herum, als müsste sie eine Schüssel Tomatensalat kräftig durchmischen – vergeblich.

Papa sah auf die Straße und gab Mama gleichzeitig Tipps; die wiederum starrte fluchend auf den Schalthebel, drückte und zog daran und schaffte es dennoch nicht. Verwundert konzentrierte sich Papa nun auch auf den Schalthebel und versuchte, Mama zu helfen.

Plötzlich schrie jemand auf, und wir schauten alle nach vorn, wo ein ängstlicher Postbote mit gehetztem Blick um sein Leben rannte.

Das Auto war auf der abschüssigen Straße immer schneller geworden und die paar Sekunden Unaufmerksamkeit während der Gangsuche hatten ausgereicht: Als Papa und Mama aufblickten, hatte sich die Situation schlagartig verändert.

Der Postbote, der noch immer um sein Leben schrie, sprang mit einem Satz auf den Bürgersteig. Diesmal schlug sich Mama nicht beide Hände vor ihr Gesicht, sondern nur den angewinkelten linken Arm, mit der rechten Hand hielt sie das Lenkrad umklammert. Papa versuchte in letzter Sekunde gegenzulenken, zog nebenher noch die Handbremse und rief Mama zu, sie solle endlich bremsen und dafür das Lenkrad loslassen. Das Auto polterte über den Bürgersteig, immer dem Postboten hinterher, der knallrot angelaufen war und mit seiner wild schaukelnden schweren Tasche gerade an einem Laternenpfahl vorbeischrammte.

Er drehte den Kopf und ich konnte zwischen den Vordersitzen hindurch genau sein Gesicht sehen. Er kam mir vor wie eine Katze, die in die Enge getrieben worden war; es fehlte nur noch, dass er anfing zu fauchen. Der arme Mann duckte sich gegen eine Hauswand und hob schützend beide Arme vors Gesicht.

Nun erschien der Pfahl riesengroß vor unserer Windschutzscheibe und keine Sekunde später wickelte sich unser geliebter froschgrüner Fiat Seicento samt roter Innenausstattung mit einem lauten Knall drum herum.

Wir wurden allesamt nach vorne geschleudert und schlugen uns sämtliche Körperteile an, aber ernsthaft verletzt wurde zum Glück niemand. Wir stiegen aus, und Papa sah nach dem Postboten, dem der Schrecken noch ins Gesicht geschrieben stand.

Mama weinte, wir Kinder jammerten, und alle starrten entsetzt auf unser Auto, das einen ziemlich ramponierten Eindruck machte. Kochend heißes Kühlwasser verteilte sich auf dem Asphalt, sammelte sich und bildete ein schmales Rinnsal, das sich auf den nächsten Kanaldeckel zubewegte. Heimfahren konnten wir damit nicht mehr.

Der aufgebrachte Postbote beruhigte sich zusehends und versuchte nun seinerseits, meine noch immer schluchzende Mama zu trösten.

»Schließlich«, sagte er, »sind Sie alle mit dem Schrecken davongekommen und so ein bisschen verbogenes Blech kann man wieder reparieren.«

Nach einer Weile und ein paar hastig gerauchten Zigaretten verabschiedete er sich, und während Papa sich noch einmal bei ihm entschuldigte, verkündete Mama, nie wieder Auto fahren zu wollen. Nie wieder!

Schweigend machten wir uns auf den Heimweg, gerade mal dreißig Minuten Fußweg. Von der Hauptstraße, die deutlich belebter war als der Unfallort, bogen wir in eine schmale Gasse ein, und plötzlich stieg uns ein unwiderstehlicher Duft in die Nase, den ich sofort erkannte: *focaccia*!

Die Focaccia ist die messinische Variante der klassischen Pizza. Ein dünner, knuspriger Teig, der mit Sardellen, Mozzarella, Tomatenscheiben und fein geschnittenem Endiviensalat belegt wird.

Wir standen direkt vor einer kleinen *focacceria*, und das Aroma, das aus der offen stehenden Tür auf die Straße strömte, war mehr als eine Einladung. Wir linsten durch das Schaufenster und sahen zwei Bäcker, die sich gerade daranmachten, eine riesige *focaccia*, die sie eben aus dem Ofen geholt hatten, in kleine Stücke zu zerschneiden.

Papas Frage, ob wir uns auf den Schock eine kleine Freude gönnen sollten, war überflüssig. Wir stimmten sofort begeistert zu, stürmten den Laden und Papa kaufte ein ganzes Kilo leckere *focaccia*, eine große, gut gekühlte Flasche *chinotto* und fünf *arancini*.

Letztere zählten zu den Leckereien, bei deren Anblick ich mich damals sofort in eine vollautomatische Fressmaschine verwandelte. Diese köstliche Spezialität besteht aus einer Reiskugel, die zunächst mit *ragù*, einer dicken Tomatensoße, Mozzarella und gewürfelten Mortadellastücken gefüllt, anschließend paniert und in heißem Öl frittiert wird. Eine der köstlichsten Kalorienbomben, die Messina zu bieten hat.

Wir setzten uns etwas abseits auf eine halbhohe Mauer und ließen es uns schmecken. Die *focaccia* war ein Gedicht und die *arancini* so lecker, dass ich die beiden Bäcker schon fragen wollte, ob sie mich nicht adoptierten.

Mama hatte sich in der Zwischenzeit so weit beruhigt, dass sie es ebenfalls genießen konnte, und Papa sagte, dass wir eigentlich noch Glück im Unglück gehabt hatten. Um das Auto werde er sich später kümmern, und wenn es erst mal repariert wäre, sei es wieder fast wie vorher. Das Ganze koste zwar eine Menge Geld – das wir eigentlich nicht hatten –, aber irgendwie würden wir es schon schaffen.

Als wir die *focaccia* und die *arancini* restlos verputzt hatten, liefen wir weiter, bogen an der Bar Colucci in die enge, steil ansteigende Straße zu unserem Viertel ein und waren zehn Minuten später zu Hause.

Gianni und Franci, unsere beiden Cousins, hatten schon auf uns gewartet und bald darauf versammelte sich die halbe Familie im Hof. Ein jeder wollte die

Geschichte in allen Einzelheiten hören und Mama schämte sich in Grund und Boden. Dabei machte niemand ihr deswegen einen Vorwurf, schließlich konnte so etwas jedem mal passieren. Aber ihre Entscheidung stand unwiderruflich fest: Sie würde niemals wieder Auto fahren!

Es wurde sehr spät an diesem Abend. Wir Kinder spielten noch eine Runde Cowboy und Indianer, die Erwachsenen saßen auf den kleinen geflochtenen Stühlen rings um den großen eisernen Tisch und diskutierten bis in die Nacht.

Hauptsächlich ging es dabei um Papas Ankündigung, für ein paar Jahre nach Deutschland auswandern zu wollen. Er hatte sich inzwischen mit mehreren Leuten unterhalten, die dort lebten. Ein großer Teil unserer Verwandtschaft stammte aus Patti, einem kleinen Dorf, das zu Messina gehört. Und nicht wenige unter ihnen waren in den letzten Jahren nach Deutschland ausgewandert, um dort zu leben und zu arbeiten. Papa hatte sich mit einem dieser Auswanderer getroffen und alles, was er wissen musste, von ihm erfahren. Der Zeitpunkt seiner Abreise stand ebenfalls schon fest: Anfang Oktober 1971, in genau fünf Monaten.

Keiner der Anwesenden war von dieser Nachricht begeistert, aber alle hatten Verständnis dafür, denn die Dringlichkeit war unübersehbar. Filippos Augen hatten sich tatsächlich weiter verschlechtert, und der Befund eines Augenarztes, wir müssten uns damit abfinden, dass Filippo eines Tages erblinde, war überzeugend genug.

Hier in Messina konnte offenbar niemand etwas für ihn tun.

32. **Vulcano**

Kurze Zeit später übernahm Papas Firma einen größeren Auftrag auf der Insel Vulcano. Da sie dafür Arbeitskräfte brauchten, gingen neben ihm auch *nonno* Luigi und Papas Freund Biagio mit. Sie sollten, um den Auftrag termingerecht abschließen zu können, die nächsten vier Monate auf der Insel bleiben.

Als Biagio am Abreisetag mit einem Lächeln im Gesicht vor unserer Haustür stand, war die Wiedersehensfreude groß. Wir hatten ihn lange nicht mehr gesehen und löcherten ihn sogleich mit allen möglichen Fragen über Nino und seine Haustiere, die wir von unserem Urlaub in Scaletta noch in guter Erinnerung hatten.

Er beantwortete uns geduldig alle Fragen und eröffnete uns anschließend, dass seine Frau Peppina und Nino in den Sommerferien zu uns kommen und dass wir alle gemeinsam ein Wochenende in Vulcano verbringen würden.

Die Freude über die Aussicht, ein paar Tage mit Nino zusammen sein zu können, versetzte mich in Hochstimmung und ich konnte es kaum noch erwarten. Aber bis dahin sollte noch einige Zeit vergehen. Erst mal reisten Papa, Biagio und *nonno* Luigi ab und für uns ging der ganz Alltag weiter.

314

Ein trister Alltag. Dass Papa am Abend nicht nach Hause kam, war für uns ungewohnt, und *nonno* Luigi vermissten wir ebenfalls. Im Sommer saß er abends immer draußen im Hof und hatte sich dort geradezu häuslich eingerichtet. Er hatte einen kleinen Tisch und einen alten Sessel unter seinem Wohnzimmerfenster gestellt, am Abend öffnete er dann das große Fenster und drehte sein Fernsehgerät so hin, dass er von draußen fernsehen konnte.

Da saß er manchmal, mit einem Glas Rotwein, das er mit Wasser verdünnte, bis in die späten Nachtstunden. Wenn abends noch ein guter Film lief, leisteten wir Kinder ihm oft Gesellschaft und schauten mit. Bis wir ins Bett geschickt wurden.

Manchmal kam auch *zio* Paolo vorbei. Seit sich die wirtschaftliche Situation ein wenig gebessert hatte, war er sichtlich ruhiger und ausgelassener geworden. Er wechselte ein paar spärliche Sätze mit *nonno* Luigi und dann sahen sie zusammen weiter fern.

Irgendwie hatte sich in letzter Zeit vieles geändert, Peppi war nur noch mit den Pelzmänteln beschäftigt, Lorenzo war mit *zia* Tina in die Schweiz ausgewandert und hatte sich schon über ein Jahr nicht mehr blicken lassen, Umberto steckte mitten in der Verwandlung. Jedenfalls hörte er urplötzlich auf, mit uns zu spielen, und benahm sich wie ein gestörter Erwachsener, der sich von uns kleinen Kindern belästigt fühlte.

Er wusch sich täglich die schwarz gelockten Haare – freiwillig! Ständig riss er seine – eigentlich schmalen – Augen weit auf, damit jeder ihre stahlblaue Farbe bewundern konnte, und achtete darauf, stets sauber und adrett gekleidet das Haus zu verlassen. Sobald ein fremdes Mädchen auch nur in seine Nähe kam, plusterte er sich auf wie ein streitsüchtiger Gockel und versuchte, wie John Wayne, mit einer dunklen, tiefen Stimme zu sprechen. Allerdings wollte es ihm nicht so ganz gelingen. Irgendetwas stimmte nicht mit ihm!

Insgesamt ging es unserer Familie besser als in den Jahren davor. Alle hatten nun viel zu tun und ausreichend Geld, jede Familie besaß sogar einen eigenen Fernseher, und der übernahm, so nach und nach, die abendliche Unterhaltung. Die Zeiten der Not waren offenbar vorbei, und die Zeiten, als wir alle gemütlich im Hof zusammensaßen und uns Geschichten erzählten ... leider ebenfalls.

Uroma Mina war in den letzten Jahren richtig gebrechlich geworden. Sie konnte sich nach einem schweren Sturz, von dem sie sich nur langsam erholte, kaum noch auf den Beinen halten und verließ kaum noch ihr Bett. Ihr dunkelbrauner Teint hatte sich in ein fahles Grau verwandelt, war fast durchscheinend geworden, und darunter schimmerten ihre blauen Venen. Die zierliche Gestalt ging noch gebeugter, *nonna* Mina atmete schwer, konnte kaum noch reden und ihre ehemals strahlend blauen Augen waren matt geworden.

Mama sagte damals, dass Uroma Mina ihren Weg nun schon fast geschafft habe und dass es nun allein in Gottes Hand liege, wann er sein Kind zu sich holte.

Das verstand ich nicht. Warum sollte er sein Kind zu sich holen? Wenn es ihm so wichtig war, seine Kinder zurückzuholen, wieso hatte er sie dann überhaupt einmal gehen lassen? Was war das für ein Weg, den meine Uroma schaffen sollte? Warum ging es ihr so schlecht? Konnte er seine Kinder nicht zu sich holen, ohne ihnen vorher schlimme Qualen zuzufügen?

Von Gott hatte ich zu der Zeit schon ein sehr genaues Bild: Ich stellte ihn mir vor als einen alten Mönch mit einem mächtigen Bart, der große Macht und ein ungeheures Wissen ausstrahlte. Er sah und hörte alles, vergaß nichts und bestrafte seine ungehorsamen Kinder auf grausamste Art und Weise. Gleichzeitig war er der freundliche, herzensgute Vater aller Menschen, der alles verzieh und seinen eigenen Sohn für die Reinwaschung der Seelen seiner übrigen Kinder geopfert hatte ... Ich verstand ihn nicht!

Wie konnte jemand herzensgut und gleichzeitig so grausam sein und dennoch von allen als völlig normal angesehen werden? Jedes Mal wenn ich versuchte, diese Gedanken zu vertiefen, legte sich eine ungeheure Angst auf meine Brust und presste sie so stark zusammen, dass ich meinte, ersticken zu müssen.

Diese Sache beschäftigte mich die nächsten Tage so sehr, dass ich Ninos Besuch darüber fast vergessen hätte. Umso größer war die Freude, als er mit seiner Mutter Peppina zu Beginn der Sommerferien eines Tages vor unserer Tür stand.

Nino hatte sein frechstes Grinsen aufgesetzt und freute sich ebenso sehr über uns wie wir uns über ihn. Während Mama und Peppina die letzten Taschen packten, führten wir Nino herum und zeigten ihm, wie wir lebten, wo wir spielten, und machten ihn mit unsere Cousins bekannt.

Mama zauberte noch schnell ein leckeres Frühstück und dann ging es auch schon los nach Vulcano. Da *nonno* Luigi ebenfalls auf der Insel war, kam auch *zia* Lina mit. Alle zusammen fuhren wir an den Hafen und stiegen in das bereits wartende Tragflächenboot, das zu den schnellsten Linienbooten zählte, die zwischen den Liparischen Inseln hin und her pendelten.

Als alle Passagiere eingestiegen waren, fuhr das Boot aus dem Hafen, beschleunigte so lange, bis sich der Rumpf aus dem Wasser hob und nur noch die flügelähnlichen Tragflächen und die Schiffsschraube unter Wasser waren. Durch den verringerten Widerstand erreichte das Boot eine hohe Reisegeschwindigkeit, das bedeutete für mich: Mir wurde nicht erst nach zehn, sondern bereits nach fünf Minuten speiübel. Die Fische freuten sich über eine leckere Zwischenmahlzeit vom Festland und ich trauerte mit grünem Gesicht meinem Frühstück nach.

Doch mein Leid war nur von kurzer Dauer, denn schon bald erreichten wir die Anlegestelle von Vulcano, wo Papa, *nonno* Luigi und Biagio schon auf uns warteten. Die Wiedersehensfreude war groß, Papa nahm uns nacheinander in die Arme und anschließend gingen wir gemeinsam zu unseren spärlich eingerichteten Unterkünften.

Wir betraten zunächst eine große Küche, in der ein Gasherd und ein großer Tisch mit vielen Stühlen drum herum standen. Von der Küche aus gelangte man in mehrere Zimmer, die mit Bettgestellen und Schränken eingerichtet waren. Das waren unter der Woche die Arbeiterunterkünfte, doch jetzt waren die anderen Arbeiter wegen des verlängerten Wochenendes nach Hause gefahren.

Jede Familie suchte sich ein Zimmer aus, und gleich danach beschlossen wir, baden zu gehen. Der Strand war herrlich und das Wasser ein Traum. Wir planschten und spielten ausgiebig in den warmen Quellen in der Nähe des Strandes und erfrischten uns, indem wir ein kleines Stück hinausschwammen.

Am späten Nachmittag machten wir uns auf den Rückweg und stellten fest, dass sich auf der Insel seit unserem letzten Besuch einiges verändert hatte. Es gab viel mehr Häuser und die Straßen waren jetzt deutlich breiter, mittlerweile bauten sie sogar schon größere Hotels. Das Geschäft mit den Touristen lief offenbar gut.

Während wir am Strand entlang zu unseren Unterkünften zurückliefen, fuhr ein Fischerboot direkt auf uns zu. Der Fischer rief nach uns, winkte uns mit einer Hand herbei und steuerte sein Boot gegen den Strand, wo es schleifend zum Stillstand kam. Der Mann zeigte uns einen ganzen Korb voll frisch gefangener Garnelen und bot sie uns zu einem günstigen Preis an. Die Gelegenheit ließen wir uns natürlich nicht entgehen und ich freute mich schon sehr auf ein köstliches Festessen.

Wenig später bereitete *zia* Lina die Garnelen zu, während Mama und Peppina sich um die Beilagen kümmerten und wir Kinder zusammen mit Papa den Tisch deckten. Papa und Biagio trugen den großen Tisch ins Freie und wir vier schleppten die Stühle hinaus. Innerhalb weniger Minuten war die Tafel gedeckt und Mama stellte zwei große Schüsseln Salat darauf: ein nach Oregano duftender Tomatensalat mit lila Zwiebelringen und ein köstlicher, in feinen Scheiben geschnittener Fenchelsalat, der mit einem Schuss Weinessig, Olivenöl und Salz angemacht war.

Ungeduldig setzten wir uns alle um den Esstisch, warteten auf *zia* Lina und die Garnelen und schwatzten alle durcheinander. Plötzlich hörten wir seltsame Geräusche aus der Küche und verstummten erschrocken. Zuerst ein leises Hüsteln, dann ein Räuspern, das in ein lauteres Husten überging und ganz abrupt mit einem heftigen Würgen endete. Dann schepperten Töpfe und etwas landete mit einem dumpfen Klatschen auf dem Steinboden!

Das Ganze hatte nur wenige Augenblicke gedauert und wir saßen für eine Sekunde wie versteinert am Tisch.

Dann sprangen wir alle gleichzeitig auf und stürzten in die Küche. Papa und *nonno* Luigi erreichten die Tür als Erste, ich folgte ihnen auf dem Fuße und spähte hinein.

Zia Lina lag verkrampft auf dem Boden, ihr Gesicht war blau angelaufen und panisch verzerrt. Angst schoss in mir hoch und mein Herz fing von einem Augenblick auf den anderen an zu rasen. Die Pfanne lag ebenfalls auf den Fliesen und die Garnelen waren in der ganzen Küche verstreut. Papa und *nonno* Luigi hoben *zia* Lina hoch, die nur noch röchelte, während mich jemand von hinten packte und aus dem Zimmer drängte.

Nun verpasste *nonno* Luigi *zia* Lina einen kräftigen Schlag auf den Rücken, woraufhin eine nahezu unzerkaute Garnele in hohem Bogen aus ihrem Hals flog und an die gegenüberliegende Wand klatschte. *Zia* Lina hustete fürchterlich und begann laut pfeifend Luft zu holen.

Das war Rettung in letzter Sekunde gewesen! *Zia* Lina war bleich wie eine Tote. *Nonno* Luigi und Papa setzten sie draußen auf einen Stuhl und gaben ihr erst mal ein Glas kaltes Wasser zu trinken. Tränen rannen über ihr Gesicht, und sie schluchzte zunächst unverständliche Worte, die aber immer deutlicher zu verstehen waren. Sie hatte die Hände gefaltet, wiegte ihren Oberkörper vor und zurück und murmelte verzweifelte Gebete.

»*Madonna mia* … ich habe den Tod gesehen! *Dio mio*, vergib mir meine Sünden … ich habe den Tod gesehen und er hat mich berührt! Vater unser, der du bist im Himmel … Der Tod hat mich berührt … ich habe in seine Augen geblickt und mein Ende gesehen … gebenedeit sei die Frucht deines Leibes … ich bin tot … *o Gesú*, ich bin tot!«

»Jetzt beruhige dich erst mal!«, sagte *nonno* Luigi. »Du bist nicht tot, aber um ein Haar wärst du es gewesen.«

»Ich bin tot!«, schrie *zia* Lina. »Du kannst es nur nicht sehen. Aber ich weiß es, er hat mich berührt!«

»Ist ja schon gut, beruhige dich. Trink noch einen Schluck Wasser, dann wird es dir besser gehen.«

Zia Lina schluchzte leise vor sich hin, entspannte sich allmählich und wischte sich mit einem Taschentuch die Tränen aus dem Gesicht. Nach einer Weile hatte sie sich so weit gefasst, dass sie aufstehen konnte.

»Es ist gut«, sagte sie, »lasst uns das Essen fertig machen. Ihr habt bestimmt alle Hunger. Mir geht es wieder besser.«

Mama und Peppina gingen zurück in die Küche, klaubten die Garnelen auf, wuschen sie und legten sie zum Garen wieder in die Pfanne. *Zia* Lina klagte zwar noch über Halsschmerzen, aber im Großen und Ganzen hatte sie sich erholt.

Wir Kinder saßen seit mehreren Minuten wie versteinert auf unseren Stühlen. *Zia* Linas Worte über den Tod und ihr verzweifeltes Gebet hatten uns zu Tode erschreckt. Die Angst stand uns deutlich ins

Gesicht geschrieben, ebenso wie die eine, entscheidende Frage: Wie sieht der Tod aus?

Ich starrte *zia* Lina an, die so tat, als ob sie den Tisch decken müsste. Der war aber bereits gedeckt, und so lief sie von einem Ende zum anderen, zupfte an der Tischdecke herum, hob Teller und Besteck an, um sie dann am gleichen Platz wieder hinzustellen. Sie war völlig in Gedanken versunken. Vermutlich dachte sie noch immer über ihren Tod nach, denn man konnte ihr die Angst ansehen.

Es hätte mich brennend interessiert, zu erfahren, wie der Tod aussah, aber ich traute mich nicht, *zia* Lina danach zu fragen. Sicher würde sie mich anschreien und feierlich verkünden, dass ich ein geisteskrankes Kind sei, wenn ich es jetzt wagte. Ich beschloss, noch ein bisschen zu warten, in ein paar Tagen wäre sie bestimmt in der Lage, mir eine normale Antwort zu geben.

Noch ehe ich weiter darüber nachdenken konnte, kamen Mama und Peppina mit zwei große Schüsseln, die randvoll mit Garnelen gefüllt waren, aus der Küche.

Die leicht gedrückte Stimmung hellte sich angesichts der lecker duftenden Köstlichkeiten zusehends auf und wir ließen sie uns trotz des Zwischenfalls schmecken.

33. Carlas Flagge

Nach dem Essen gingen wir Kinder noch ein Weilchen spielen, obwohl es inzwischen fast schon dunkel war – die beste Zeit, um Verstecken zu spielen!

So tobten wir noch eine Weile herum, während unsere Eltern gemütlich draußen saßen und sich unterhielten. Es war ein herrlicher, sternenklarer Abend. Irgendwann legten wir uns auf den Boden, starrten zum Himmel hinauf und zählten Sterne.

»Unglaublich!«, sagte Nino. »Das müssen mehr als hundert Limionen Sterne sein!«

»Haha, du meinst bestimmt Millionen, oder?«, lachte ich.

»Nein! Das heißt Limionen! Das weiß doch jedes Kind!«

»Nein, das heißt Mill… okay … dann eben Limionen«, gab ich klein bei, denn ich hatte keine Lust, zu streiten.

»Ist doch egal«, meinte Santina. »Es sind trotzdem ganz schön viele.«

»Ja, unheimlich viele«, antwortete ich und wandte mich wieder an Nino. »Hast du schon mal versucht, dir vorzustellen, was danach kommt?«

»Nach was?«

»Nach den Sternen natürlich!«

»Nein ... was sollte denn da noch kommen? Vermutlich ... weitere Sterne«, mutmaßte Nino.

»Ja, aber ... was kommt danach? Es kann doch nicht unendlich so weitergehen. Sterne ... und noch mehr Sterne und noch mal Sterne, oder?«, bohrte ich weiter.

»Keine Ahnung! Mama sagt, dass da oben irgendwo der liebe Gott wohnt und alle Engel und alle Heiligen und dass alle, die tot sind, im Paradies wohnen!«

»Das sagt meine Mama auch und *nonna* Maria ebenfalls. Dann muss an der Geschichte doch etwas Wahres dran sein, obwohl ... bei den Milliarden von Toten, die da oben angeblich wohnen, müsste der Himmel schon so überfüllt sein, dass man sie von hier unten aus sehen kann, oder?«

»Hm ... keine Ahnung«, antwortete Nino. »Vielleicht benutzt der liebe Gott die Sterne als Vorhang, damit wir die Toten nicht sehen und ... damit nicht jeder gleich in sein Schlafzimmer gucken kann!«

Nachdem wir uns über unsere Theorien vor Lachen ausgeschüttet hatten, gingen wir zurück ins Haus, und kurz darauf lag jeder in seinem Bett.

Es war ein langer, schöner Tag gewesen, wir waren alle todmüde, und so war es nicht verwunderlich, dass alle sofort einschliefen.

Ein leises Schluchzen weckte mich mitten in der Nacht, und durch die einen Spaltbreit geöffnete Tür stellte ich fest, dass in der angrenzenden Küche Licht brannte. Von dort kam auch das leise Schluchzen, das mich geweckt hatte. Ich stand auf, schlich zur Tür und versuchte zu erkennen, wer so spät noch wach war. Es war *zia* Lina! Sie saß allein an dem großen Tisch und weinte leise vor sich hin. Ich schlüpfte rasch aus unserem Zimmer, damit die anderen nicht auch noch wach wurden. Aber als *zia* Lina mich sah, wollte sie mich gleich wieder zurück ins Bett schicken.

»Ich gehe gleich, *zia*. Ich hab dich weinen gehört und wollte dich fragen, ob alles in Ordnung ist.«

»Ja … mir geht's gut!«, sagte sie in derart kläglichem Tonfall, dass sogar ein Schwerhöriger gemerkt hätte, dass dem nicht so war.

Auf ihrem Gesicht lag die gleiche ängstliche und sorgenvolle Miene wie an jenem Tag, als sie meinen als schwarze Trauerflagge umfunktionierten Regenschirm aus dem Drahtzaun vor unserem Haus gerissen und mir gleichzeitig meine imaginäre Trompete aus der Hand geschlagen hatte. Jener Tag, an dem sich unsere Cousine Carla am Knauf der Wohnzimmertür stranguliert hatte.

Carla, ein hübsches, lebenslustiges Mädchen mit schwarzen Locken, das immer lachte, war gerade mal neunzehn Jahre alt geworden. Sie hatte früh geheiratet, weil sie sich dadurch endlich ein bisschen mehr Freiheit erhoffte als bei ihren strengen Eltern. Sie hatte ihren Mann bei einem Familientreffen kennen gelernt und ihn spontan gefragt, warum er im Rollstuhl sitze. Mario war seit einem Unfall vom Bauch abwärts querschnittsgelähmt und sein Leben lang auf den Rollstuhl angewiesen. Sie verliebte sich trotzdem in ihn und von da an ging alles blitzschnell: die Hochzeit, der Auszug aus dem Elternhaus, die neue Wohnung in Messina, die Flitterwochen – Carla war richtig glücklich.

Als der Alltag einkehrte, dämmerte ihr allmählich, worauf sie sich da eingelassen hatte. Mario war ständig auf ihre Pflege angewiesen, außerdem nicht immer so nett wie vor der Hochzeit – und krankhaft eifersüchtig! Sie durfte sich weder schminken noch ausgehen noch mit Leuten reden, die er nicht kannte, und wenn niemand aus der Verwandtschaft sie zum Einkaufen auf den Markt begleiten konnte, hatte sie einen exakten Zeitplan einzuhalten – und wehe, wenn sie mal nur ein paar Sekunden später nach Hause kam!

So hatte sich Carla ihr neues Leben nicht vorgestellt. Zuerst starb ihr Lächeln – sie weinte immer öfter und hatte ständig gerötete Augen. Mama hat sie in jener Zeit oft besucht, denn sie wohnte gleich neben dem Laden von Signora Nanna, und ich war mehrmals dabei. Selbst mir fiel auf, dass sie von Mal zu Mal trauriger wirkte und kaum noch lachte.

Als sie eines Tages nicht mehr weiterwusste, schloss sie alle Türen ab, missachtete die Rufe ihres Ehemannes, knotete ein Seil um ihren Hals und den Türknauf und ließ sich einfach fallen. Mario alarmierte vom Bett aus die Nachbarn, die sich dann gewaltsam Zutritt zu der Wohnung verschafften, sowie die Polizei und die nächsten Verwandten.

Mama und ich liefen damals eigentlich eher zufällig am Haus vorbei, wir kehrten gerade vom Einkaufen zurück und sahen schon von weitem die Menschenmenge vor der Haustür stehen. Mama war sofort klar, dass etwas Schlimmes passiert sein musste, denn sie beschleunigte ihre Schritte, und ich glaube, in dem Augenblick vergaß sie mich völlig. Als die Leute vor der Tür sie erkannten, liefen ein paar Frauen ganz aufgeregt auf sie zu.

»Signora, ein Unglück ist geschehen!«

»Was ist denn passiert?«, fragte Mama, doch niemand antwortete.

Schließlich sagte jemand: »Carla …«

»Carla? Was ist mit ihr?«

»*É morta*!«

»Tot? Carla ist tot … wieso?« Mama rannte die letzten Meter zum Haus, zwängte sich an den Leuten vorbei, die den Eingang versperrten, und stand Sekunden später vor der toten Carla.

Ich war hinter ihr hergerannt, schlüpfte nach ihr durch die Lücke hindurch und stand nur einen Schritt hinter ihr, als sie abrupt innehielt und Carlas Namen schrie.

Die nächsten Sekunden dehnten sich zu einer Ewigkeit, ich lief voll gegen Mama, blickte dann an ihr vorbei und sah rechts im hinteren Teil des Wohnzimmers Mario in seinem Rollstuhl sitzen. Er war in Tränen aufgelöst und schrie laut nach seiner Frau. Daneben stand ein Mann, der die Hände auf Marios Schulter gelegt hatte und ihn, obwohl er selbst laut schluchzte, zu trösten versuchte. Direkt vor dem Rollstuhl kniete eine Frau, die ebenfalls Carlas Namen rief – *zia* Gianna.

Ihr Gesicht war vom Weinen so verzerrt, dass ich meine Tante anfangs gar nicht erkannt hatte. Dann bemerkte ich die bleichen Beine auf dem Boden und wusste sofort: Das musste Carla sein. Meine Augen wanderten weiter hinauf, und just in dem Augenblick, als ich Carlas Gesicht sah, zog mich jemand weg. Ich war völlig schockiert und brach sofort in Tränen aus.

Wortlos schnappte Mama mich und brachte mich nach Hause. Dort angekommen, bat sie *zia* Lina, auf uns aufzupassen, und eilte gleich wieder zu Carlas Haus zurück. Ich verzog mich ins Bett und versuchte, das entsetzlich entstellte Gesicht meiner Cousine aus meinen Gedanken zu drängen. Ich wollte mir ihr Gesicht vorstellen, wie ich es aus der Zeit kannte, als sie noch glücklich war und immer lächelte ... aber es gelang mir nicht. Jedes Mal entstand eine blau gefärbte Grimasse daraus mit einer riesigen Zunge, die wie ein alter Lappen aus dem Mund hing. Diese Carla wollte ich jedoch auf keinen Fall wiedersehen und schob sie mit aller Kraft beiseite. Die andere Carla war meine Cousine gewesen, die hatte ich gern, sie war hübsch, nett und freundlich gewesen, und nur an die wollte ich mich erinnern. Der Kampf gegen die hässliche Fratze ermüdete mich dermaßen, dass ich einschlief.

Stunden später wachte ich völlig orientierungslos wieder auf und wusste kurzfristig nicht einmal, wo ich war. Ich rief nach Mama, erhielt jedoch keine Antwort ... es war niemand im Haus. Also setzte ich mich auf mein Bett, sah mich um, und auf einmal fiel mir Carla wieder ein. Schnell stand ich auf und ging zur Haustür in der Hoffnung, dass die anderen draußen im Hof saßen.

In einer Ecke stand ein alter schwarzer Regenschirm, den Mama dort abgestellt hatte, weil wir häufiger damit spielten. Ich nahm ihn in die Hand und wollte ihn aufspannen. Aber es ging nicht, denn mehr als die Hälfte der Metallstäbe war gebrochen und hing völlig nutzlos herum. Da kam mir die Idee, die schwarze Bespannung abzuziehen. Gedacht, getan, hielt ich Sekunden später den Stoff in der Hand, wickelte mich darin ein und lief über den Hof.

An jenem Tag wehte ein böiger Wind, ich stemmte mich dagegen und rannte über *nonno* Luigis Hof und weiter über den von *zio* Paolo, bis ich die Treppen erreichte. Dort blieb ich stehen und schaute die Stufen hinab: Es war kein Mensch zu sehen. Der Himmel war grau und der Wind wehte noch eine Spur schärfer. Der schwarze Stoff, den ich mir um die Schultern gelegt hatte, flatterte laut, und als ich ihn fester um mich herumwickeln wollte, lockerte ich kurz meinen Griff und er flog davon.

Er landete am Drahtzaun, an den der starke Wind ihn nun presste. Fasziniert beobachtete ich den schwarzen Fetzen, der wie von Geisterhand gehalten am Zaun klebte. Ich zog ihn an den Enden so lange glatt, bis er völlig entfaltet war. Das war es ... Carlas Trauerflagge!

Die Szene erinnerte mich an einen Film, den ich mal gesehen hatte, ein Kriegsfilm. Nachdem die Helden gefallen waren, hatten sich die Überlebenden bei der Trauerfeier um eine Fahne versammelt, ein Soldat trat mit seiner Trompete vor und spielte ein trauriges Lied.

Ich stand also auf der obersten Stufe, schloss die Augen, führte meine erdachte Trompete zum Mund und spielte für Carla nun das gleiche traurige Lied.

Während die langen schwermütigen Töne durch meinen Kopf hallten, verabschiedete ich mich von meiner Cousine. Da ertönte eine keifende Stimme im Hintergrund, die aber nicht ganz zu mir durchdrang. Als sie immer lauter wurde, wachte ich wie aus einem Traum auf, öffnete die Augen und sah, wie *zia* Lina Carlas Trauerflagge vom Zaun riss und mir gleichzeitig mit einer schnellen Handbewegung die Trompete aus der Hand schlug.

Ich wusste gar nicht, wie mir geschah. *Zia* Lina beschimpfte mich keifend, ich hielt mir die schmerzende Hand und ganz allmählich drang die Bedeutung ihrer Worte zu mir durch. Wie konnte ich an so einem

Unglückstag auch noch solche Unglückszeichen setzen? Ich verstand beim besten Willen nicht, was sie damit meinte, und war völlig perplex, als sie mich an einem Ohr schnappte und mich durch das Tor bis zum Haus zurückzog. Ich musste mich zu meinen Geschwistern an den Küchentisch setzen und versprechen, brav zu sein, bis unsere Eltern zurückkämen. Sonst würde sie erzählen, was ich angestellt hatte, und ich allein müsste dann die Konsequenzen tragen.

Ich wusste zwar noch immer nicht, was ich Schlimmes verbrochen hatte, aber tat trotzdem, was sie sagte. *Zia* Lina setzte sich in ihren alten Sessel, stöhnte unverständliche Worte und blickte traurig, gehetzt, ängstlich – ja, sie hatte eindeutig Angst! – vor sich hin. Das hatten wir auch, schließlich wussten wir weder, wo Mama und Papa waren, noch, wann sie zurückkamen. Als Santina es wagte, *zia* Lina danach zu fragen, antwortete die nur knapp: »Sie kommen bald«, und versank gleich darauf wieder in ihr trauriges, nachdenkliches Schweigen.

Diese Miene erkannte ich nun wieder – und dabei war heute gar niemand gestorben.

Vorsichtig sprach ich sie an: »*Zia* ...«

»Was?«

»Hast du heute Abend gedacht, dass du sterben musst?«

»Ja, das habe ich.«, antwortete sie.

»Du hast gesagt, dass du den Tod gesehen hast ... wie sieht er denn aus?«

»Ach, rede keinen Unsinn und geh jetzt in dein Bett zurück!«, erwiderte sie barsch.

Ich war eingeschüchtert und wandte mich zum Gehen.

Da hielt sie mich an der Hand fest. »Entschuldige, ich wollte nicht so schroff sein. Mir geht es nicht gut.«

»Ist schon in Ordnung, *zia*, ich war nur neugierig.«

»Weißt du … der Tod hat viele Gesichter, weil ihn jeder anders sieht. Mein Tod sah aus wie eine Garnele, die im Hals stecken bleibt … Ich glaube, jeder sieht den Tod mit dem Gesicht, das ihn selbst betrifft.«

Jetzt wusste ich genauso viel wie vorher. Ich nahm *zia* Linas Hand, drückte sie und wünschte ihr eine gute Nacht.

»*Buona notte, zia*, mach dir keine Sorgen … es ist ja alles gut gegangen.«

»*Buona notte*, Gigi … schlaf schön!«

Ich drehte mich um, schlich leise in mein Bett zurück und dachte noch ein Weilchen über das nach, was meine Tante gesagt hatte. Der Tod hat viele Gesichter … Das lag jenseits meiner Vorstellungskraft. Ich denke nicht, ich denke nicht, ich denke n…

Ein strahlend schöner Morgen weckte mich, die Sonne schien durch das Fenster und es war schon früh angenehm warm. Ich stand auf und ging hinaus in die Küche, wo die anderen schon am Frühstückstisch saßen. Ich setzte mich dazu und genoss ein sagenhaftes Frühstück mit Peppinas selbst gemachter Salami, die sie extra für uns mitgebracht hatte.

Danach kam Biagio mit einer Angel herein und verkündete, dass wir heute Morgen angeln gingen. Filippo und meine Schwester hatten keine Lust, also machten nur Nino und ich uns fertig und spazierten mit seinem Vater und Papa zum Strand hinunter. Jeder bekam eine Angelrute aus getrockneten Bambusstäben mit einer durchsichtigen Schnur und einem kleinen Angelhaken in die Hand gedrückt.

Wir kletterten auf die großen Felsen, die weit ins Meer hineinragten, spießten unseren Köder, jeweils ein Garnelenstück, auf den Haken und warfen ihn ins Wasser.

Dann setzten wir uns hin und warteten. Es dauerte nicht lange und wir konnten die ersten Fische an Land ziehen. Die kleineren warfen wir gleich wieder ins Wasser zurück, die größeren waren für eine leckere Fischpfanne mit gebratenen Zwiebeln bestimmt, die Mama und Peppina für uns später zubereiten wollten.

Nach einer Weile hing endlich auch an meinem Haken ein Fisch, doch als ich ihn rauszog, war ich über seine geringe Größe sehr enttäuscht. Nino hatte etwas mehr Glück und zog mit Hilfe von Biagio den größten Fisch heraus.

Die Sonne brannte gnadenlos vom Himmel, und nach einer Weile zogen wir beide es vor, das Angeln den Erwachsenen zu überlassen und ins kühle Wasser zu springen. Es machte riesigen Spaß, die Felsen hinaufzuklettern und von dort aus ins Wasser zu hechten. Wir verbrachten, nur von dem leckeren Mittagessen unterbrochen, den ganzen Tag am Meer.

Nach dem Abendessen, Spaghetti Carbonara mit frischem Parmesan – ein Gedicht! –, trugen wir das Geschirr in die Küche zurück. Als ich auf einem Teller noch eine Scheibe von Peppinas leckerer Salami entdeckte, beschloss ich: Die passt noch rein! Obwohl ich mehr als satt war, schob ich mir die Wurstscheibe genüsslich in den Mund, kaute andächtig darauf herum und genoss den unvergleichlichen Geschmack. Als ich plötzlich etwas Zähes im Mund spürte, schluckte ich es einfach runter, und da passierte es: Ein Hautstreifen steckte zwischen zwei Backenzähnen, und die noch immer daran hängende Salami blieb mir im Hals stecken. Ich bekam keine Luft mehr, röchelte und fasste mir an den Hals, während Panik in mir hochstieg.

Ich versuchte zu schreien, aber außer einem Würgen gab ich keinen Laut von mir. »Rausrennen!«, schrie es in meinem Kopf, und meine Beine bewegten sich auch, das spürte ich deutlich. Doch sie kamen nicht vom Fleck und ich trampelte wie von Sinnen auf der Stelle. Ich spürte einen Druck in meinem Kopf, als ob er demnächst explodieren würde, dann überkam mich Todesangst, und mir wurde bewusst, dass ich sterben könnte. Ich erstickte!

Mit einem Mal wurde ich ganz leicht und etwas drückte mir ruckartig die Brust zusammen. Der Klumpen in meinem Hals wurde heftig rausgeschleudert und ich konnte mit einem tiefen Atemzug endlich wieder die Lungen füllen. Ich heulte sofort los, die Todesangst bahnte sich ihren Weg durch die Tränenkanäle. Mama hielt mich fest im Arm und ich war unendlich froh darüber. Ich spürte das Salamistück an meinem Kinn baumeln, die Haut klemmte noch immer zwischen meinen Zähnen fest. Ich griff danach, zog es heraus und sah es mir an ... so hätte also das Gesicht meines Todes aussehen können: wie ein durchgekautes Stück Salami! Meine Lieblingswurst würde ich in Zukunft bestimmt nicht mehr bedenkenlos essen können.

34. **Der Abschied**

Ein paar Wochen später, wir waren längst wieder zu Hause in Messina, kamen Papa und *nonno* Luigi endlich aus Vulcano zurück, und das war Grund genug für ein großes Familienfest.

Ich hatte die beiden sehr vermisst, ebenso wie meinen Freund Nino, von dem ich mich gar nicht mehr hatte trennen wollen. Wir hatten uns beim Abschied ganz fest in die Arme genommen und uns gegen sämtliche Trennungsversuche unserer Mütter gewehrt.

Doch jetzt standen die Festvorbereitungen an, außerdem waren *zia* Gianna, *zia* Lina und Mama wie jedes Jahr um diese Zeit, unter der mehr oder weniger freiwilligen Einbindung aller zur Verfügung stehenden Kinder, seit knapp einer Woche damit beschäftigt, Tomatensoße einzukochen. Zuerst kauften sie große Mengen frische Tomaten, wuschen sie in großen Bottichen, schnitten sie klein und kochten sie in einem riesigen Topf über dem offenen Feuer. Anschließend passierten sie die gekochten Tomaten grob und füllten sie mit ein paar Blättern Basilikum in Hunderte Flaschen, die sie sofort mit Kronenkorken verschlossen. Die Flaschen legten sie dann sorgfältig in ein großes Metallfass, das sie mit Wasser auffüllten und ebenfalls über offenem Feuer mehrere

Stunden kochten. Anschließend verteilten sie die Flaschen mit der fertigen Tomatensoße unter den einzelnen Familien. Diese Soße war extrem lange haltbar und schmeckte köstlich, doch die Herstellung war die reinste Plackerei und ohne Ärger und Geschrei ging sie nie vonstatten. Am Anfang waren wir Kinder immer mit Enthusiasmus dabei, nur hielt der, sehr zum Ärger unserer Mütter, nicht sehr lange an. Aber wer hatte schon Lust, sich tagelang nur mit Flaschen und Tomaten abzugeben? Jede einzelne Flasche musste, bevor sie befüllt werden konnte, gründlich mit Wasser und Sand ausgewaschen werden, damit die Soße nicht verdarb. Die einzelnen Familien sammelten sie nämlich das ganze Jahr über, und meistens waren es die Halbliterflaschen von Birra Messina, der einzigen Brauerei in der Stadt.

Wir fingen so gegen neun Uhr mit der Arbeit an, und eine halbe Stunde später hörte man schon die ersten gestöhnten *uffas*. Irgendjemand fing damit an und die anderen folgten im Sekundentakt, dann hier und da Duette und schließlich alle gemeinsam in verschiedenen Stimmlagen, am besten zur Melodie einer Arie des Gefangenenchors aus *Nabucco*: *Uffa-uffa-auffa-auuuffa* ... Da kamen selbst unsere Mütter nicht umhin, sich halb totzulachen.

So schleppte sich die Woche dahin, bis wir dann alle gemeinsam am Sonntag die neue Soße verköstigten – mit leckeren selbst gemachten Maccheroni. Die Soße schmeckte hervorragend; ein paar frische Basilikumblätter verfeinerten den Geschmack und ein bisschen geriebener Ricotta rundete das Ganze vollkommen ab.

Papa, *nonno* Luigi und *zio* Paolo öffneten dazu eine Flasche Wein und tranken einen Schluck auf Biagios

Wohl, der Papa zum Abschied ein paar Flaschen aus Scaletta mitgebracht hatte. An jenem Tag saßen wir von mittags bis spät in die Nacht am Esstisch. Viele Geschichten machten die Runde, und da wir Kinder nun bewiesen hatten, dass wir im Chor singen konnten, mussten wir unser neues Kunstwerk noch mal zum Besten geben und jeder, der wollte, noch ein weiteres Lied allein ... außer mir, denn ich sang grauenhaft. Dafür kam Gianni umso öfter dran, schließlich hielt er sich damals noch für den wiedergeborenen Gianni Morandi – obwohl der noch gar nicht gestorben war.

Die Zeit verging wie im Flug. Die Schulferien waren vorbei, und ich freute mich riesig, Loredana wiederzusehen – und natürlich auch Vittorio. Gleich am ersten Schultag lief ich die steilen Treppen hinunter, bog in die Hauptstraße ein und steuerte geradewegs auf deren Haus zu. Als ich vor dem großen grünen Tor stand und es öffnen wollte, prallte ich fast mit der Nase dagegen: Es war verschlossen!

Ich war überrascht, denn bisher war es immer offen gewesen. Ich suchte nach der Klingel, drückte mit dem Daumen lange darauf und wartete auf Vittorios »Ich komme schon!« Aber eigentlich wartete ich mehr auf Loredanas »Hallo, chiiep ... Gigi!«

Aber nichts geschah. Ich wartete noch ein paar Sekunden und klingelte abermals. Nichts! Ich lief ein paar Schritte zurück, damit ich einen Blick in die Fenster werfen konnte, und jetzt erst fiel mir auf, dass alle Läden geschlossen waren. Hatten die beiden etwa verschlafen? Das konnte ich mir nicht vorstellen.

Diesmal klingelte ich Sturm und rief gleichzeitig nach Vittorio: »He, Vittorio! Beeil dich, wir kommen zu spät zur Schule!«

Da ging auf der anderen Straßenseite eine Tür auf und eine alte Frau erschien auf der Schwelle. »Was schreist du denn hier am frühen Morgen so rum? Die sind letzten Monat ausgezogen, und jetzt mach, dass du wegkommst!«

»Ausgezogen? Aber ... wohin denn?«, fragte ich entsetzt.

»Was weiß ich!«, zeterte die alte Frau. »Ich mische mich in die Angelegenheiten anderer Leute nicht ein und es interessiert mich auch gar nicht. Und jetzt verschwinde!«

Ich drehte mich um und trottete traurig davon. Vittorio und Loredana waren ausgezogen! Das tat weh. Aber warum so plötzlich und wohin? Und weshalb hatte Vittorio nichts davon gesagt?

Auf dem Weg in die Schule wurde ich immer trauriger ... und wütender. Toller Freund, zieht weg und hat es nicht nötig, sich zu verabschieden. Oder wenigstens Bescheid zu sagen!

Und Loredana, wie konnte sie einfach wegziehen! Wo ich doch, zusammengenommen, bestimmt schon fünf Tage vor unserem Schlafzimmerspiegel an meinem männlich-coolen Auftreten gearbeitet und mir dabei sogar ein paar Ohrfeigen eingefangen hatte. Auf der Suche nach männlich-coolen Requisiten war ich nämlich auf eine Zigarre gestoßen. Gab es etwas Männlicheres als eine rauchende Zigarre im Mundwinkel?

Sofort begann ich mit der Suche nach Streichhölzern, die seit dem kleinen Feuerunfall in unserer Küche immer gut versteckt waren. In unserer Wohnung wurde ich daher sicher nicht fündig, also lief ich in *nonno* Luigis Küche und holte mir dort welche. Zurück im Schlafzimmer, vor dem großen Spiegel, schob ich mir die Zigarre in den Mund und zündete sie an. Bäh! Das Ding schmeckte ja widerlich …

Aber es sah unwahrscheinlich männlich aus! Bis auf die tränenden Augen, das Kratzen im Hals, das einen Hustenreiz nach dem anderen auslöste, und der gelben Speicheltropfen in meinem Mundwinkel hatte mein männliches Auftreten einen ungeheuren Schub in die richtige Richtung erhalten. Nämlich nach vorn!

Und zwar in genau dem Moment, als Mama das Zimmer betrat und mir mit Anlauf den Staub aus dem Hosenboden klopfte. Das hätte selbst unser National-stürmer Gigi Riva nicht besser hinbekommen. Anschließend würgte sie die Zigarre aus meinen Fingern und zum Abschluss bügelte sie mir noch mit ein paar kräftigen sizilianischen *muffettuni* (Ohrfeigen) die Lachfalten aus dem Gesicht. Frisch geglättet durfte ich anschließend die Arbeiten übernehmen, für die eigentlich meine Geschwister zuständig waren.

Wir Kinder hatten nämlich verschiedene Aufgaben, die zweimal täglich erledigt werden mussten: Küche und Wohnzimmer fegen, Tisch decken und abräumen, Geschirr spülen und abtrocknen. Das alles teilten wir untereinander auf, doch wenn einer von uns etwas angestellt hatte, waren die anderen von den Arbeiten befreit. Diese Befreiung trugen die Nutznießer dann offen zur Schau, was sehr schnell zu diplomatischen Verwicklungen führte, die bis hin zu gegenseitigen Kriegserklärungen führen konnten.

Und nun war das Mädchen, wegen dem ich das alles getan hatte, einfach so weg.

Was für ein Jammer!

Im Klassenzimmer angekommen, setzte ich mich missgelaunt an meinen Platz. Ein paar Minuten später kam *professore* Giannelli herein, und wie am ersten Schultag üblich, ging er zuerst die Anwesenheitsliste durch.

Bei dieser Gelegenheit stellte er auch die Neuen vor, und als er Vittorio aufrief und dieser sich nicht meldete, hob Signor Giannelli den Kopf, um in die Runde zu schauen. Er setzte zu einer Frage an und sagte dann: »Ah, Vittorio! Ja, Vittorio ist mit seiner Familie nach Norditalien gezogen, denn sein Vater hat dort wohl eine bessere Arbeit gefunden. Wenn das so weitergeht, bleiben nur noch Pensionäre und Ziegenhirten in Messina.«

Norditalien, schoss es mir durch den Kopf, dann werde ich wohl weder Loredana noch Vittorio jemals wiedersehen.

Der Schulalltag kehrte sehr schnell ein und mit ihm die üblichen Pflichten und Rituale. *Professore* Giannelli spielte weiter seine Frage-und-Antwort-Spielchen und setzte mich immer wieder als Joker ein: »Gigi … sag du es ihnen«, forderte er mich stets als Letzten auf, und ich war mächtig stolz darauf.

Mit der Zeit fanden wir einen weiteren Schwachpunkt von ihm heraus: Napoleon Bonaparte. Giannelli war ein glühender Verehrer des ehemaligen französischen Kaisers und Feldherrn und er konnte stundenlang mit strahlenden Augen äußerst spannend von Napoleons Leben erzählen. Die Kriegsstrategien des Kaisers hatten es ihm besonders angetan, nicht selten malte er Karten an die Tafel und zeichnete mit farbiger Kreide sämtliche Truppenbewegungen der beteiligten Kriegsparteien ein. Er war ein wandelndes Lexikon, und am Ende der Stunde wachte er wie aus einer Trance auf und wunderte sich, wie schnell die Zeit verflogen war.

»Meine Herren«, sagte er dann, »da wir heute vier Stunden Geschichte hatten, fangen wir morgen mit Bruchrechnen an.«

Am nächsten Tag begannen wir das Spiel von vorn. Es brauchte nur einer eine Frage über Napoleon zu stellen und sofort sprudelte es wieder aus dem *professore* heraus. Es war zu schön, ihm zuzuhören.

Da ich in der Schule sehr gut war, musste ich zu Hause außer den Hausaufgaben nicht sehr viel tun. Dafür musste ich umso länger mit meinem Bruder lernen, der große Probleme hatte. Er sah sehr schlecht, weil ein Auge noch immer mit Pflaster zugeklebt war und er zudem noch eine starke Brille tragen musste. Angeblich um das gesunde Auge zu entlasten, aber Filippo sah mit der Brille noch viel schlechter als ohne. Die Folge war, dass er in der Schule kaum von der Tafel ablesen und erst recht nicht abschreiben konnte und dadurch immer mehr in Rückstand geriet.

Außerdem war er ein richtiger Träumer und zeitweise trieb er mich damit zur Weißglut. Wir saßen manchmal stundenlang vor seinen Hausaufgaben, weil er sich, wie ich immer sagte, mit dem »Kopf im Urlaub« befand. Er schrieb eine Aufgabe ab, begann sich damit auseinander zu setzen und fing nach einer Weile an zu summen oder zu singen. So saßen wir oft ganze Nachmittage über ein paar Aufgaben und sehr oft endete das Ganze in furchtbaren Streitereien. Vor allem wenn ich spielen gehen wollte und wegen ihm nicht durfte.

Als wir in jenen Tagen von der Schule nach Hause kamen, erwarteten uns zwei große gepackte Koffer im Flur. Wir waren überrascht. War es jetzt schon so weit, dass Papa nach Deutschland fuhr? So schnell? Wir hatten zwar gewusst, dass dieser Tag irgendwann kommen würde, doch dass es so schnell sein würde ...

Santina fing beim Anblick der Koffer sofort an zu weinen. Es muss irgendwie ansteckend gewesen sein, denn Sekunden später standen wir alle drei im Flur und schluchzten vor uns hin. Ich weiß nicht, ob ich mehr darüber weinte, dass Papa fuhr, oder darüber, dass in absehbarer Zeit auch ich nach Deutschland musste, und darauf hatte ich nun überhaupt keine Lust.

Mama und Papa versuchten uns, so gut es eben ging, zu trösten, und nach einer Weile kehrte tatsächlich wieder Ruhe ein. Mit geröteten Augen setzten wir uns an den Esstisch und konnten unseren Kummer tatsächlich kurz darauf zumindest ein wenig vergessen. Denn Mama hatte an diesem Tag etwas besonders Leckeres gekocht: mit Mortadella und Käse gefüllte Frikadellen in frischer Tomatensoße. Papas Abschiedsessen!

So richtig wollte es uns heute trotzdem nicht schmecken, dabei waren die Frikadellen wirklich hervorragend.

Nach dem Mittagessen verabschiedete Papa sich von uns, und selbst ihm, den ich bis dahin nie hatte weinen sehen, standen die Tränen in den Augen. Mir kam es damals so vor, als ob er für immer gehen würde, selbst dann noch, als er hoch und heilig schwor, sehr bald zurückzukommen.

Mama riss sich sichtlich zusammen, um es ihm nicht noch schwerer zu machen, es wollte ihr aber nicht so recht gelingen. Er nahm uns noch mal alle in den Arm, küsste Mama ... und dann war er weg!

35. **Abfahrt**

Was hatte ich in meinen ersten zehn Lebensjahren nicht alles erlebt, dachte ich. Noch immer lag ich in meinem Bett und war ganz erfüllt von all den Erinnerungen.

Ich sah auf meinen Wecker und erschrak erneut. Es war schon fast Zeit zum Aufstehen. Verwirrt setzte ich mich auf und hörte auch schon das Gluckern der Espressomaschine. Mama war bereits aufgestanden, und ich hatte es nicht mal bemerkt.

Ich zog mich an, ging ins Bad und saß ein paar Minuten später am Frühstückstisch. Während Mama mit verschlafenem Gesichtsausdruck abwechselnd an ihrem Espresso nippte und an einer Zigarette zog, aß ich das erste meiner drei Marmeladenbrote. Wenn schon schlecht geschlafen, dachte ich, dann wenigstens gut gegessen.

In den kommenden Tagen kamen fast alle unsere Verwandten vorbei, selbst die, die sich sonst kaum blicken ließen, weil sie weiter weg wohnten und kein Auto besaßen.

So hatten wir fast täglich Besuch, und wenn gerade niemand vorbeischaute, öffnete *nonno* Luigi sein Badezimmerfenster und fragte, ob bei uns alles in Ordnung sei.

Zio Baldo hatte vor kurzem einen neuen Antiquitätenladen in der Stadtmitte eröffnet, Anna und Nuccio hatten mittlerweile zwei Kinder und wir zwei weitere Cousins bekommen. *Zia* Rosetta hatte einen netten Mann kennen gelernt und sich verlobt und von da an hieß er für uns *zio* Raffaele.

Unser neuer Onkel arbeitete bei einer Bank und war erst vor wenigen Wochen aus dem Krankenhaus entlassen worden. Die Bank war nämlich von mehreren maskierten Männern überfallen worden und einer der Räuber hatte *zio* Raffaele angeschossen. Die Kugel war in seine Brust eingedrungen und hatte ihn schwer verletzt. Im Krankenhaus pumpten sie ihn dann so lange mit Cortison voll, bis sich seine Gelenke in Pudding verwandelten. Es dauerte Monate, bis er seine Beine wieder einigermaßen normal bewegen konnte. Aber alles in allem hatte er trotzdem viel Glück gehabt.

Im Laufe von wenigen Wochen kamen nach und nach alle, die wir kannten und mochten, bei uns vorbei, brachten irgendwelche Kleinigkeiten mit und erkundigten sich nach uns und natürlich nach Papa. Der hatte uns mittlerweile schon ein paar Mal aus Deutschland angerufen, allerdings immer nur ganz kurz, denn die Gespräche waren furchtbar teuer. Aber es ging ihm gut, er arbeitete schon und hatte inzwischen auch eine Wohnung für uns gefunden. Er drohte uns noch, wir Kinder sollten brav sein und Mama keinen Kummer machen, sonst bringe er uns nach seiner Rückkehr in ein Internat und gehe mit Mama alleine nach Deutschland. Ja, ja ... die Internatsgeschichte verfolgte uns nach wie vor, nur verloren wir immer mehr die Angst davor.

Eines Abends Anfang Dezember waren wir nach einem Teller gebratener Polenta und einigen Runden Briscola recht früh ins Bett gegangen, als es plötzlich an unserer Haustür klopfte. Sofort war ich hellwach. Wer konnte das sein? Um diese Zeit kam normalerweise niemand mehr zu uns. Mama schlurfte mit einem Morgenmantel bekleidet aus dem Schlafzimmer, ging zur Tür und fragte, wer da sei.

»Ich bin es!«, antwortete eine fremde Stimme.

»Wer ist ich?«, hakte Mama nach.

»Teresa, ich bin es, mach die Tür auf!«

Jetzt hatten wir die Stimme erkannt: Papa war zurück!

Sofort rannte alles, was Beine hatte, zur Tür und begrüßte Papa stürmisch. Mann, was freuten wir uns, dass er wieder da war!

Mama fragte noch, warum er uns nicht gesagt habe, dass er heute schon eintraf. Er antwortete nur, dass er uns die Überraschung nicht habe verderben wollen.

Papa hatte einen ganzen Koffer voll mit Geschenken für uns dabei, und wir machten uns gleich daran, alles auszupacken; an Schlafen war jetzt ohnehin nicht mehr zu denken. Für jeden waren Spielzeug und Kleidungsstücke dabei: Wollmützen, Schals, Pullover, Handschuhe, Stiefel – sozusagen alles gegen eklig kaltes, nasses Wetter. Papa musste natürlich sofort berichten, was er in Deutschland alles erlebt hatte und wie es dort war, und wir saßen bis spät in die Nacht im Wohnzimmer und hörten ihm gespannt zu. Insgesamt war er sehr zufrieden mit dem Verlauf seiner Reise.

Er hatte einen Mann kennen gelernt, der aus Patti stammte und Nunzio hieß. Dieser hatte ihm eine gut bezahlte Arbeit und eine Wohnung in seinem Haus besorgt. Die Wohnung war groß genug für uns alle, deshalb hatte Papa beschlossen, uns jetzt schon nachzuholen. Ansonsten sei es in Deutschland sehr viel kälter als in Messina, aber die Leute, die er getroffen hatte, seien alle sehr nett gewesen, auch wenn er nicht alles verstanden hatte, was sie so von sich gaben. Trotzdem war Papa sich sicher, dass wir keine Probleme hätten, die Sprache zu lernen, und mit der Zeit immer besser zurechtkämen. Länger als zwei bis drei Jahre würden wir sowieso nicht dort bleiben und Tibbingen, die Stadt mit der Augenklinik, war auch nicht allzu weit entfernt.

So spät waren wir schon lange nicht mehr ins Bett gegangen, aber am nächsten Tag war zum Glück Samstag und wir konnten ausschlafen.

In den nächsten Tagen gingen wir mit unseren Wollmützen in die Schule und zogen natürlich manch verwunderte Blicke auf uns. Wenn es in Messina mal kalt wurde, dann zeigte das Thermometer zwischen fünfzehn und achtzehn Grad an, bestimmt kein Grund, eine Wollmütze aufzusetzen.

In der Zwischenzeit war Papa eifrig mit den Reisevorbereitungen beschäftigt und meldete uns unter anderem mit Beginn der Weihnachtsferien von der Schule ab.

Am nächsten Morgen kam *professore* Giannelli zur Tür herein, brüllte sein »*Buon giorno, scolari*!« und steuerte schnurstracks auf mich zu.

»Jetzt gehst du auch noch!«, sagte er nur.

»Ja«, erwiderte ich, »wir ziehen für ein paar Jahre nach Deutschland.«

»Ich weiß. Habe es gerade im Lehrerzimmer erfahren. Schade, sehr schade, ich bin sicher, dass du hier sehr weit gekommen wärst.« Damit drehte er sich um und ging an die Tafel zurück.

Von da an setzte er, wenn die Spezialisten seine Fragen wieder mal nicht beantworten konnten, seine Leidensmiene auf, streckte den Zeigefinger in Richtung Decke und rief: »*O Dio mio*! Warum tust du mir das an?! Zwei gute Schüler hast du mir in meinem ganzen Leben geschickt! Nur zwei, die es wert waren, sich intelligente Wesen zu nennen. Der eine ist nach Norditalien gezogen und der andere verschwindet nach Deutschland. Warum?«

Mir lief es bei seinen Worten eiskalt den Rücken hinunter. Mann, war das peinlich!

Die Weihnachtsferien hatten begonnen und wir begaben uns auf eine schier endlose Verabschiedungstour. Wir wollten allen Verwandten persönlich auf Wiedersehen sagen und statteten ihnen nun unererseits Besuche ab.

Von unseren engsten Verwandten verabschiedeten wir uns natürlich erst am letzten Tag, bevor wir in den Zug stiegen. Der Abschied von unserem Haus und unserer Henne Gianna, die endgültig in den Besitz von *zia* Gianna überging, war an sich schon traurig genug. Dann folgten *nonno* Luigi und *zia* Lina. Danach Uroma Mina, *zia* Gianna und *zio* Paolo; aber am traurigsten war für uns Kinder der Abschied von unseren Cousins. Vor allem von Gianni.

Am 17.12.1971, einem Freitag, fuhren wir mit Tränen in den Augen endgültig los. Wir machten einen letzten Abstecher zur Taverne, um *nonna* Maria zu grüßen, und gingen gemeinsam rein. An diesem Tag waren fast alle da, die wir kannten: Anselmo, Eduardo, Salvatore und unzählige weitere Gäste. Wir drückten *nonna* Maria, die zusammen mit Mama vor den Gästen in Tränen ausbrach.

Nun hatte auch der Letzte mitbekommen, dass wir Messina verließen, und alle wünschten uns eine gute Reise und viel Glück. Dann stiegen wir in unser Auto und fuhren zum Bahnhof. Dort angekommen, parkte Papa unseren Seicento vor dem Haupteingang, damit *zio* Nuccio den Wagen dort später abholen konnte.

Wir drehten uns noch einmal um, betraten das Bahnhofsgebäude, bestiegen unseren Zug und kurze Zeit später begann eine lange … sehr lange Reise!

Wir saßen geschlagene achtundzwanzig Stunden in unserem Abteil herum, und nach einer Weile schliefen mir sämtliche Körperteile ein, die nur einschlafen konnten. Mein Hintern tat so weh, als ob ich mich auf ein Nadelkissen gesetzt hätte. Das Einzige, was sich während der Fahrt änderte, waren die ständig wechselnden Mitreisenden und die Außentemperaturen. Je weiter der Zug nach Norden fuhr, umso kälter wurde es. Wir schliefen, wir aßen, wir spielten, wir unterhielten uns und irgendwann erreichten wir die Grenze. Ich sah aus dem Fenster und entdeckte … Schnee!

Schnee, mein Gott! Bis zum heutigen Tag hatte ich nur davon gehört und jetzt sah ich die weiße Pracht leibhaftig vor mir. Was für ein faszinierender Anblick!

Wenige Minuten später standen zwei uniformierte Grenzbeamten in unserem Abteil und sprachen … deutsch. Es war so weit! Nun konnte es eigentlich nicht mehr lange dauern, bis wir unser Ziel erreichten. An der nächsten Station setzten sich neue Reisende zu uns ins Abteil: ein Ehepaar. Sie unterhielten sich auf Deutsch und ich musste der Frau die ganze

Zeit über fasziniert auf die Lippen starren. Diese fremden Worte zogen mich geradezu magisch an, und ich fragte ständig Papa, ob er verstehen könne, worüber die beiden da redeten. Doch leider konnte er sie ebenfalls nicht so recht verstehen.

Als Essenszeit war, holte Mama unseren Proviantkoffer herunter und packte die mitgebrachten Köstlichkeiten aus. Wir aßen unsere Salami- und Mortadellabrote, und Papa bot den Deutschen, wie es bei uns so Sitte ist, auch etwas zu essen an. Von unseren Broten wollten sie nichts probieren, aber die schwarzen eingelegten Oliven hatten es ihnen sichtbar angetan. So etwas hatten sie offenbar noch nie probiert.

Die Deutschen kannten keine Oliven – nicht zu fassen! Als Papa einige Mandarinen aus dem Koffer holte, waren sie dann vollkommen aus dem Häuschen. Mit Händen und Füßen erklärte die fremde Frau Papa, dass sie noch nie Mandarinen mit Blättern gesehen und auch nicht gewusst hatte, dass sie auf Bäumen wachsen.

Ich musterte die Frau völlig entgeistert: Die Deutschen wussten nicht, dass Mandarinen auf Bäumen wachsen? Unfassbar! Das wusste ja nun wirklich jedes Kind. Was hatte sie denn gedacht? Dass man die Dinger bei einer Jagd erschießen muss?

Immer wieder nahm sie völlig fasziniert die Mandarine in die Hand, betrachtete sie von allen Seiten und fuhr mit den Fingern über die Blätter. Bis der Stängel abbrach. Sie bekam einen unglaublich traurigen Gesichtsausdruck und versuchte den Stängel mit den Blättern wieder zu befestigen. Das warf mich nun vollends aus der Bahn. Da versuchte eine erwachsene Frau tatsächlich, einen abgebrochenen Stängel wieder an einer Mandarine zu befestigen. Es hätte mich nicht mehr gewundert, wenn sie unvermittelt Nadel und Faden aus ihrer Handtasche geholt hätte, um die Blätter an der Frucht festzunähen.

Als es Papa und Mama ebenfalls auffiel, lachten sie beide los und Papa holte noch eine Mandarine mit schönen Blättern aus unserer Tasche und gab sie der Frau. Sie war ganz gerührt und bedankte sich überschwänglich.

Nach einer Weile erreichten wir einen großen Bahnhof, und Papa sagte, dass wir umsteigen müssten. Also zogen wir uns an, packten alles zusammen und machten uns bereit. Die ersten Schilder huschten an uns vorbei und ich las in großen Buchstaben das Wort MÜNCHEN mit diesen seltsamen Punkten über dem U. Was die wohl zu bedeuten hatten?

In der Stadt mit dem komischen Namen stiegen wir in einen anderen Zug um und erreichten kurz darauf unser Ziel.

Nur wenige Tage später wusste ich viel mehr über mich, als ich bis dahin für möglich gehalten hätte: dass ich mehr war als nur ein ganz gewöhnlicher Junge; dass ich eine körperliche Anomalie hatte, von der niemand bisher etwas gewusst hatte, und … dass ich, in vielerlei Hinsicht, sehr viel mehr Kälte zu ertragen in der Lage war, als ich mir je hatte vorstellen können.

Dank

Jede Geschichte in diesem Buch entspricht der Wahrheit!

Falls aber jemand nachfragen sollte, so sei ihm Folgendes gesagt: Die Übertreibung ist die Kunst der Erzählung. Und ich gestehe, es in vollen Zügen genossen zu haben. Ohne mit der Wimper zu zucken habe ich alles verbogen, was dünner als eine Eisenbahnschiene war. Jeden Namen erfunden. Jede Geschichte aus den Ärmeln mehrerer Pullover, Hemden und im Hochsommer sogar aus dem Nichts geschüttelt! Sollte jemand Ähnlichkeiten mit lebenden oder toten Personen feststellen, kann es nur ein Zufall sein und war sicher nicht beabsichtigt. Ich war schließlich auch skrupellos genug, Tausende von unschuldigen Kommas, Punkten und Ausrufungszeichen aus den sechs Harry-Potter-Bänden zu entwenden, um sie hier in dieses Buch einzustreuen.

Mein besonderer Dank gilt:

Petra Durst-Benning für ihre freundliche Unterstützung.

Meiner Frau Heidrun und meinen Töchtern Natascha und Tamara für ihre Anregungen, ihre Kritik und weil sie einfach nur da sind.

Schwiegermama Ingeborg Hofele und Maike

Spandl für die Erstkorrektur sowie Angela Troni für ihre tolle Arbeit.

Vielen Dank auch an Mama und Papa, Teresa und Francesco Brogna, Filippo und Santina, *zia* Anna, Rosetta und *zio* Ubaldo. Und für viele wundervolle Erzählungen, auch oder gerade weil sie nicht mehr unter uns sind: *nonna* Maria, *nonno* Luigi, *zio* Pippo und *zio* Nuccio.

»Ein wunderbar witziges, warmherziges Buch. Wer noch keine italienischen Verwandten hat, wird nach der Lektüre unbedingt welche haben wollen.«
Axel Hacke

»Als ich meine Frau heiratete, konnte ihre süditalienische Familie leider nicht dabei sein. Zu weit, zu teuer, zu kalt. Schade, dachte ich und öffnete ihr Geschenk. Zum Vorschein kam ein monströser Schwan aus Porzellan mit einem großen Loch im Rücken, in das man Bonbons füllt. Menschen, die einem so etwas schenken, muss man einfach kennen lernen.«

»Göttliche Geschichten. Ein unverzichtbarer Beitrag zur deutsch-italienischen Freundschaft. Und saukomisch.«
Stern

Maria, ihm schmeckt's nicht!
Geschichten von meiner italienischen Sippe
ISBN-13: 978-3-548-36486-5
ISBN-10: 3-548-36486-1